# 数据驱动下的
# 智慧课堂精准教学

SHUJU QUDONG XIA DE
ZHIHUI KETANG JINGZHUN JIAOXUE

高钧◎主编

中国人民大学出版社
·北京·

# 编委会名单

让更多的孩子得到更好的教育，让更多的教师得到更好的提高，让更多的学校得到更好的发展。

《数据驱动下的智慧课堂精准教学》，堪称当今信息化课改教科书级的实践教材。

国家教育考试指导委员会专家工作组成员

北京四中原校长

北京四中网校董事长

# 特别鸣谢

（排名不分先后）

北京市第五十六中学
成都市龙泉驿区第七中学校
成都市人民北路中学校
成都市蜀西实验学校
成都市树德协进中学
成都市铁路中学校
长沙市明德华兴中学
长治市第十中学校
长治市第五中学校
重庆市暨华中学校
大连博伦中学
大连市红旗高级中学校
德阳市第七中学
东莞市大朗启明学校
东莞市低涌中学
东莞市莞城英文实验学校
东莞市洪梅中学
东莞市沙田实验中学
东莞市塘厦初级中学
都匀市毛尖镇江洲中学
汾阳市东关初级中学校
汾阳市西关初级中学校
福建省福州第十一中学
广元市苍溪县思源实验学校
广州市第二十三中学
广州市第二十四中学
广州市第四中学
广州市荔湾区金道中学

广州市荔湾区立贤学校
广州市美华中学
广州市南海中学
海口市第九中学
海口市第七中学
海口市第十中学
海口市第四中学
海口市五源河学校
海南华侨中学观澜湖学校
海南临高第二思源实验学校
河南理工大学附属中学
怀化市宏宇中学
乐山市草堂高级中学
柳州市德润中学
宁夏平罗中学
平顶山市实验高中
栖霞市第一中学
秦皇岛树人中学
青海师范大学附属第三实验中学
山东省福山第一中学
山东省莱山第一中学
山东省牟平第一中学
山东省烟台第九中学
山东省烟台第三中学
山东省烟台第十三中学
山东省烟台第十四中学
山东省烟台第五中学
山东省招远第一中学
沈阳市杏坛中学
石嘴山市第二中学
石嘴山市第九中学
石嘴山市第十七中学
石嘴山市第四中学

石嘴山市第一中学
石嘴山市光明中学
四川省成都市大弯中学校
四川省成都市龙泉中学校
四川省成都市新都区第二中学
四川省达川中学
四川省都江堰中学
四川省蓬溪中学校
四川省宣汉中学
太原市第十五中学校
太原市第十一中学校
天津市大毕庄中学
天津市宁河区芦台镇第三小学
天津市西青区付村中学
天津市西青区王稳庄中学
渭南市杜桥中学
渭南市瑞泉中学
文昌市联东中学
烟台第八中学
烟台港城中学
烟台市祥和中学
肇庆市第二中学
肇庆市端州中学
郑州市第二十九中学
郑州市第七十六中学
郑州市第七十一中学
郑州市第五十三中学
郑州市第五十一中学
郑州市管城回族区第六中学
周至县第四中学
驻马店市第四中学
遵义市第二初级中学

学为先
学以读书为本

# 致敬，课改教师！

柏小莉
毕晓燕
岑　思
曾彩霞
曾庆山
陈　超
陈　慧
陈　静
陈　斯
陈伟华
陈　艳
陈泽刚
刁军平
董维琼
樊晓东
封　娟
高　强
宫　侠
顾秋月
郭伟东
韩爱华
何　敏
贺新英
侯钰珊
胡占晨
黄贝琳
黄健红
季　聪
贾晓琴
江慧琼
江腾笑
敬璐露
赖兴武
雷三勇
李昌龙
李　冬
李宏乐
李丽云
李　萌
李　蓉
李世海
李　薇
李　玮
李　霞
李艳林

李营营
李云峡
廖平平
廖志华
林春燕
林　静
林　玮
林志德
刘　梅
刘　沛
刘新会
刘　媛
罗洪权
罗　慧
罗祥龙
吕海霞
吕建雄
慕亚芹
南　艳
潘立霞
戚思琴
钱浩晟
钦丽春
曲培波
曲有强
曲志学
任丽娜
邵　谦
沈少丽
石小强
税国亮
孙海英
孙同玉
孙永见
盛江伟
覃红梅
谭凤全
谭杨子
陶　霞
涂子凡
汪孝泉
王　迪
王　芳
王　芬
王　刚

王焕军
王建林
王杰杰
王　科
王兰妹
王　强
王生林
王　玉
王　镇
王振宇
魏　萍
魏永强
文　敏
吴芳蕾
吴　庆
吴永妃
肖保转
肖　刚
肖颖华
谢　茜
徐本淳
徐晓丽
薛　强
杨　斌
杨　嘉
杨　志
尹洪进
袁伟强
詹婷婷
张　健
张玲玲
张萌萌
张　鹏
张亚楠
张妍妍
赵建敏
赵全发
郑和霞
郑　杰
周　坤
周文杰
周文梅
朱明娜
庄泽英

# 序　言

21 世纪以来，我国教育事业快速发展，成就显著，发展水平已迈入世界中上行列。随着教育普及程度的迅速提高，我国教育领域的主要矛盾已经从“上学难”转化为“上好学难”，人民群众享受高质量教育的需求迫切，而优质教育资源供给短缺且发展不均衡。拓展优质教育资源需要长期积累、厚积薄发，不仅需要加强硬件建设、提高管理水平，更需要打造精良的教师队伍，营造优良的校园文化和校风学风，形成鲜明的办学特色，这些都非一朝一夕之功，不可能一蹴而就，也不可能用钱简单堆砌。我国教育发展方式正在转变为以提高质量、优化结构和促进公平为核心的内涵式发展。

当今时代，科技领域产生的重大突破正在深刻影响着人类的生产、生活和学习方式。信息化是教育现代化的重要内容，也是实现教育现代化的关键途径。

一方面，信息技术与教育的融合有助于促进教育公平。基于现代信息技术的教学模式，可以突破教育主客体的地域限制，发挥优质教育资源的溢出效应，实现优质教育资源共享；基于现代信息技术的智慧教育，可以实现教育信息的精准推送，契合学习者的个性化差异和多样化需求，实现教育服务个性化；基于现代信息技术的“慕课”“微课程”等网络教学的兴起，使更多受教育者获得学习机会和学历认证机会；基于大数据的过程性评价，可以实施结果导向的教育。

另一方面，信息技术与教育的融合有助于提升教育质量。基于现代信息技术的教学和学习方式正在颠覆着传统的学习过程和学习方式，有助于构建以学习者为中心的未来教育体系，建立以学习者学习结果为导向的教育质量评价系统；有助于教学过程的持续改进，改革传统的课堂教学模式，实现学生的形成性评价，提高管理效益和教学效益，改善教学质量和学习效果。

信息技术与教育教学的融合，对中小学校转变教育观念、调整教学组织、变革教学和学习方式、改革教学管理机制提出了新的挑战，也带来了难得的机遇。

信息技术的飞速发展及其与教育教学的深度融合，正在悄然颠覆着传统的学习过程。一般而言，学生的学习过程可以分为两个阶段：一是知识传输阶段，传统方式大多是教师课堂讲授、学生听讲学习，接受新的知识；二是知识内化阶段，传统方式往往是学生课后复习、做习题、教师辅导答疑，某些学科课程如物理、化学、生物等，学生还要参加必要的教学实验，以掌握、巩固和融会贯通所学知识。而基于互联网的教学模式的发展，使得知识传输阶段从“课堂上”前移到“上课前”，通过学生个性化的线上学习来实现；教师在课堂上不能以讲授为主，而是要引导和组织学生进行探究、反思、讨论，开展合作学习，实现知识内化的部分功能。

信息技术的飞速发展及其与教育教学的深度融合，正在悄然改变着人类知识传递的渠道和方式，从传统的“单向传递”转变为“多向互动”，在校学生获取知识的渠道多元，绝不仅仅是在校园内，更不仅仅是在课堂上。知识传递方式的变革使得教师角色面临着转型，从过去“学生知识的传授者”转型为“学生学习活动的设计者和指导者”，师生之间形成了一种新型的“学习伙伴”关系，要在“师生学习共同体”中，通过教师引导、师生互动和生生合作来实现教学目标。

必须指出，学校教育的目标是培养德智体美劳全面发展的人才，学生的人际交往能力、社会公关能力、团队精神、健全人格等社会发展性素养，需要通过校园群体式学习、校风学风和校园文化熏陶以及社会实践，在现实环境中逐步养成。而在虚拟环境下培养学生的这些素养，还需要进行长期的探索。从这个角度而言，课程教学不等于学校教育，基于先进信息技术的教学模式不可能完全取代学校教育。要保持清醒的头脑和严谨求实的态度，真正在“如何将线上教学和线下教学相融合”“如何改革传统的课堂教学模式，让学生全面而有个性地发展，改善学习效率与效果”方面下功夫，这是学校教育和教师专业发展需要探索的重点。

在这样的大背景下，《数据驱动下的智慧课堂精准教学》一书正式出版了。全书系统性和实用性兼顾，内容丰富，涉及教学模式变革、管理机制建设、教师队伍发展、学生素养提升等各个方面，包括了来自广州、天津、成都、烟台、西宁、海口、东莞、石嘴山八个教育局的顶层设计，以及全国各地近一百所学校的经典案例，充分体现了教育工作者的责任担当和艰辛探索，具有重要价值。

新的时代已经来临，教育工作者要保持敏锐的目光，密切跟踪信息技术与教育教学融合的发展趋势，结合学校实际进行多样化的改革实践探索，为发展公平而有质量的教育、实现教育现代化而努力前行。

是为序。

2020 年 4 月

# 前 言

教育是培养人的活动，自有人类社会以来就有教育，它的职能是根据一定的社会要求，传递社会生产和生活经验，促进人的发展，培养社会所需的人才。区别于动物的本能和简单模仿，人类的教育活动是人们意识到社会的需要后，借助语言文字等媒介，系统地保留、管理和传承经验与知识，促进人类生命个体健康地成长，实现生命个体由自由人向社会人的转化，是一种在明确意识驱动下所产生的有目的的行为。教育不仅是知识内容的传授，更重要的是生命内涵的领悟、意志行为的规范和灵魂的启迪，这是教育的本质。

教育是社会事业的重要组成部分，应与人类社会协调发展，与社会生活相适应，与时代特征相匹配。教育的本质是立德树人，要培养符合社会发展和时代要求的人才，就需要认真分析不同社会时期对人才的具体需求。

## 一、社会发展决定人才需求

人类社会发展从农业时代到工业时代，又在极短的时间内跨入当今的信息化时代。教育的发展，与社会政治经济发展相辅相成、相互影响。

农业时代，需要大量的人从事耕作、建筑、运输等体力劳动，民众的生存技能基本是“父传子、师带徒”的言传身教，受教育仅是某些群体的特权。“因材施教，有教无类”的私塾教育虽然注重学生个性化学习，但效率很低。工业时代，机械的诞生取代了大量体力劳动，工厂生产的规模化和标准化引发了班级授课制学校的兴起，培养具备一定的知识水平、服从而勤奋、能够操作机械、成为标准生产流水线上的工人是工业时代对教育最迫切的需求。这样的教育效率高，但摒弃了个性化。进入信息化时代，人类社会对人才的需求越来越多样化，除有知识、有文化之外，有创新精神、有主体意识的人才更具优势。信息化时代的人才要“学会学习、学会生存、学会发展、学会与人相处”。每个时代都需要与之发展相适应的人才，培养适应时代发展的人才是教育的核心任务。

### 二、新世纪信息社会的特征

进入21世纪以来，以计算机、微电子和通信技术为特征的现代信息技术高速发展，不仅深刻地影响着经济结构与经济效率，还作为先进生产力的代表，对社会文化和精神文明产生着深刻的影响。人类发展已进入信息社会。

与农业社会、工业社会不同，信息社会是以知识和信息为基础的社会，以信息经济发展为社会进步的基础。人类以更快速、更便捷的方式获得并传递文明诞生以来的一切成果，更加高效的交互手段缩小了时空距离，国际合作日益频繁便利，地球成为一个“村”。

从现代信息技术发展的视野看，社会信息化发展已经经历了两次大的浪潮。从20世纪40年代第一台计算机出现到90年代中期之前，随着个人计算机的大规模普及应用，以单机应用为主要特征的第一次信息化浪潮到来。从90年代中期开始，以美国提出的“信息高速公路”建设计划为重要标志，带来了以互联网应用为主要特征的第二次浪潮。当前，移动互联网、云计算、大数据等现代信息技术深刻改变着人类的思维、生产、生活、学习方式，信息化正在开启一个新的阶段，即以数据的深度挖掘与融合应用为主要特征的智慧化阶段，它的显著特点是开放性、合作性和竞争性。

### 三、人才培养呼唤教育改革

人类社会的发展与转型呼唤人才培养目标的改变，更呼唤教育的变革。1999年，中共中央、国务院颁布了《关于深化教育改革　全面推进素质教育的决定》，提出要全面推进素质教育，培养适应二十一世纪现代化建设需要的、“有理想、有道德、有文化、有纪律”、德智体美等全面发展的社会主义事业建设者和接班人。2010年7月，《国家中长期教育改革和发展规划纲要（2010—2020年）》正式发布，明确指出要面向全体学生、促进学生全面发展，着力提高学生服务国家、服务人民的社会责任感、勇于探索的创新精神和善于解决问题的实践能力。2014年，教育部颁布《关于全面深化课程改革　落实立德树人根本任务的意见》，提出“全科育人、全程育人、全员育人”，着力培养学生高尚的道德情操、扎实的科学文化素质、健康的身心、良好的审美情趣，努力使学生具有中华文化底蕴、中国特色社会主义共同理想、国际视野，成为社会主义合格建设者和可靠接班人。2016年9月，教育部发布的《中国学生发展核心素养》，针对人文底蕴、科学精神、学会学习、健康生活、责任担当、实践创新六大素养，提出了具体的细目要点，为我国教育改革人才培养指明了方向。

2017年9月，教育部党组书记、部长陈宝生在《人民日报》撰文，从课堂的战略地位出发，明确课堂教学改革是教育改革的核心。他提出："深化基础教育人才培养模式改革，掀起'课堂革命'，努力培养学生的创新精神和实践能力。"

陈宝生部长认为，传统课堂有三大无法破解的难题：一是传统课堂无法破解学生全面发展的问题，教师拿着自己事先预备好的备课簿，面对有个性差异的学生讲同样内容，没有办法满足全体学生的发展，也根本找不到新课程标准提出的情感、态度、价值观的实现途径，无法产生德育教育效果。二是传统课堂无法破解教师进步和职业幸福感的问题。传统课堂教师在唱独角戏，填鸭式的满堂灌，布置大量的课后作业，学生没有时间去思考、提问，根本无法培养学生创新能力与实践能力。课堂上没有精彩的知识生成，看不到学生精彩的表现，时间长了教师就会产生职业倦怠，失去职业幸福感。三是传统课堂无法破解学生的素质和应试水平共同提高的问题。很多学校通过补课，办特长班，学生通过课外补课来提高成绩，难以落实国家多年以来提倡的素质教育的要求。

面对传统课堂的难题，必须转变教学观念，重置教学方法，采用信息技术加以破解。

### 四、教育信息化推动教育变革

21世纪以来，教育信息化潮流势不可当。教育领域（教育管理、教育教学和教育科研）全面深入地运用现代信息技术来促进教育改革与发展，教育信息化的发展带来了教育形式和学习方式的重大变革，尤其是相关教育理念对传统的教育思想、观念、模式、内容和方法产生了巨大冲击，对于深化教育改革、培养创新人才等具有独特的作用，是新时代人才培养的必然选择。

在这股教育信息化的潮流中，翻转课堂、智慧教育等教学新模式应运而生，强烈冲击着学校教育的堡垒，彰显出信息技术在当代教育变革中的重要意义：信息技术跨越时空的优势，有助于实现教育资源配置的革命性变化；信息技术所能提供的选择性、自主性和个性化学习机会，有助于实现教育理念与行为的革命性变化，培养适应信息时代需求的现代化人才。通过信息化课堂教学环境建设，强调教育内容、教学手段和教学方法的信息化，可以真正实现"以学生为中心"，激发学生的学习兴趣和主动性，培养学生的创新能力。

### 五、信息技术与学科教学的深度融合

教育信息化的主阵地在学校，核心内容是学科教学信息化。在教学过程中充分利用信息技术，营造一种信息化教学环境，构建一种既能充分发挥教师主导作

用，又能突出体现学生主体地位的、以“自主、探究、合作”为特征的新型教与学方式，是实现学校课堂教学结构变革的关键。只有重构学校教育生态、实现因材施教，进而创新教学管理机制，才能推动教育教学深层次变革。

信息技术与教育教学深度融合是一个系统工程，不仅需要教育理念的转变、教学资源的构建、管理制度的变革，还需要校长、教师、学生、家长的有效配合。实现信息技术与学科教学的深度融合，需要重视三个方面。

首先是要弄清楚课堂教学结构变革的具体内容。教学系统有教师、学生、教学内容、教学媒体四个要素，这四个要素相互联系、相互作用的结果就构成了课堂教学结构。教学结构的变革就是使这四个要素的地位和作用发生改变，即教师由课堂的主宰者和知识的传授者转变成了课堂的指导者和学习的促进者；学生由知识的被动接受者转变成了知识的主动建构者；教学内容由只是依赖一本教材转变为以教材为主、配有丰富的信息化教学资源；教学媒体由只是辅助教师“教”的形象化工具转变为既能辅助教师“教”，又能促进学生“学”的认知探究工具和协作交流工具。

其次要基于教学实际，设计并实施新型的教学模式。比如席卷全球基础教育领域的“翻转课堂”或“学习前置”模式，这种模式同时关注了课堂教学系统四要素，特别强调富媒体资源支撑的学生课前学习与教师的二次备课。当然，这种改变需要一个功能完备、便捷智能的网络学习平台提供强有力的支撑，构建泛在学习环境，支持学生网络学习、在线测试、在线交流等自主学习活动。

最后，课堂教学的变革需要丰富的学习资源的支撑。不同学科的学习资源都有其特点，人文与社会科学类学科，资源应是各种拓展阅读类材料；自然科学类学科，需强调其交互性；外语类学科，则重视拓展视、听、读材料等。只有当上述三个方面一一落实，才有可能真正实现课堂教学的变革，真正实现信息技术与学科教学的深度融合。

## 六、基于数据的智慧课堂教学模式

智慧教育是教育在信息时代的升华，是教育信息化推动教育变革的新阶段。智慧教育不仅要关注“学”，更要关注“人”；不仅要关注“教”，更要关注“育”。

2018 年 4 月，教育部印发的《教育信息化 2.0 行动计划》，提出以人工智能、大数据、物联网等新兴技术为基础，依托各类智能设备及网络，积极开展智慧教育创新研究和示范，推动新技术支持下教育的模式变革和生态重构。

智慧教育使得教育信息化由深度融合阶段向融合创新阶段迈进，并逐步引领教育教学的深刻变革和技术应用的不断创新：学校以信息技术为支撑重构教学组织形式。教师积极开展“以学生为主体”的学习活动，教学活动和教学内容的组织都围绕着促进学生的学而进行。

根据布鲁姆的分类，认知领域的教学目标可以分解为：记忆、理解、应用、分析、评价、创造。“记忆”“理解”为初级目标，一般有直接、明确、无歧义的答案，是比较容易达成的目标。“应用”“分析”“评价”“创造”等中高级目标，不同的角度可以有不同的认识，会产生思想的火花，会出现批判性思维，比较难以达成。

在传统教学模式中，课堂上主要是新知识的讲授，实现的是初级认知目标，比较复杂的高阶思维活动却是以课后作业的形式，让学生回家完成的。这显然是不合理的，而智慧课堂打破了传统教学模式的不合理安排。智慧课堂调整了教学结构，基础知识、基础概念的记忆与理解，由学生在课前自主学习完成。这样，教师在课堂上就有更多的时间来辅助学生实现分析、评价、创造等高级目标。把最合适的内容放在最合适的时间，有利于学生“高阶思维”的培养。

课前，教师发布微课、学案、检测、背景素材等学习资源，为学生提供富媒体方式的自主学习支架；学生在任务单的引领下进行课外自主学习，以最适合自己的方式接受知识；教师通过教学平台获取精准学情，根据学情完成二次备课。学生带着自己的疑问与思考进入课堂，老师带着精准学情进入课堂。

在线网络学习特别吻合信息时代的学生们，他们可以随时、随地、随想、随学，碎片化时间被充分利用起来，而随时暂停、多次反复的特点满足了不同认知能力的学生，学生可以暂停记录笔记，可以在不懂的位置查阅资料或者寻求帮助。“掌握学习法”为学生提供了充足的学习时间与个别化帮助，每个学生都可以完全掌握全部学习内容。

根据相关研究，注意力是视觉、听觉、触觉、嗅觉和味觉五大信息通道对客观事物的关注能力。学习过程中，有些人善于通过读或看来学习，有些人善于通过听来学习，有些人善于通过做来学习，还有些人善于通过谈来对概念性的材料进行分类、组织和比较，即学习者分为视觉型、听觉型、感觉型。利用在线学习方式，教师可以给学生发布不同的学习任务，这不仅满足了不同类型学习者的需求，还满足了不同层次学习者的需求，“让能走的孩子走得更快，让能跑的孩子跑得更远，让能飞的孩子飞得更高”。

打破时空限制的在线学习，不仅让教师及时、深入地了解到学生学习的细节，同时也为学生们提供了互相交流的通道、平等宽松的网络讨论氛围，从而激发学生交流学习的困惑、收获，“晒”出自己的学习成果，“展”出自己丰盈的内心，使师生在讨论区评价、点赞、回复，解答问题，或表达欣赏，让师生间的互动交流更加高效。

上课前，教师可以通过网络教学平台获取精准学情，分析学生共性问题与个性问题，分析学生兴趣点与关注点，然后再依据学情调整教学内容、教学方法、教学过程，让教学更具有针对性和科学性。

课上，教师采用自主合作探究的小组学习方式上课，通过合作探究、展示交流、检测提升、实验实践等教学活动，不仅可以帮助学生完成知识的吸收内化、拓展学生能力，更重要的是能培养学生自信、包容、担当等品格，切实实现“教师为主导，学生为主体”。

根据“戴尔经验之塔”，听讲、阅读、视听等被动学习模式，两周后的学习内容留存率分别是 5%、10%、20%，而讨论、实践实验、教授给他人等主动、参与式学习方式，留存率都高于 50%。智慧课堂的课上教学过程，更多的是设计讨论、质疑、当小老师等教学活动。课堂上，教师根据课前或课上的检测情况，通过题目的正确率和学生的正确率两个层面数据，演进课堂教学，对于个性问题，充分利用学习小组互帮互学解决；对于共性问题，通过师生研讨、老师集中讲解、学生自主纠错或小组纠错等方式解决。教师以问题引领学习过程，学生们研讨、探究、展示、质疑。问题始终伴随学生的学习活动，并驱动学习活动深入进行，“解决问题”成为学习的最终目标。

学生们“组内合作、组间竞争”的合作与竞争状态，会碰撞出非同一般的智慧火花。学生通过对知识的交流与共享，相互反复激发、评价与修正，形成新的认知，可以达到对知识的深层理解。同学在展示时，其他学生倾听、补充、质疑、纠错，有利于学生表达交流、独立思考、批判性思维等综合能力的提升。而讨论、协商、妥协的过程，给了学生们“丰富的、直接的感受”，培养了学生们自信、积极、包容、善良等终身受益的品质。

课堂上移动终端的应用，有利于充分利用动态实时数据，构建生成性课堂。依据精准实时的数据分析，教师能实时调整重难点、调整教学策略，同时过程性的评价数据，可以让学生即时了解自我学习情况，从而提高学生的自主性与参与度，有效发挥即时诊断作用。

课后，教师可以充分利用智能组卷、智能改卷，快速分析学生问题；充分利用在线测评，及时掌握学情；充分利用线上交流，及时答疑解惑；依据学情，布置分层次课后作业，满足学生多样化学习需求；充分利用 AI 技术，提高个性化学习效率；充分利用丰富的在线学习方式，拓展课后学习空间，打开学生的认知视野。

由此可见，智慧课堂的构建，一是激活了学生；二是解放了教师。一节课中学生们“忙碌不止”，老师则“袖手旁观”，将课堂时间真正地还给了学生，激发了学生的活力，调动了学生的主动性。同时，教师从依据自己的知识传授经验和学情掌握经验的经验性教学活动，正在向依据对学生精准的学情评测实时调整教学策略的精准教学转变。

信息技术与学科教学深度融合的智慧课堂，目的在于打造北京四中原校长刘长铭所倡导的“四有”课堂：有知识、有方法、有生活、有境界。“有知识”，即知识要讲得精准、精炼、精彩，要不断激发学生的兴趣和主动求知的热情；“有方法”，即让学生自己悟出方法和思想，培养学生发现问题、解决问题的能力；“有生活”，即关注知识在生活中的用途，激发学生运用知识来创造与改变世界的欲望；“有境界”，即充满了正能量、热情、激动、憧憬等情感激荡与心灵互动的课堂，将学生的精神与人格引向高尚的课堂。

# 目 录

# 第一章

## 数据驱动下的课前教与学创新

◎ 如何设计课前学习任务?

◎ 课前在线学习有什么好处?

◎ 如何提高学生自主学习能力?

◎ 如何根据学情进行二次备课?

## 第一节 | 课前学习任务的科学设计

智慧课堂强调以学生为主体，以教师为主导，并在实施过程中突出先学后教、以学定教。因此，课前学习环节至关重要。智慧课堂的课前教学如何设计？课前应该让学生先学什么、怎么学？课前如何给学生布置任务、如何提出要求？这一系列的问题直接决定着智慧课堂教学的实施效果。做好智慧课堂教学，课前教学设计是关键。

### 1. 学生学习问题的研究，是教师备课的重中之重

学生是课前学习的主体，为使课前发布的学习任务更加适合学生学情，教师必须下大力气研究学生的知识经验、能力水平和学习基础，必须下大力气研究学生的个体差异，给不同层次的学生推送不同的任务。在这方面，成都市铁路中学数学老师税国亮经验丰富。通过北京四中网校教学平台推送课前学习任务时，对于学习优秀的学生，他就选择难题；对于学习困难的学生，他则推送内容相对简单的微课。“要研究学生学习和发展的需要，综合考虑学生的生理、心理、健康、兴趣等因素，布置适当的课前任务，引导学生主动思考。”税老师的课前学习设计就是基于这样的思考。

课前学习，尤其是研究学生的学习问题至关重要。“课前学习中不怕学生提问题，就怕学生没问题，没问题才是最大的问题。”为突破这一点，税老师在研究学生的数学学习问题时，主要分三步走。第一步，引导学生找出问题、发现问题。第二步，核实问题的真实性和全面性。他首先精心设计题目的内容和形式，不断变换花样。其次要求学生在平台上留下痕迹，如写下详细解题过程推送给老师、在讨论区回复讨论、做出批注等。最后根据测试题中暴露的问题以及平台统计的数据，核实问题的代表性和全面性。更有创意的是，税老师通过擂台比赛的形式，激励学生在教学平台上抢答，根据抢答的情况判断是个别学生有疑问，还是大部分学生有疑惑。第三步，找准问题。因为有前面两步作铺垫，第三步就会迎刃而解，学生问题的准确性和教学的针对性也就有了保证。

不同的教材版本，专家的角度和侧重点有所不同。在教学过程中，税老师以实际使用的教材版本的考纲为主，兼容并包，博取众家之长，正确解读考纲对知识点的教学要求，在考纲的引领下设置适合班级学情的课前学习任务。例如上“分式”一节时，税老师发现苏教版八年级数学下册第 100 页习题 10.1 中的第 4

题渗透了反比例函数的思想，便布置了反比例函数的引导任务。

### 2. 多种措施保障课前学习效果

对学生的学习困惑有了清楚的了解后，税老师通过选取合适的课前学习内容，努力调动学生的积极性，引导学生研读学习内容并从中发现趣味。例如讲授“勾股定理的证明方法”时，他选取兴趣性强、有动画效果的微课“买火柴”让学生进行课前学习。必要的时候，他还会请学生自制微课，上传到教学平台，并适时对学生制作的微课给予点评和奖励。班上的张嘉琪同学就在税老师的鼓励下制作过考题的评讲微课。

为了使学生学会“精读教材”，养成按照教材的设疑主动思考、积极探索的良好习惯，税老师还自创了一首“税氏打油诗”：

边读边思边勾画，

勾画关键词和式。

读上内容三两遍，

边思边做问（问题）题（例题与习题）处。

通过打油诗，鼓励学生学会提出自己的想法，带着问题去学微课。学生在精读“反比例函数的图像和性质”一节后，在平台中提出了许多问题。

在实际的课前学习过程中，学生容易把微课学习等同于“看电影”，所以税老师教导学生，面对微课中教师的提问，应该先按下“暂停”键独立思考，然后将自己的思考与老师的讲解认真比较，找出差距并提出自己的困惑。“至于先学微课还是先学教材，因人而异。”税老师认为，对于学习能力中等及以上的学生，建议先学教材，后学微课；对于学习能力中等以下的学生，建议先学微课，后学教材。

此外，在课前学习过程中，税老师还采用团队促进、师徒帮带、积分激励、个性化激励等措施，激发学生从被动学习到主动学习的动力，从主动变内需，从内需到乐学。

为了保障课前学习的有效性，广州市第二十三中学的陈超老师根据学习内容和学生实际分层布置任务，指导学生开展个性化的自主学习。首先是指导学生选择材料，不同的学生根据自身的情况选择不同的学习材料，做到由浅入深、逐层深入。例如在文言文教学中，成绩较好的学生依据已有知识自主疏通文义，中等水平的学生借助陈老师提供的文本资料自主完成文义疏通，成绩较差的学生则借助陈老师的视频讲解，通过反复观看疏通文义。其次是指导学生质疑，开展个性化学习。在学生自主选择学习内容时，他倡导学生借助教学平台交互学习，与同学、教师探讨，进而完成个性化自主学习。

### 3. 巧妙设计学习任务，调动学生积极性

在推进课堂教学改革的具体实践中，老师们总结出如下几条规律：

**一是课前学习要量少任务精，一般为 2～3 个任务。**普遍性的课前学习任务有三个：任务一是看微课，让学生通过观看微课掌握基础知识，理解基本概念；任务二是做检测，在检测中了解学生课前的掌握情况；任务三是平台讨论，引导学生在讨论中相互交流，质疑解惑。遇到特殊情况，会做适当的调整。例如语文课可要求学生把朗读文章的音频上传到平台，数学习题讲评课可要求学生把习题讲解的音频上传到平台。

**二是课前任务要求要明确具体。**例如，“阅读课文，圈画字词，借助工具书和课下注释给下列字词注音、造句”，“仿照微课例句及赏析方法，自选文中至少 3 处进行品析，上传到讨论区，并做好准备，课上与同学们一起分享”。这样的表述，能让学生清楚明白地了解教师的要求，从而有效完成学习任务。

**三是课前学习的形式要多样，要充分考虑学生的兴趣。**例如“平面的基本性质”一课，下图两种要求中，右侧任务的趣味性更强，更能吸引学生的注意力。

| | | |
|---|---|---|
| 1.观看视频。<br>2.完成测试题。<br>3.回答下列问题：<br>✓ 什么叫点动成线和线动成面？<br>✓ 平面的三个基本公理是什么？画三个图展示出来。<br>✓ 三条直线相交于一点，能确定几个平面？可能有几种情况？ | VS | ✓ 你学过的诗歌里面有哪几句包含了平面及其基本性质？<br>✓ 你家的装修，你觉得哪里体现了平面及其基本性质？<br>✓ 在生活中，你还能发现什么有趣的东西或有趣的故事与平面及其基本性质有关，分享给我们，可以给加分哟！ |

**“平面的基本性质”两个不同的课前学习任务**

在上地理“热力环流”一节时，山西省长治市第十中学彭艺老师布置了非常有趣而贴近生活的课前学习任务。

| 自主学习任务 | 自主学习任务 3<br>任务内容：做切洋葱实验。<br>任务要求：做两组对比实验：（1）在砧板上切洋葱；（2）在砧板两侧分别点上蜡烛再开始切洋葱。得出实验结果，并以小组为单位进行讨论总结：“为什么会出现这样的现象，是否可以用热力环流的原理进行解释”，课上以小组为单位展示交流。<br>完成时间：15 min。<br>设计意图：运用生活中常见的场景设计对比实验，让学生思考实验结果和热力环流的关系，引入热力环流的应用。 |
|---|---|

**“热力环流”课前学习任务**

天津市西青区付村中学朱明娜老师的课前学习内容设计则注重通过趣味性引发学生思考。课前，朱明娜老师给同学们布置了两项相关联的自主学习任务：一是画出最喜欢的卡通人物，并以思维导图的形式在图片上写下关键词。二是课前录制关于“我最喜欢的卡通人物”的微课，可以以小组为单位录制最喜欢的卡通人物的采访视频，同学之间进行简单的口头交流；也可以以“我描述你来猜”的方式，用英文介绍自己最喜欢的卡通人物，老师课上选择部分同学的视频让其他同学来猜。

课堂上，朱明娜老师通过北京四中网校教学平台推送给同学们自制的关于最喜欢的卡通人物的采访微课视频，提高了课堂趣味性，吸引了学生注意力，引发了思考，培养了学生“听”和“看”的技能。

**四是课前学习内容注重与生活的连接。**在学习英语“广告用语”一节时，可以要求学生选择自己喜欢的一个工艺品或玩具，上传照片并介绍它。课上学习过广告用语后，再让学生为自己的工艺品或玩具做广告宣传，增强学生兴趣。政治学科则可以要求学生阅读并分析最近发生的某个时事新闻，课上再引导学生进行深入分析，调动学生的学习热情。

**五是课前学习内容的设计注重建立知识间的链接。**即不是只看当堂的教材内容，而是做到承前启后，喜新不忘旧，努力建立知识间的链接。例如在讲授“反比例函数”的章节时，税国亮老师先推送给学生“函数的概念”和“一次函数的总复习”两个微课，让学生巩固已学过的知识。“这样既便于学生学习新课，又可以帮助学生建立知识间的链接，形成知识网络体系。”税老师说。

**六是注重课前学习内容与课上教学活动的衔接。**北京市第五十六中学瑞雪老师认为：“课前学习任务设计得好，可以为课上的活动搭建脚手架，更有利于小组合作和深度探究。”因此，在学习“口技”一节时，她布置了如下课前学习任务：课前描写一段篮球比赛，课上认真研读“口技”，领会文中正面描写与侧面描写有机结合的妙处，尤其是文中生动细腻地刻画出听众心理变化的部分，以烘托口技表演者高超的技艺。这样，当学生修改课前完成的篮球比赛微写作时，他们会体会到侧面描写的重要性。

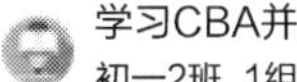

学习CBA并提交心得　22/22
初一2班 1组 2组 3组 4组 5组 6组
任务描述：这是今年CBA联赛半决赛，北京队与广东队比赛的最后时刻，此时双方105：105打成平手。这最后1分多钟的胜利，使北京队进入了总决赛。请你用一段文字描述一下你看到的这1分多钟的精彩比赛。

**“口技”课前学习任务**

课前教学设计是智慧课堂教学成功实施的关键环节，需要老师改变传统的教学观念，以学生为中心，以课标为基本，设计科学、有效、有趣、有生活、有衔接的课前学习内容，并以教学平台为载体带领学生有效完成课前学习，为实施智慧课堂教学做好充分保障，也为高效的教学提供有力的支撑。

★ ★ ★

**溯源·延展**

美国当代著名的心理学家、教育家布鲁姆因教育目标分类的系统学说而闻名，他把认知领域的目标按照从低级到高级、从简单到复杂分为六个层次，依次是：知识、领会、运用、分析、综合、评价。为了符合学生的认知规律，教学目标的设定要具有层次性和连续性。教师布置的课前学习任务要达成低阶目标，为课上的高阶目标作铺垫。为了实现更好的课前自学效果，教师要多元化地设计课前学习任务，使不同层次的学生都能得到提高，这也符合布鲁姆的掌握学习理论。掌握学习理论的核心是学生优异成绩的取得不在于智力的差异，而在于学生是否获得了适合他们学习特点的帮助和学习时间。

成都市铁路中学在课前学习任务设计方面做了有益的探索。老师在布置课前学习任务时，首先必须明确学生的学习问题，其次要督促、引导学生学会“精读教材”、学会看微课等，多种措施保障课前学习效果。广州市第二十三中学通过布置分层任务，北京市第五十六中学、长治市第十中学通过巧妙地设计不同形式的学习任务，来调动学生积极性。天津西青区付村中学则通过增强趣味性，以吸引学生注意力，引发学生深度思考。学生有效的课前学习，为智慧课堂“先学后教、以学定教”奠定了坚实的基础。

## 第二节 | 教学资源的自主生成与合理应用

随着教育信息化的发展，网络教育资源正在呈爆炸式增长，因此，面对大量的教学资源时，教师如何筛选、整合优质教学资源显得尤为重要。

**1. 顺应时代呼唤，教师自主生成资源**

亲切熟悉的面孔跃入眼前，铿锵有力的声音萦绕耳畔，娴熟利落的实验操作，让抽象深奥的物理理论直观化，形成强烈的视觉冲击，也引发了一场猛烈的头脑风暴……栖霞市第一中学物理老师张霞为学生们精心制作的“自由落体”微课视频，一经上传到北京四中网校教学平台，就获得如潮好评。这不仅是因为张老师的实验流程无可挑剔，更因为她的教学形式和教学手段别开生面。

为什么要制作课前实验微课？张霞老师解释说：“之前课上带领同学们一起做物理实验，收效甚微。一方面，学校的实验场地极为有限，参与实验的同学往仪器前一站，其他同学的视线就被挡住了；另一方面，实验往往不能一次成功，一次又一次地尝试，不仅浪费课上时间，还影响教学进度，大大降低了课堂的容量。”

穷则变，变则通。像张霞一样，老师们可以顺应“互联网＋”时代的呼唤，自主生成教学资源，包括形式多样的微课资源、丰富多样的幻灯片等。

### 2. 自主生成资源解决学习痛点难点，广受学生好评

谈起老师们自主生成的教学资源，栖霞市第一中学的同学们争先恐后地打开了话匣子。宫贵献同学说：“每讲完一份试卷，林丽霞老师就会将其中的重点单词、词组、句子分门别类，整理成笔记推送给我们。这个试卷小结太棒了，避免了我们自己整理笔记时出现丢三落四、不明主次的情况。”刘鲁腾同学说：“于梅花老师将典型的数学作业拍照传到平台上，让我们从正确的步骤中学会了规范答题，从错误的解答中汲取了教训。”衣康同学说：“路志敏老师推给我们的化学课件可好了，改变了以往我们上课既要紧跟讲课进度，又要做好笔记以致顾此失彼、手忙脚乱的情况，课上可以专心听讲，即便有没有听懂的，课下也可以反复学习课件上的内容，直到弄懂为止。”崔馨以同学说：“牟宇翔老师会随时将文章上传给我们，或是一篇小小说，或是一篇哲理散文，或是一篇日报时评，为紧张的学习增添了文学的彩虹、理性的哲思和生活的气息。”

### 3. 合理应用自主生成资源，实现“以学定教”

上物理新课前，张霞老师会先把网络教学平台上相关的教学资源——微课、PPT 或者 Word 文档，推送给学生，让学生结合预习提纲自主学习，并要求同学们在资源评论区留下学习感受，写清楚自己看到了什么、学会了什么、还有哪些不明白的地方。

随后，张霞老师登录教学平台，查看任务完成情况，并结合学生的反馈进行备课——个别学生不会的内容，进行小组单独辅导；大多数学生感到困难的内容，她就将其确定为本章节课堂教学的主要内容。

不同的班级，学生反馈的情况会各不相同。身兼火箭班和实验班物理教学任

务的张霞老师会根据两个班的反馈数据，准备两套教学方案。比如讲“牛顿第二定律瞬时加速度分析”时，她将“掌握剪断绳和剪断弹簧两种情况”作为火箭班的教学内容，而将“掌握剪断绳一种情况”作为实验班的教学内容。

借助教学平台丰富完备的资源库，栖霞市第一中学的老师们根据学生在资源评论区的反馈，了解学生学习的难点，确立课堂教学重点，并有针对性地实施教学。智慧课堂打破了传统“以教定学”的教学模式，确立了“以学定教”的教学模式。

### 4. 原创资源共享，汇聚教师智慧

栖霞市第一中学化学老师高承洲说，化学组在针对某一章节进行小组集体备课时，每个老师都会把各自制作的资源分享出来，群策群力，选出最好的资源作为底本，汲取其他老师的资源或教学平台资源的精华，整合出一个条理性强、重点突出、拓展恰当的最优资源。然后把集体精心打磨的精品教学资源传到教学平台并共享，让本校化学组三个年级的师生都受益，同时也让本校其他学科老师观摩了解。高承洲老师的“不同介态硫元素之间的转化”的优质课，着实令人获益匪浅。

栖霞市第一中学不仅利用教学平台自主制作优质资源，还大胆地将学校打磨的精品课程资源送出去。2019 年，高承洲老师在烟台举办的“2019‘互联网＋’课程创新教学高级研修会”上执教公开课“有机实验专题复习”，受到广泛好评。他的相关教学资源被纷纷引用、大力推广，为烟台市高中化学教学添砖加瓦。

### 5. 微课“变形记”，让微课符合校情、学情

天天看电影，日复一日，也会觉得电影很无聊；天天玩游戏，年复一年，新鲜和强烈的刺激感也会逐渐消失。“学生学习微课，也可能日久生厌！所以，执教过程中，老师只有按照自己的教学进度和学生的学习需求不断改变形式，花样翻新地使用微课，才能消除学生使用微课学习的倦怠心理。”基于这样的思考，四川省宣汉中学高中英语老师罗洪权突出教学资源的“新意”，对北京四中网校的微课适当地做了一些“变形”，使其在教学过程中发挥更大的价值。

一是添加字幕，帮助学生顺利渡过英语口语适应期。和北上广等大城市的学校教育相比，西部偏远地区的学校教育存在一定的差距，其中，英语教育的差距尤为明显。新学期第一堂英语课，学生常常会一下子被微课全英语教学搞得晕头转向，从而对英语学习产生畏惧心理。为了帮助学生克服这种困难，罗洪权老师为每段微课添加了字幕，以便听不懂、听不清的学生能边听边看字幕，完成微课学习。这种方式受到同学们的好评，从借助字幕进行微课学习到逐渐扔掉这个“拐棍”，同学们很好地完成了过渡，进入英语智慧课堂的正常学习状态，同学们

感慨：字幕真是学生英语学习入门的最好帮手。

二是分解与重组，以便学生真正掌握所学内容。罗洪权老师在教学过程中发现，学生很难在短短数分钟内消化和掌握微课内容，于是他根据学生的接受能力，对微课进行简单的分解，把一节微课剪成几段，让学生逐点地学习、体会和消化。经过一段时间的尝试，罗老师发现这样根据学生需要和教学需要编辑形成的微课方式教学效果更好，于是把这个经验分享给其他同事。

北京四中网校的微课一般都是老师和所讲内容同屏，这种方式的优点是为学生创造了课堂临场感，缺点是在突出重点方面有所欠缺，略显单调。所以，罗老师在编辑微课时，会裁掉老师的画面或者让内容和老师的画面交替出现。要强调内容时，全屏展示老师所讲的内容；内容不是特别重要时，就完全展示老师。此外，罗老师还为微课添加音视频特效、过渡等，让声音变得悦耳、让视频变得美观，从而使微课吸引学生眼球，牢牢抓住学生的注意力。

“再好的微课，都是主讲老师按照自己的教学模式、教学风格、个人爱好和特长，针对自己的学生而设计的。所以必须改编微课，以便符合师生习惯和学生接受水平。”罗洪权老师打破了简单草率的“拿来主义”，而注重微课“变形记”。

录制本校老师的音视频微课，给学生制造熟悉感和亲切感；“联姻”微课和直播课，提高学生的甄别能力；引用全国微课大赛获奖作品，当作北京四中网校微课的补充材料；引入国外网站教学节目，让学生接触到原汁原味的英语教学……罗洪权老师的微课“变形记”还在上演。

### 6. 在实践中绽放光芒，让微课应用成为一种习惯

刚接触微课，学生会对微课产生新奇感，但忽视了微课只是学习的工具。所以，罗洪权老师一开始就引导学生理性地使用微课，教导学生不要被微课繁华的表面而蒙蔽，要静得下心、沉得住气，要注重体会和接受微课所传递的新理念、新知识。

对于处于使用疲惫期的学生，罗洪权老师则会引导他们坚持使用。因为微课学习是一个积少成多、从量变到质变的过程。对于收获了成就感的学生，罗洪权老师则加以激励和鞭策，促使他们进入学习的最佳境界，防止他们产生侥幸心理和浅尝辄止的念头。

课前使用以预习，课中使用以检测，课后使用以巩固，课外使用以拓展。堂堂课上用，天天必用。学生不会使用时，老师要示范使用；学生不想使用时，老师要督促使用；学生浮躁使用时，老师要善于引导；学生怀疑使用效果时，老师一定要坚定其信心。“简而言之，不仅要加大微课使用频率，还要加大使用量，让微课的使用成为一种学习习惯，让微课的使用成为智慧课堂教学模式下所执行

的教学常规。”罗老师说。

★ ★ ★

**溯源·延展**

华南师范大学未来教育研究中心主任焦建利表示：微课是为教学和学习模式创新而诞生。在混合学习、在线教学、智慧课堂等创新的教学模式中，利用微课可以让教师教得更轻松，让学生学得更快乐、更高效，微课已经成为我国教育信息化资源建设的重点和热点之一。不得不说，微课也是实现“优质资源班班通”之本。推动已有优质资源在教学过程中的恰当应用，改编制作适合于本校本班学生学情的微课，已成为趋势。

栖霞市第一中学通过自制资源，改编资源，利用标准化资源，激发学生的学习兴趣，让学习有效发生，让学情得到有效反馈。四川省宣汉中学别出新意，对北京四中网校的微课适当进行“变形”，如添加字幕、分解与重组等，使之符合校情学情，最大化地发挥了微课的价值。

## 第三节 | 随时随地个性化课前学习

移动互联网突破了学习的时空界限，时时为学习之时，处处为学习之所，实现了任何人、任何时间、任何地方、学习任何知识的 4A 状态。而超越时空随时随地的学习、目标明确精准的学习、非线性的学习等，有利于学生自由支配学习时间，满足个性化的学习需求。具体到课前学习，基于移动智能终端的情况，内容可自由选择，进度可自主控制，课前学习不再是硬性规定、整齐划一的“齐步走”。

### 1. 按照自己的节奏，找准属于自己的学习节拍，有效学习

网络教学平台上海量的学习资源，如微课、视频、音频、文章、习题等丰富的学习素材和多样的学习形式，让学生的课前自主学习能随时随地地发生。海南临高第二思源实验学校的王兰妹老师，在和学生共同学习部编版九年级语文上册第一单元的五首诗词时，尝试采用单元整体教学法：在“自主欣赏”板块，利用北京四中网校教学平台推送了五首诗词的朗读音频、背景资料和名家赏析，引导学生在充分朗读后，从写作背景和名家赏析中深入理解诗词所表现的情感，为第

二板块“自由朗诵”和第三板块“尝试创作”的学习做好了充分的准备。

以第一首诗《沁园春·雪》为例。学生先在平台上了解作者、写作背景等相关知识，再借助朗读音频自主学习朗读，接着看微课，学习老师推送的解读资料，理解诗文的内容及抒发的情感。“这个过程，学生根据自己的个体差异，选择学习的内容及学习所需的时间，不理解的内容还可以反复学习，无论是课前、课中还是课后，直到自己理解为止。其间，针对共性问题，老师在课上适当点拨。而对于个性问题，不必过多讲解，只需给出足够的时间让学生自己解决，如果学生反复学习后依然不能解决，老师会有针对性地进行指导。”

在课前学习巡视中，王老师发现学生出现了与以往课堂不同的状态：有的学生还在听示范朗读，有的已经进入赏析环节；有的学生只听一次朗读就开始练习，有的却在反复听同一个音频……这说明，接受能力强的学生，能很快进入下一阶段的学习。针对不理解的知识点，学生可以反复学习，直到学会为止……这些明显的变化，不由得让王老师心中暗喜：“这不就是我孜孜以求的个性化学习吗？这样的学习让不同层次的学生都能找到自己的节拍。一切都得益于网络教学平台。”

### 2. 结合自己的认知，带着自己的学习困惑，主动学习

智慧课堂将原来教师在课堂上大量讲解的内容提前到了课前由学生自学，而将学生原来在课外的练习移到课堂，在扩大课堂容量的同时，也提高了教学效率。郑州市第五十三中学张萌萌老师说：“智慧课堂这种新型的学习模式，巧妙地将学生自主学习与师生面对面的教学、新知识与技能的学习及其在生活中的迁移和应用有机结合起来，实现了学生的有效学习。”

这样的课前自主学习，给张老师最直观的感受是，学生能够在相对轻松的氛围中学习和内化知识，不需要像在课堂上老师集中教学时那样精神高度紧张，或因偶尔分心而跟不上教学节奏。班上的学习委员任敏同学深有体会地告诉她：“学习的内容可以回看、暂停、收藏，按照自己的需要停下来，慢慢记笔记；实在不懂的地方，可以摁下暂停键，认真思考…… 这样的学习方式，让人很享受。”

“作为一名老师，有幸亲历这样的教学方式，有幸看到学生成长的笑脸，受益匪浅，成长良多。”郑州市第五十三中学语文老师秦圆圆如是评价智慧课堂。

### 3. 挖掘自己的潜能，带着自己的思考，独立学习

海南华侨中学观澜湖学校郑和霞老师认为，只有明确的学习目标、具体的学习任务与学习要求，让学生边学习边思考，才能高效率地自主学习。为了让学生边学习边思考，郑和霞老师讲授杜甫的《蜀相》时，针对不同的学生，设计了如下的课前学习任务单：

请周同学找出南阳武侯祠里的一副对联：收二川排八阵六出七擒五丈原前点四十九盏明灯一心只为酬三顾，取西蜀定南蛮东和北拒中军帐里变金木土爻神卦水面偏能用火攻。让同学们对诸葛亮有更加全面的了解。

请李同学找到关于杜甫的相关资料以及杜甫创作《蜀相》时的背景材料。

请林同学找到《蜀相》的朗读音频或视频，并模仿音频或视频来朗读这首诗。

请陈同学把这首诗里难懂的字词解决。

请张同学准备好这首诗颔联的炼字型的答题技巧。

请王同学准备好这首诗的主题思想。

请黄同学找一道考查诗歌炼字型的课外题目……

郑老师给全班每个同学都布置了明确具体的课前预习任务，有效地调动了每位同学的积极性。因为在有针对性地查找相关资料的过程中需要独立思考，所以同学们更加主动地投入到学习中来。

现代社会的多元文化和复杂环境对人的独立思维能力提出了更高的要求。为了锻炼学生的独立思考能力，每次布置自主学习任务时，郑和霞老师还要求每位同学结合自己的自主学习任务提一个问题。“要提出问题，学生必须思考；学生思考了，思维能力就会逐步提高。每次最后统计时，总会出现许多学生提出相同问题的情况，这说明这些同学的思考点集中在了一起。”郑老师说。例如学习《春江花月夜》时，许多同学不约而同地提到了张若虚仅有的另一首诗《代答闺梦还》，她趁机让课前完成这一自主学习任务单的同学出示了这首诗，并作了解读。这样一来，既扩充了课堂容量，也拓宽了学生的知识面。

### 4. 相信自己的能力，带着自己的热情，互动学习

“中学英语课本选择的文本很多和学生的生活实际有一定距离，所以，教学过程中需要学生对作者、相关知识背景做深入的了解。这时候，网络学习的便捷性就显示了出来。”正是出于这样的认知，渭南市瑞泉中学刘新会老师在讲授“Money”之前，先让同学们在网络上查找各国钱币的相关知识，然后把自己认为重要的资料与信息发布到北京四中网校教学平台上，这样，学生在查找中就对各国的“钱”有了一定的了解，课堂上，只要老师稍做点拨，学生就能轻而易举地掌握各国钱币的名称。

“还有不少学生通过此次查找与分享，拓宽了这方面的知识，一举多得。”刘新会老师观察学生在网络教学平台上的反馈发现，一些平时在教室里沉默、不善表达的同学，一到平台上，睿智的思想和敏锐的洞察力让大家刮目相看。有了这样的发现，刘老师经常布置平台讨论任务，尤其是时事新闻的英语话题，学生们想到新的观点就随时发布在平台上，这样日积月累，学生的英语水平提高了，英语素材积累丰富了，学习兴趣浓厚了。

### 5. 突破时空限制，带着自己的好奇，延伸学习

不仅仅局限于课前学习任务，长治市第十中学陶霞老师还经常利用假日时间，给学生布置预习和复习任务：周末休息时，她会通过教学平台向学生推送周测题目，星期一根据学情进行难点解析；寒假和暑假，她每三天推送一段微课视频，每周进行一次测试，保证学生既能有效地预习新知识，又能充分利用寒暑假的课余时间充电。

采用这样的学习方式，因为简单的问题已经在课下解决了，课堂上留给学生的探究时间就多了，学生可以通过合作研讨开阔视野，思考更有难度的问题，深化思维。教学不再受白天和晚上、工作日和休息日的限制。不会的知识，可以重复看微课视频，一点点消化；不懂的难题，可以在线向教师请教，在师生交流或互动中有针对性地解决……陶老师感慨：智慧课堂的学习方式拓展了学习的时间和空间。

扫一扫看视频

★ ★ ★

**溯源·延展**

凡事预则立，不预则废。著名教育家叶圣陶先生说："学生通过预习，自己学习新知，得到理解，当讨论的时候，见到自己的理解与讨论的结果相吻合，就有了成功的快感；或者看到自己的理解与讨论结果不相吻合，就做比量短长的思索；并且预习的时候绝不会没有困惑，困惑而无法解决，到讨论的时候就集中了追求理解的注意力。这种快感、思索与注意力，足以激发学生阅读的兴趣，增进阅读的效果，有很高的价值。"信息化网络时代，采用在线学习方式已经成为必然，正如习近平主席在国际教育信息化大会上所说，要"建设'人人皆学、处处能学、时时可学'的学习型社会"。网络学习随时随地、随想随学、随时暂停、多次反复的特点，可以满足不同认知能力的学生的需求。

通过网络学习，海南临高第二思源实验学校让学生可以按照自己的节奏，找准属于自己的学习节拍；郑州市第五十三中学让学生消除对无法跟上教学节奏的担心，在轻松的氛围中学习；海南华侨中学观澜湖学校为学生边学习边思考、培养独立思维能力创造了良好条件。借助网络教学平台查找资源、交流互动，打通课堂内外，渭南市瑞泉中学和长治市第十中学让课堂跨越 45 分钟，拓宽了学生的知识面。

## 第四节 师生及时在线互动 确保课前学习有效性

信息技术的应用，为教师和学生的沟通架起了跨越时空的桥梁。在课前的交流过程中，教师充分发挥组织、引导和点拨的作用，促使学生主动思考、积极探究、大胆猜测并提出问题，让学生真正实现自主学习，学会合作解决问题。教师通过分析数据，展开精准指导，有助于课堂上高效达成教学目标。

### 1. 及时反馈交流，让课前学习更有效

传统的语文教学，缺乏对学生课前学习的有效督促和指导，即使教师给学生布置了课前预习任务，但真正课前学习的学生寥寥无几。课前预习的部分学生，其学习内容也仅限于读课文、识记字词、了解作者和写作背景等基础知识。智慧课堂的实施，彻底地改变了这种低效的学习状况。

在智慧课堂教学实践中，教师可以通过北京四中网校教学平台给学生发布学习任务和微课，要求学生将预习成果以图片、音频、文字等形式上传教学平台，反馈学习情况。汾阳市西关初级中学吕建雄老师在讲授“小石潭记”时，就通过教学平台给学生发布课件和微课。与此同时，他还发布了相关的学习任务：一是读文章，给不认识的字标注拼音；二是根据注释提示，结合参考书尝试疏通文义；三是了解作者生平及文章写作背景；四是勾画文中描写景物的句子并分析其作用；五是体会作者通过景物描写传达的情感。

吕老师要求学生提前两天预习，并通过线上、线下两种方式及时反馈预习情况。“课前预习目标明确，学生预习不再是形式。学生预习的同时，老师可进行有效的指导和督促，增强了课前预习的可控性。”

预习任务发布的第一天，学生的预习反馈主要集中在字词的读音、断句、朗读、翻译、作者等方面的问题。于是，吕老师再次推送微课“小石潭记”翻译和重点字词的解释，以及柳宗元生平拓展阅读。与此同时，吕老师发布了微课“景物描写的方法及作用”，再次要求学生反馈学习的收获和困惑，然后进行二次备课。

在反馈过程中，李鑫强同学问“蔓”字如何发音，吕老师说，“蔓”是多音字，读音与意义关系密切，建议查字典或征询组内其他同学解决。

高鑫同学不清楚“斗折蛇行”“犬牙”的词语解释，吕老师便回想起在上“狼”时，有同学将“狼”翻译成“狗”的小插曲，所以解释道：“斗”“蛇”

“犬”都为名词，文中是名词作状语。马艺瑄同学则表示“全石以为底，近岸卷石底以出，为坻，为屿，为堪，为岩”是写景的句子，但不是很清楚它的作用和所表达的情感。吕老师解释说，可以联系上下文文意去理解，前句是“下见小潭，水尤清冽”，此句正是对“水尤清冽”原因的解释。“青树翠蔓，蒙络摇缀，参差披拂”，正因为整块石头作为小池的底才会有如此美景，这便是“小石潭”名字的由来，也正因为如此才有了第二段小潭中清晰可见的美景。而且这个“清”字也为后文“以其境过清”埋有伏笔。

吕老师对学生提出的问题进行归类梳理，及时指导处理。对共性问题，吕老师先作简单提示，然后再结合《课程标准》《教师教学用书》的教学建议，将这些共性问题作为课堂学习的重点或难点。

这样的预习方法可以让学生在预习过程中有章可循、及时反馈，确保了课前预习的有效性。

### 2. 精准分析课前学情，提高学习效率

一堂课的顺利开展，依赖于课前预习的有效性。怎样才能促进学生有效预习呢？答案是沟通。与传统教学不同，在智慧课堂中，教师通过教学平台可以及时地察看学生预习作业的完成情况，发现学生预习中的问题，不再需要找时间面谈或者让学生交书面预习作业。

德阳市第七中学何敏老师在讲授“五四运动”一课前，给学生发布了微视频，并要求学生完成3道相应的选择题。何老师发现，完成任务的同学为51个，没有完成任务的同学为3个。于是，何老师立即通过教学平台提醒3位同学完成任务。接着，何老师查看了同学们的作业情况，发现第一题正确率为98%，第二、三题正确率均为96.1%。仔细观察发现有一位同学将“五四运动”和“新文化运动”混为一谈，另一位同学错得更离谱。对于预习不到位的同学，何老师提醒他们再认真看看书。

之后，何敏老师在教学平台中提问：北京大学的校庆日是几月几日？为什么会爆发五四运动？这场运动对中国有怎样的影响？

根据课标，“五四运动”的重点是五四运动的基本史实，难点是理解其历史意义。但何老师通过线上交流发现，课前同学们更多的是关心五四运动为什么爆发，为什么诸多国家要聚在一起召开巴黎和会。

根据学情，何老师将巴黎和会外交失败调整为学习难点。学生没有学过世界历史，对第一次世界大战并不了解，他们仅仅是在之前的课文中粗略得知一战期间，日本与北洋政府勾结，妄图独吞中国。如果能让学生详细了解在巴黎和会上各国是如何损害中国人民的利益的，他们就能更好地理解五四运动爆发的原因。

为了完善学生的知识体系，何老师给同学们发布新的预习任务，要求同学们周末观看电影《我的 1919》，详细了解巴黎和会外交失败的历史，以理解“五四运动”爆发的原因。观看电影的方式极大地激发了学生的学习兴趣，促进了学生理解五四运动爆发的历史背景。

在要求同学们观看电影《我的 1919》的同时，何老师还预设了相关的任务，与同学们在线交流。电影观看时间截止后，何老师问同学们：电影中的哪些对话或情节最为动人？对这段历史你有什么看法？

在回答问题的过程中，同学们的表现非常积极。有同学说，留学生集体抗议，要求不签条约的情节感动了他。外交官聪明大胆，善于利用机会，发言自信。但他也深深地感受到了弱国无外交。有同学则说，他感受到了外国人的可恶和中国人的懦弱。但是中国外交官拒绝签订条约感动了他。另一名同学则说，这部影片记录了那段屈辱的历史，中国代表最后拒绝在和约上签字，中国人民不屈不挠、不向列强低头的斗争精神让他感动！

之后，何老师进一步引导同学们深入思考。他说，1919 年陈独秀写道：美国总统威尔逊在巴黎和会上说了两个主义：第一，不许各国拿强权来侵害他国的平等自由；第二，不许各国政府拿强权来侵害百姓的平等自由。请问，巴黎和会做到了吗？他们是如何对待中国的？同学们对此有何感想？

同学们纷纷表达了自己的观点。几位同学都表示，这是一个丧权辱国的条约，在观看电影的整个过程中他们都十分愤怒。身为战胜国的中国，居然被当成战败国惩罚。他们还表示，一定要努力学习成为国家的栋梁，让国家富强起来。

在整个讨论过程中，经过何老师的引导，学生们纷纷发表了对影片的看法。大多数同学都表达了对中国遭到不公平待遇的愤怒之情，理解了“弱国无外交”的深刻道理。

通过课前预习和线上交流，何老师认为，这堂课所需要的感情基调已经形成，同学们也掌握了五四运动的基础知识，为正式上课打下了良好的基础。

山东省牟平第一中学曲培波老师在讲授高二地理的一节试卷讲评时，要求学生将答案上传到北京四中网络教学平台，全班答题情况得到了直观的呈现。

通过答题的数据分析，曲老师发现，有些选择题并不难，但仍有同学出错。因此，曲老师提前录制了个别试题的微课，发布到教学平台上，要求学生在自习时结合微课，自主订正试卷。这样的实践产生了意想不到的效果：学生的自习效率明显提高，学习效果得以保证。

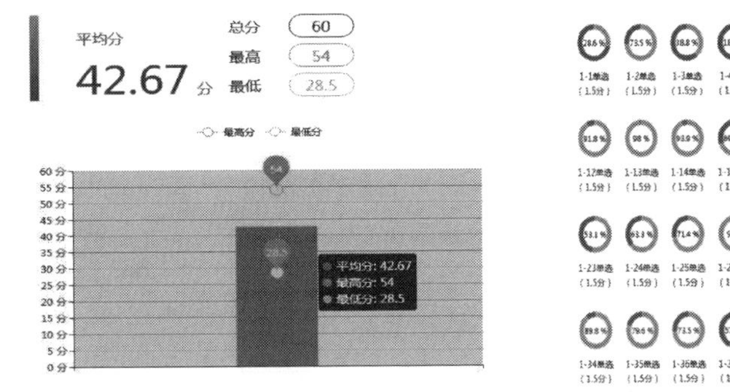


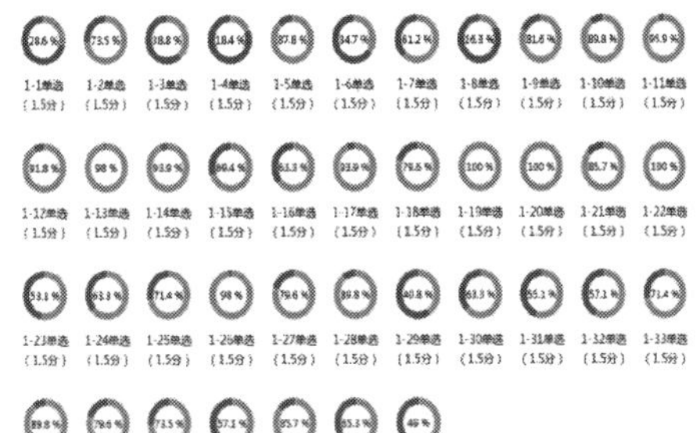

### 3. 互动激发学生学习兴趣，二次备课突出重点

地理学科具有知识点杂、综合性强等特点，学生对某些地理知识可能存在一知半解的情况。因此，山东省牟平第一中学曲培波老师在设置练习题时，着重考查区域地理的知识，分别对综合题和选择题创建讨论帖，让同学们在对照答案订正的过程中发现问题，在讨论中提出问题，同学之间相互解答。

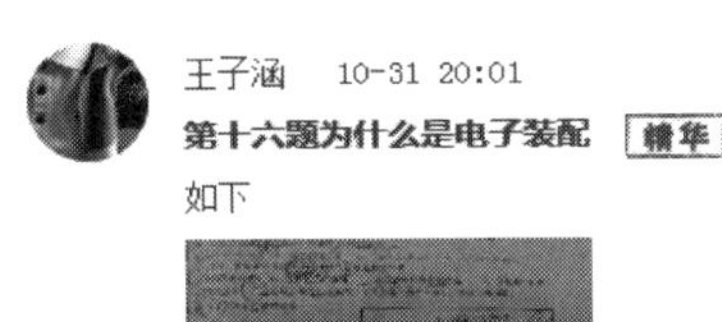


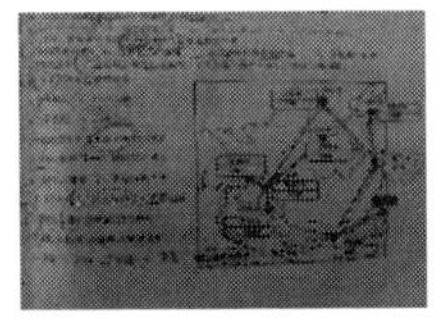

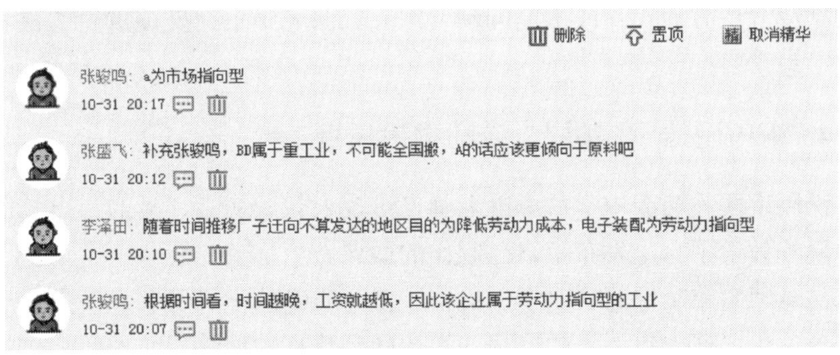


在讨论过程中，学生将不理解的问题拍照上传到北京四中网络教学平台，发出讨论话题，其他同学跟帖解答。这样，同学们的问题不仅在讨论中得到了解答，也大大激发了同学们对地理学科的学习兴趣。

在讨论过程中，老师及时给予回复和评价，也能让同学们获得极大的满足感和成就感。有些同学表示，有了教学平台，课前他们愿意或敢于通过平台向老师提问。慢慢地，学生的创新意识和敢想、敢说、敢做的思想意识得到了加强，真正变成了课堂的主人。

于馥铖　10-31 20:04

**16T**

题中说的工厂为什么不能是食品加工厂而是电子装配厂

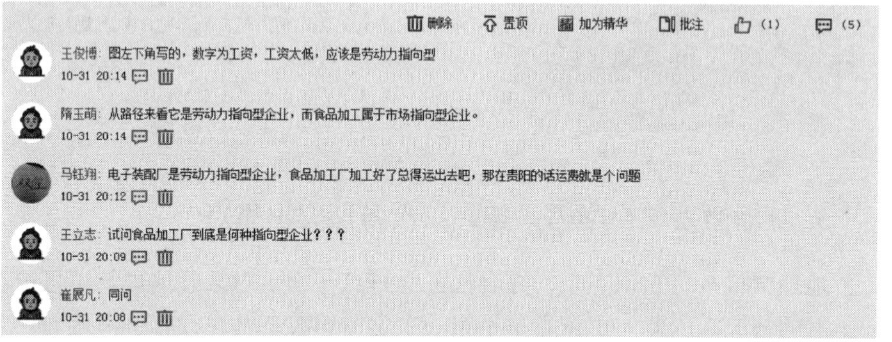


课前的在线交流，增加了师生、生生互动的频率和深度，老师再也不需要为在什么时候找哪个学生辅导而头疼，学生在预习过程中遇到困难，只需拍照到平台上或者给老师留言即可，老师也可以通过拍照、录像或语音给学生解答问题。师生之间的交流变得更容易、更频繁，“一对一”辅导成为新常态。

教学平台的互动教学改变了原来被动的学习模式，大大激发了学生的学习兴趣，提高了学生的自主、合作和探索意识，体现了“导学一体”的特点，有效避免了课中学习的单一性。

再如：曲培波老师将课前问题汇总后，发现学生在等高线的计算方法和各区域的判读方法方面存在较多的问题，因此，曲老师根据反馈进行二次备课，重新调整了教学目标。

### 4. 精巧设计“陷阱”，鼓励学生质疑

汾阳市西关初级中学吕海霞老师在讲授人教版初二“幂的乘方”前，在北京四中网校教学平台上发布了自己制作的微课。

吕老师发布微课时，对学生提出了三个明确的学习要求：一是写出幂的乘方的推导过程，列出每一步的依据，类比同底数幂的乘法，并拍照上传；二是提出预习过程中的问题；三是完成学案，拍照上传。学生观看微课时，发现讲微课的是自己的老师，既惊讶又激动，大大提升了学习兴趣。

发布任务时，吕老师特别提道：“老师第一次上境，难免有些紧张，希望同学们多多批评指正。”吕老师在微课的最后故意出错，以检验同学们是否认真预习，并特意指出：“同学们，这是容易出错的地方，同学们要注意思考。”果然，

最后有好几位同学留言说："老师，您视频里讲的这道题有错呢。""吕老师，最后一题是不是不对啊!?"在指出错误的同时，有的同学甚至还提交了正确答案。同学们发现老师设置的"小陷阱"后，开心不已，自信心得到了增强。

吕老师充分利用教学平台与学生进行交流，精巧、合理地设计了课前学习内容，不仅促使学生不断学习、思考，还激发了学生对知识的渴望，真正达到了以生为本的教育目的。

各位老师在引导课前学习过程中，充分感受到大数据下的智慧课堂的魅力。精心的课前预习设计，让课前学习目标更为明确、可控性更强，保证了学生的深度学习。学生通过在线交流，互相解答问题。教师随时随地与学生进行互动，实施精准的课前指导；巧妙设置"陷阱"，吸引学生注意力，鼓励学生质疑。多种措施的并举确保了课前学习的有效性，提升了教学效率。

扫一扫看视频

★ ★ ★

## 溯源・延展

苏霍姆林斯基说："不了解孩子，不了解他智力发展、思维特点、兴趣爱好、才能、禀性的倾向，就谈不上教育。"中国教育学会名誉会长顾明远教授认为："没有爱就没有教育，教育的爱是要建立在师生相互信赖的基础上，倾听学生的心声，把老师的心声和学生交流。"随着信息技术的发展、网络的普及，"世界成为平的"。作为互联网原住民，新时代的学生更喜欢网络虚拟世界的交流互动。借助网络教学平台，师生交流、生生交流更加方便、及时，随时随地、无处不在的交流互动为教师和学生架起了一座沟通的桥梁，使师生情感上、心理上产生了"共鸣效应"，取得育人的主动权。

汾阳市西关初级中学给学生发布学习任务和微课后，通过线上、线下两种方式及时与学生交流，确保了学生课前学习的有效性；在自制的微课中巧妙设计学习"陷阱"，培养学生勤思考、敢质疑的精神。除了发布微视频，德阳市第七中学还要求学生观看与课文有关的电影，激发学生的学习热情，并在课前引导学生积极讨论，发表电影观后感，与课堂教学内容有效衔接。山东省牟平第一中学通过教学平台的师生互动，改变了原来的被动学习模式，激发了学生的学习兴趣。三所学校方法各异，但它们都有一个共同的特点，那就是善于及时跟学生交流沟通，确保课前学习落到实处。

## 第五节 | 分层教学满足不同层次学生需求

树立以学生为本的教育观，要充分考虑学生个体发展的差异性。面对学生提出的多样化学习需求，如何避免一刀切，让不同层次的学生都能得到充分发展，所有学生都能学有所成，是大部分学校面临的实际困惑。借助教育信息化实施分层教学，是解决这一困惑的可行性路径之一。因为，在“入口低、出口高”的大背景要求下，教师只有在教学中按不同的教学对象因材施教，做到有的放矢，才能真正提高学生的核心素养和个人综合素质。聚焦不同层次学生多样化的学习需求，四川省蓬溪中学、天津市宁河区芦台镇第三小学和海南华侨中学观澜湖学校分别针对不同的学科进行了分层教学实践。

### 1. 学生分组为分层教学奠定基础

在四川省蓬溪中学每年招收划片区的 1 200 名高一新生中，来自城镇学校的学生和来自农村学校的学生各占一半，学生素质测试最高分数约 800 分、最低分数约 350 分（总分 880 分），其中，学生的数学基础差异尤为明显。而高中数学知识抽象、内容多、课容量、涉及知识面宽，对学生的知识储备、学习方法和学习效率要求很高，对学生的逻辑推理、直观想象、数学建模、数学运算等核心素养也提出了更高要求。分层教学很好地解决了四川省蓬溪中学数学教学面临的实际困难。在教学实践中，不同数学基础的学生都达到了应有的提高。

学生分组是分层教学的第一步，也是实现分层教学的基础。四川省蓬溪中学数学学科老师肖刚、张诚岗、唐鑫、陈伟华、黄巧英首先根据学生数学学习基础，把班级学生分为 A、B、C 三个层次。然后在教学中实施分层次布置课前学习任务，不同学习能力的学生学习不同的资源内容。

面对面教学时，实行班内分组教学，即根据综合能力，A、B、C 三个层次的学生合理搭配分成 4 人一组。A 层次学生基础扎实，任组长，每位组长负责 B 和 C 层次的学生各 1～2 名，负责组员作业的监督和检查、疑问的解答等。这样，线上学习时，不同学习能力的学生在不同层次；面对面教学时，学习小组又是相对固定的。

为了更好地助力各学校实施分层教学，北京四中网校教学平台增加了这样一个功能：支持不同学科的老师把班级学生分为不同的层次，如某学生数学学科在 A 层，英语学科在 C 层，从而在不打乱原班级的情况下，通过对学生分层、教学内容分层，对不同层次的学生区别施教，实现分层教学。

### 2. 课前学习分层次，调动学生学习积极性

教学过程中，四川省蓬溪中学数学教研组结合教材和学生的学习可能性水平，按课程标准要求合理设计教学目标，把目标分为基本目标、中层目标和发展目标三个层次。随后按照班级学生的数学学习基础和教学目标等级分类，在北京四中网校教学平台上向学生推送不同难易程度的课前学习任务，让学生更容易接受所学知识点，从而满足学生的个性化学习需求。

如高中数学人教 A 版必修 2“直线的点斜式方程”的课前学习，肖刚老师在平台上布置统一的学习微课，并配以 A、B、C 三个不同层次的配套课前分层练习。其中，A 层次学生练习难度分别是 2 个简单、2 个中等和 1 个困难；B 层次学生练习难度分别是 3 个简单、2 个中等；C 层次学生练习难度是 5 个简单。

**“直线的点斜式方程”课前学习任务**

肖刚老师指出：传统的教学中，课前学习一般是统一布置、统一完成，同一个任务或者同样难易程度的练习题全班各种层次的学生都需要去完成，很多优等生缺乏发展空间，而大多数基础薄弱的学生又完成不了课前学习的要求，导致达不到备课标准，下一阶段的目标难以实施。而在智慧课堂教学过程中，可以应用平台的“分组”和“个性化学习”功能，进行不同难易程度的课前学习，从而满足不同学生的学情需要，以达到预习要求。

“最大的不平等就是把不同的学生同等看待。”正是基于这样的认知，天津市宁河区芦台镇第三小学李营营老师对智慧课堂的分层教学赞誉有加，并在自己的语文教学中充分运用。

在四年级语文“古诗三首”之《暮江吟》的课前学习中，李营营老师分别为不同层次的学生设计了不同难度的练习。为基础稍差的学生设置了两个自学目标：一是准确、流利、有感情地朗读古诗；二是了解古诗的意思。针对第一个学习目标，李老师推送了古诗的音频，布置了朗读任务，以语音题的形式检测自学成果。针对第二个学习目标，李老师推送了古诗所描绘的图片，让学生在图画中圈出诗中景致，并把古诗抄写在对应的位置，增强对古诗大意的理解。为基础稍好的学生搭建拓宽知识面的平台，在讨论帖发布讨论主题：搜集资料探究“真珠”和“珍珠”是不是同一种意思。在讨论过程中锻炼学生的语言组织能力、表达能力。“这样的古诗学习方式给不同层次学生提供了适合的学习资源，突破了死记硬背的桎梏，让学生充满趣味地、有效地达成自学目标。”李营营老师说。

在分层教学中，她还抓住学生心理，根据一些学生的特殊兴趣专门发送独特的教学内容，激发其学习积极性。如讲解四年级语文“为中华之崛起而读书”时，她专门给几位有朗诵演讲才能的学生推送分角色朗读文本，激发他们的表演欲望，让他们在课堂上呈现。

海南华侨中学观澜湖学校谭杨子老师在讲授高二英语“Animal in Danger”语法课时，课前设计了 3 个等级的检测练习：A 等级涉及初中水平的定语从句练习，题目相对简单，只需根据题目中的先行词选出相应的关系代词和关系副词；B 等级的题目是让学生自己造出含定语从句的句子，属于中等难度；C 等级的题目是高中新学习的部分，可以作为探索新知识的一个阶梯。

谭杨子老师说：“这节语法课的课前学习任务充分体现了学生的个性化需求。通过设计不同等级的题目，学生可以按照自己的能力进行选题，并不断挑战自我。学生在完成基础题的前提下不断进行探索，通过自我发现学习去把握定语从句的语法规律。”

美国心理学家布卢姆曾经说过：“世上任何一个能够学会的东西，几乎所有的人都能学会。只要为他们提供适当的前期和当时的学习条件，多数学生都能获得较好的学习成绩。”分层次布置课前学习任务就是在提供适当的前期学习条件。

### 3. 课堂教学分层设计，满足不同学生的学习需求

有了课前学习分层次的基础，课堂教学中，四川省蓬溪中学也十分注意突出学生的差异性，并通过一段时间的教学实践，形成了“五环四互”的课堂教学模式。

“五环四互”即自学互助—展示互导—质疑互究—检测互评—总结提升。该教学模式的分层主要体现在利用平板与学生互动教学，基础知识随机点名，所有学生基本上都能回答。稍微有难度的知识点用抢答模式，会的学生积极抢答，不

会的学生可以在聆听中认真思考。或者结合老师的课堂观察，线下点名提问中等生，利用中等生在认知上的不完善，把问题展开，进行知识探究。

如在讲解“方程的根”这一知识点时，关于零点问题，基础薄弱的学生很容易出错，于是唐鑫老师应用网络教学平台互动出题、学生拍照上传作答的过程，找出优等生的标准作答，再与基础薄弱学生的答案进行对比，让大家在对比同学答案的过程中找出自己的问题，最后把优生的解答过程推送给所有学生。唐鑫老师说：“老师在讲授知识时不仅要因材施教，还要量体裁衣。在数学教学过程中运用分层教学法，充分地调动学生的学习积极性，激发学生对数学的学习热情，让他们最大可能地喜欢上数学。”

在数学、语文、英语等不同学科中开展分层教学活动时，老师可以分层设置教学目标，设计教学内容，有的放矢地加强教学的针对性，整体把握，分层推进，提高全体学生参与性，提高教学效果。学生可以从中体验到成功的快乐，发现自身的潜力，从而排除心理障碍，增强学习内驱力，以成功的回报来正向激励学生，增强学生的自信心。同时，这也增进了师生之间的相互了解和信任，融洽了师生关系。

扫一扫看视频

★ ★ ★

## 溯源·延展

19 世纪 60 年代，美国著名教育家哈利斯率先创立了“活动分团制”，开启了分层教学模式。1986 年，北京市第四中学开始围绕走班分层教学模式进行研究与探索。在 2016 年发布的国家教育技术计划中，美国教育部定义了个性化学习：“个性化学习是指学习进度和教学方法都针对每个学习者的需求进行优化的教学。学习目标、教学方法和教学内容可能会因学习者的需求有所不同。此外，提供的学习活动对学习者而言是十分有意义的，由他们的兴趣驱动并且通常是自发行为。”尊重学生的个性差异，是最传统的人本教育的理念，也是最现代的民主教育理念。

在将班级学生进行分组的基础上，四川省蓬溪中学课前分层发布预习内容，课中实施分层次教学，尊重学生个体发展差异，让不同基础的学生都得到不同程度的发展。天津市宁河区芦台镇第三小学不仅为不同层次的学生设计了不同难度的课前学习练习，还根据一些学生的特殊兴趣专门发送独特的教学内容，激发其学习积极性。海南华侨中学观澜湖学校设计三个等级的课前检测练习，让学生可以按照自己的能力进行选择。

## 第六节 | 持续提升学生自主学习能力

古人有言："临渊羡鱼，不如退而结网。"叶圣陶先生曾说：教是为了不教。

教育的真正意义不是知识的获得，而是掌握学法，学会学习。教育的最高境界是让学生会学，培养学生的自主学习能力，以学生为主体，把学习的主动权还给学生。让学生学习的主动性得到充分发挥，就需要创设自主学习的氛围，激发学生的学习兴趣，增强学生的自主学习意识，提升学生的自主学习能力。

### 1. 借助教学平台激发学生学习兴趣，提升自主学习能力

孔子曰："知之者不如好之者，好之者不如乐之者。"学生只有对学习产生了浓厚的兴趣，才可能自主学习。

"培养学生浓厚的学习兴趣是提高数学教学质量的重要途径。"广元市苍溪县思源实验学校罗祥龙校长提出，要让学生对数学产生兴趣，必须先让学生喜欢数学老师。该校王强老师认为，课堂上，老师的举手投足都会给学生留下深刻的印象。所以，一方面，老师的语言要生动幽默，让课堂气氛活跃；另一方面，要善于发现学生的闪光点，及时表扬，对于偶尔遇到困惑或考试成绩不理想的学生，要及时疏通和引导，避免学生丧失学习兴趣。

"智慧课堂上，借助北京四中网校教学平台的抢答、积分奖励、发布白板任务等功能，更容易激发学生的学习兴趣，让数学课堂充满生机与活力。"在教授人教版七年级上册"等式的性质"一节时，王强老师课前向学生推送了一个"李狗蛋的跷跷板"的短视频。短视频幽默诙谐的语言、生动形象的画面激发了学生学习数学的兴趣，师生以欢快的心情在平台上互动交流，实现了课前有效学习。

### 2. 指导学生课前学习，提升学生自学能力

自主预习是学生独立获取基础知识的重要一环。针对学生的学习习惯、学习方法和学习能力等，山东省招远第一中学对本校学生进行了一次问卷调查。调查发现：有课前预习习惯的学生仅占 18%，有课后巩固复习习惯的仅占 15%，上课能够做到全神贯注认真听讲的不到 40%，有制订学习计划习惯的仅有 6%，有章节结束后进行总结习惯的不到 5%。这些数字，暴露出一个令人担忧的问题：大多数学生并没有养成良好的学习习惯，自主学习能力较差。

因此，教师如何引导学生养成良好的自主学习习惯，如何变被动为主动，如

何使学生保持自主学习的积极性，全面提升学生的自主学习能力显得尤为重要。山东省招远第一中学副校长曲志学指出：要设计出一份有效的自主预习任务单，教师必须深入钻研教材并真正了解学生，但如果让预习任务流于形式，效果一定堪忧，甚至增加了学生的课业负担使学生厌学。

因此，山东省招远第一中学高度重视自主预习任务单的设计。比如，李文广老师在上“电场的性质”（复习课一）前，就设计了自主预习任务单，并要求学生认真完成任务后拍照上传到北京四中网校教学平台。

自主预习任务主要有三项：一是观看微视频“电场的性质公式导图”，补充完善纸质导图，达到熟练掌握电场公式及适用条件，强化小角标、正负值代入能力；二是完成“知识点速问速答”，查找薄弱知识点，为定性分析带电粒子在电场中的加速度、速度、动能、电势能等做铺垫；三是完成两道定量分析题和一道简单的定性分析题，考查学生对公式的掌握程度，以便调整课堂巩固题的范围和难度，引导学生建立“三线问题”的处理思路。

学生完成后，李文广老师根据学生课前自主学习的情况，有针对性地进行了二次备课，结合课程标准，重新确定课堂的教学目标和教学重难点。在李老师的引导下，学生进行了充分的自主预习，为课堂学习打下了基础，该堂课也因此取得了良好的效果，被评为烟台地区的示范课。

海南华侨中学观澜湖学校谢茜老师也认为，合理、有趣的预习案，预习案中系列情境创设和问题思考，教师针对如何预习和预习什么对学生进行具体的指导，有助于提升学生自学能力。

在上“储蓄存款和商业银行”一节时，谢老师设计了这样的课前任务：第一，李华爸爸单位发了2万元奖金，考虑到李华今后上大学需要用钱，决定将钱存入银行。如果李华爸爸将2万元存两年定期，按照3.75％的年利率计算，到期后的利息是多少？第二，对比我国储蓄种类的异同和优缺点，并写出结论。第三，写出自己知道的银行，并说说商业银行有哪些业务。第四，判断对错并说明理由。这样的课前学习设计有助于学生根据材料和情境理解知识、运用知识，而不是单纯地呈现知识。预习过程对知识的理解，有助于课上利用相应的知识储备去分析和解决问题，强化了学生课前学习的意识。

在预习案的最后，谢老师还单独设计了一项预习疑惑，要求学生将预习过程中的疑惑直接发到教学平台讨论区。这样不仅能引导学生在预习过程中独立思考，还便于老师及时了解学生在预习过程中的困惑，并在教学中有针对性地解答。这样的预习训练极大地调动了学生探索问题、思考问题的积极性，比课堂上老师发问的效果好得多。

### 3. 强调课前学习要求，明确学生听课目的

捷克教育家夸美纽斯说过：一切后教的知识都要根据先教的知识，即理解新

知识需要以旧知识为基础。预习可以使学生发现旧知识结构的薄弱环节，在课中有目的地学习。

“洛伦兹力”一节承上（安培力）启下（带电粒子在磁场中的运动），是高二物理教学中的一个核心知识，也是教学重点。高二学生已具有一定的观察能力和推理能力，基于此，海南华侨中学观澜湖学校肖保转老师在讲授“洛伦兹力”一节内容时，提出了这样的预习要求：仔细阅读课本，初步了解什么是洛伦兹力，结合上一节所学的安培力思考如何判断洛伦兹力的方向，并尝试推导出洛伦兹力的表达式；观看老师在教学平台上推送的微课，并做好笔记。

学生通过观看微课，对洛伦兹力的方向判断和表达式的推导过程有了初步认识，并完成了教学平台上推送的试题。学生充分预习后再听课，因为心中有数，自然把注意力集中在较难理解的知识上，强化了听课的目的性。“带着问题上课，变被动为主动，学生的求知欲更强。既提高了学生的自主学习能力，又提高了听课的效率。”肖老师说。

苍溪县思源实验学校王强老师的做法是，要求学生读书时，先迅速浏览一遍即将学习的内容，然后边细读边思考。第二遍读教材时，王老师要求学生找一张纸覆盖教材上的解答部分，自己先做一遍题目。一道题做完后与教材上的解答进行比较，如果答案正确，就仔细看看与教材上的解答是否一致，还有没有其他的方法；如果答案与教材上的解答不一致，就仔细分析哪里出现了失误，是方法上的还是粗心所致，或者根本就不理解，然后仔细琢磨解决这道题的方法。对于确实看不懂的认真做出标记，或向周围同学请教，或观看微课，并听老师在课堂上的讲解。

### 4. 丰富自主学习机会，让学生成为课堂主体

在教学过程中，很多时候老师常犯的错误是：一厢情愿地承担了课堂中的许多工作，按照自己设计好的思路，很认真地“满堂灌”，学生言听计从，很认真地配合老师的“表演”。“被动听讲，毫无自主性，这种方式极大地阻碍了学生的个性发展。因此，需要让学生成为课堂的主体，给学生自主学习的机会。”在分析带电粒子在磁场中的运动的习题时，肖保转老师让学生先分析带电粒子在磁场中的受力情况与运动情况，从而列出相应的方程求解。他认为，老师要在教学过程中及时发现学生的闪光点和需要补漏的地方，并及时给予鼓励和指导，引导学生自主学习，独立思考，发挥能动性。

### 5. 更多讨论交流机会，点燃学生自主学习的火花

学生良好的自主学习习惯离不开教师创造的轻松、愉快的学习氛围，学生有了充分的课前学习，课堂上才能发表精彩的观点，才能畅所欲言、各抒己见，才

能在课上小组 PK 中取胜，才能更加重视课前学习。

在“储蓄存款和商业银行”这节课上，海南华侨中学观澜湖学校谢茜老师以一个案例贯穿整堂课，并列出多个探究任务让学生分组讨论。课堂中，每人都能根据导学案中的教案任务，跟着老师的教学思路走。

探究一：张婶，66 岁，在外地打工的儿子留了 8 000 元补贴家用。张婶暂时用不着，觉得放在家里不安全，决定存到储蓄机构。张婶的这种活动叫什么？

学生分组讨论，老师通过教学平台抢答功能让学生发言并分析，根据发言情况，给出相应的分数，一些学生分析不全面或有偏差，让其他同学补充分析或纠正，然后老师给予及时点评和相应奖励。

探究二：张婶在存钱的路上看到了中国人民银行，准备把钱存到该银行，可是工作人员却告诉她：“不好意思，我们这里不接受存款。”张婶纳闷：“是银行为什么不能存钱呢？我应该去哪里存钱呢？”

请你告诉张婶不能去中国人民银行存钱的原因。学生通过分组讨论，形成小组观点，再由小组代表发言，老师给该小组成员奖励。

探究三：张婶最后决定把钱存在中国农业银行，但是当营业员问她存活期还是定期时，张婶迷惑了。请你帮张婶选择一种方式，并说明选择的原因。

采取小组轮流回答，谢老师即时将学生的观点写在黑板上，并分别在各小组抽取一个代表上台计算存款利息，不同小组互相评分。

据悉，这是谢老师的一种上课风格，她在课堂教学中经常设计类似的小组讨论，全班交流，给学生充分的学习时间，让学生充分展示自己的思维方法，做学习的主人。谢老师还要求学生对其他同学的思路进行分析思考并作出判断，这既加强了学生同伴间合作学习的意识，也增强了学生自主学习的能力。

与谢茜老师的做法有异曲同工之妙的是，王强老师则很注重问题导向式教学，即在课堂教学过程中，以问题为抓手培育学生提出问题和解决问题的能力。“这种教学方式对于初中生的学习和成长有着积极的引导作用，并且能够有效培养学生的数学思维和自主学习能力。”

例如在教授“解直角三角形”时，王老师借助平板给学生推送了一些生活中的实例，并出示字幕：能否不上树就测出树高？不过河就测出河宽？不接近敌人阵地就能测出敌我之间的距离？几张图片和几句话引出当天的课题——解直角三角形。这样的生活趣味极浓的问题，瞬间激发了学生的学习兴趣，点燃了学生自主学习的火花。

### 6. 通过动手实践，培养学生独立思考、自主学习的能力

把课堂还给学生，就是要让学生在课堂上有独立思考的时间。在教学过程

中，只有让学生多动手、多动脑，他们才不会觉得自己无所事事。如在学习个人所得税、流通中所需的货币量、储蓄存款等需要计算的内容时，必须给出一系列演练题，让学生反复训练才能掌握知识、记住公式并有效运用。海南华侨中学观澜湖学校谢茜老师在授课的过程中给出相应的题组训练，让学生当堂演算，同时要求分析题目的逻辑与思路，在草稿纸上写出计算过程，并拍照上传到教学平台；然后让学生两两互评，再小组间互评，以提升学生的动手动脑能力。

总之，在课堂上，教师要善于利用教材，灵活运用各种有效的教学方法，激发学生的学习兴趣，把自主权交给学生，真正培养学生自主学习的能力。

### 7. 指导学生设置不同的学习目标，为自主学习提供方向

在自主学习中，学生如果没有明确的学习目标，就如同在浩瀚的大海里失去航向的船一样茫然。所以应该让学先明确学习目标。

在这一过程中，教师要指导学生设置近期的、具体的学习目标。因为与远期的目标相比，近期的、具体的学习目标更容易实现，更容易让学生较快体验到成功和努力所获得的快乐。而随着一个个近期的、可操作的目标实现，学生越来越坚信自己有能力完成学习任务，会对自己越来越满意，从而学习信心越来越足，学习兴趣不断高涨，学习动机不断增强。

扫一扫看视频

★ ★ ★

**溯源·延展**

著名教育家陶行知先生说："好的先生不是教书，不是教学生，乃是教学生学。"著名教育家叶圣陶先生也表达过类似的观点："'教'是为了不需要'教'"。由此可见，对学生自主学习能力的培养是很重要的。若想让学生养成自主学习的好习惯，就需要调动他们的兴趣。托尔斯泰说："成功的教学所需要的不是强制，而是激发学生的兴趣。"兴趣是学生最好的老师。新时代教学背景下的智慧课堂倡导把课堂还给学生，把时间还给学生，把学习的主动权还给学生，让学生在自主学习、合作学习、探究学习中学会学习，快乐成长。

广元市苍溪县思源实验学校在数学教学中应用信息技术手段增强教学的趣味性，培养学生的自主学习能力；山东省招远第一中学精心设计自主预习任务，引导学生自主预习；海南华侨中学观澜湖学校在课堂教学中借助北京四中网校教学平台明确预习要求、丰富自主学习机会、深度讨论探究，从而最大限度地激发学生的学习兴趣，提升学生的自主学习能力。

# 第七节 课前学习的有效督促

近几年，随着信息技术与课堂教学的深度融合，尤其是交互性网络教学平台以及网络课程的大量出现，“先学后教”的教学模式已在现代教学中悄然而生，它颠覆了传统教学模式，提倡一堂课要从“先学后教”的“学”字开始。这个“学”是学生自学的意思，“学”是学生根据教师布置的任务、有明确目标地自学。如何通过引领和督促，保障学生先“学”的有效性，对教师后“教”的成效起着关键作用。

## 1. 智慧课堂课前学习管理的误区

在智慧课堂教学过程中，老师们往往会陷入一些误区。比如课前老师把大量的微课、课件、试题等资源直接发给学生，让学生自主学习，未能与课堂教学目标形成有效衔接，使教师的“教”与学生的“学”两个环节分离。这样，不仅给学生增添了额外的课业负担，还很难让教师精准地把握学情，教师很容易被学生课前网上学习结果的假象“迷惑”，从而影响教学上的判断。所以，课前学习任务的目标应该非常明确，内容应该非常聚焦，教师对结果也应该有相应的预判。

## 2. 明确的课前学习任务是学生有效学习的保障

四川省成都市新都区第二中学邵谦老师在讲授生物课“生态系统能量流动过程”前，先结合教材筛选适合本年级学情的资源发送给学生，发布任务时对学生完成的时间和内容给予明确的要求。其间，邵老师结合北京四中网校的微课内容，要求学生看微课时思考并回答以下问题：流入生态系统的总能量是什么？生态系统中能量流动的渠道是什么？能量流动的起点和终点分别是什么？摄入量与同化量有什么不同？以初级消费者为例，同化量用于哪些方面？如何理解“未被利用的能量”？有了这些明确的问题导向，学生的微课学习就会有很强的目的性和指向性。在此基础上，通过网络平台的答题区，要求学生进行必要的学习检测，这样就能有效督促学生认真学习，并呈现出各自的掌握情况。

除了明确的要求，邵谦老师还希望在自学过程中学生们能掌握更好的学习方法。学生不仅看课、答题，还要学会做笔记，结合老师提出的问题，把微课内容中的重点和疑问点记录下来，以便带着问题去听讲。

在教学平台上，除能限定课前学习任务的完成时间、提出完成任务的明确要求外，邵谦老师还及时与学生“互动”，进而随时了解学生的课前学习进度和知识掌握的深度。

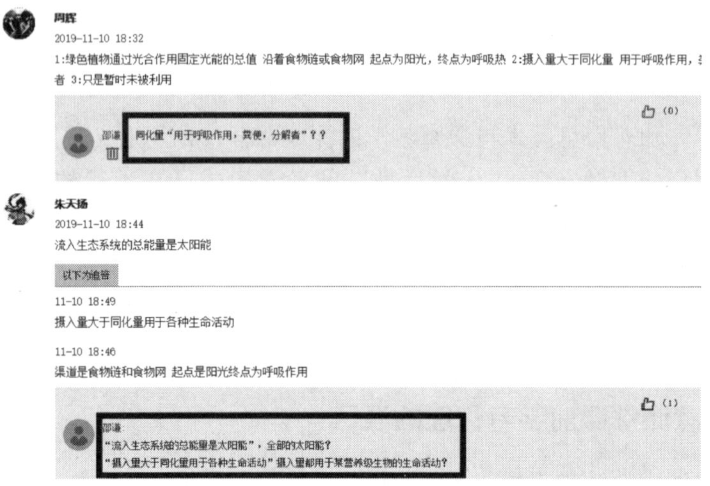


课前学习师生互动

### 3. 通过平台及时了解课前学习情况

学生通过网络教学平台完成课前学习后，教师在上课前及时查看学生的完成情况是智慧课堂教学中非常重要的环节。邵谦老师认为查看完成情况时需要关注以下几点：

一是学生看微课所用时间，从开始时间和结束时间，判断看微课所用时间是否跟微课本身的时长相当。如果微课本身 8 分钟，学生只看了 3 分钟就开始做检测题，学生的课前学习就明显有问题。

按班级查看　按小组查看　　主观题全部批阅后才显示总分（主观题学生未做默认为0分不需要批改）

| 姓名 | 看视频时间 | 开始做题时间 | 交卷时间 | 做题时间 | 微视频 | 总分↓ | 1 | 2 | 3 |
|---|---|---|---|---|---|---|---|---|---|
| 蔡淼淼 | 2019-11-10 18:10:13 | 2019-11-10 19:31:30 | 2019-11-10 19:36:01 | 4′31 | √ | 30 | √ | √ | √ |
| 周吉 | 2019-11-10 18:17:31 | 2019-11-10 19:04:13 | 2019-11-10 19:09:27 | 5′14 | √ | 30 | √ | √ | √ |
| 杨韫菲 | 2019-11-10 18:48:53 | 2019-11-10 19:07:45 | 2019-11-10 19:09:38 | 1′53 | √ | 30 | √ | √ | √ |
| 彭诗昊 | 2019-11-10 19:01:40 | 2019-11-10 19:25:11 | 2019-11-10 19:32:54 | 7′43 | √ | 30 | √ | √ | √ |
| 喻星洋 | 2019-11-10 18:54:00 | 2019-11-10 19:08:00 | 2019-11-10 19:09:40 | 1′40 | √ | 30 | √ | √ | √ |
| 詹萍 | 2019-11-10 18:37:37 | 2019-11-10 19:01:16 | 2019-11-10 19:02:20 | 1′04 | √ | 30 | √ | √ | √ |
| 石广川 | 2019-11-10 19:36:47 | 2019-11-10 19:56:18 | 2019-11-10 19:57:16 | 0′58 | √ | 30 | √ | √ | √ |
| 沈宇轩 | 2019-11-10 19:04:15 | 2019-11-10 19:43:07 | 2019-11-10 19:44:26 | 1′19 | √ | 30 | √ | √ | √ |

学生看微课所用时间

二是了解检测题的完成情况。一共几道检测题？学生多少时间完成属于正常现象？正确率如何？这样的正确率跟老师的预判有多大差距？通过教学平台数据的反馈，哪些学生需要在课前单独沟通交流？哪些问题需要在课堂上提出来，引起学生的注意？教师的这些举措反过来都会有效督促学生高度重视课前学习，并认真完成课前学习内容。有时，部分学生课前检测题仅用了不到 1 分钟就完成了，显然没有认真对待，仅仅是为了完成“任务”。还有部分学生做题的时间很正常，但是正确率很低，这种情况邵谦老师就会认真记下具体问题，找到真正原因，以便为二次备课做好充分的准备。

| | | | | | | | | |
|---|---|---|---|---|---|---|---|---|
| 2019-11-10 19:33:43 | 2019-11-10 19:47:30 | 2019-11-10 19:48:21 | 0′51 | √ | 10 | √ | × | × |
| 2019-11-10 18:54:25 | 2019-11-10 19:12:53 | 2019-11-10 19:19:03 | 6′10 | √ | 10 | √ | × | × |
| 2019-11-10 18:52:20 | 2019-11-10 19:05:46 | 2019-11-10 19:09:39 | 3′53 | √ | 10 | √ | × | × |
| 2019-11-10 18:08:22 | 2019-11-10 18:49:13 | 2019-11-10 18:52:18 | 3′05 | √ | 10 | √ | × | × |
| 2019-11-10 18:55:14 | 2019-11-10 19:13:39 | 2019-11-10 19:14:17 | 0′38 | √ | 10 | √ | × | × |
| 2019-11-10 18:16:36 | 2019-11-10 18:55:33 | 2019-11-10 18:56:47 | 1′14 | √ | 10 | √ | × | × |
| 2019-11-10 18:14:38 | 2019-11-10 18:37:07 | 2019-11-10 18:39:01 | 1′54 | √ | 10 | √ | × | × |
| 2019-11-10 18:18:10 | 2019-11-10 22:01:49 | 2019-11-10 22:09:03 | 7′14 | √ | 10 | √ | × | × |
| 019-11-10 18:12:27 | 2019-11-10 19:06:27 | 2019-11-10 19:08:16 | 1′49 | √ | 10 | √ | × | × |
| 019-11-10 18:18:22 | 2019-11-10 18:47:29 | 2019-11-10 18:49:29 | 2′00 | √ | 10 | √ | × | × |
| 019-11-10 18:08:24 | 2019-11-10 18:59:51 | 2019-11-10 19:01:38 | 1′47 | √ | 10 | √ | × | × |
| 2019-11-10 19:45:30 | 2019-11-10 20:17:40 | 2019-11-10 20:22:47 | 5′07 | √ | 10 | √ | × | × |
| 2019-11-10 18:34:26 | 2019-11-10 19:04:37 | 2019-11-10 19:06:15 | 1′38 | √ | 10 | √ | × | × |
| 2019-11-10 18:57:31 | 2019-11-10 19:25:45 | 2019-11-10 19:26:51 | 1′06 | √ | 10 | √ | × | × |

检测题完成情况

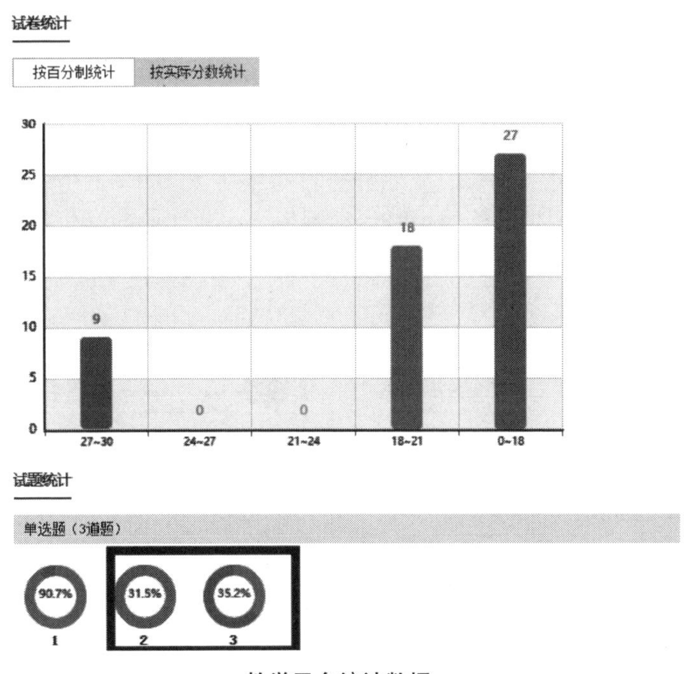


教学平台统计数据

### 4. 利用教学平台随时随地督促课前学习

教师在教学平台上布置好课前学习任务后，在上课前乃至课程结束后，可以通过笔记本电脑、平板、手机等终端随时、随地查看学生的完成情况，非常便捷、及时、有效。与此同时，教师只需要在教学平台上一键点击“提醒”，未完成作业的学生就会收到相关信息，提醒其及时完成各科的课前作业。

教师通过教学平台查看学生的课前学习完成情况，一方面为二次备课提供了有效的数据支撑，另一方面也为师生沟通交流提供了有效信息。教师不仅要及时督促学生完成课前学习任务，还要通过分析任务完成情况的数据，找出学生课前学习的问题，及时与学生面谈交流。邵谦老师认为，几秒钟就看完微课的同学，存在态度问题，应该和学生交流生物学科的学习态度、为什么不喜欢学习生物，找到学生“厌学”的根源；对于做题时间很长但错误率很高的同学，要与学生探究是老师出的题太难，还是微课的知识讲解不清晰。

督促有效完成的同时及时沟通，不仅可以有效预防学生“假学”现象，还可以教会学生如何有效地看微课、看教材，完成课前小测试，从而培养学生良好的预习习惯。

信息技术与教育教学的深度融合，提高了教学的准确性和实时性，教师可以充分利用技术，实时督促学生完成作业，提高对作业的主导性，加强和学生的情感交流，从而实现教学的高效性。

### 5. 积分奖惩机制激发学生积极性

广州市荔湾区立贤学校钱浩晟老师将班级学生分为 12 个小组，各小组均有优秀生、中等生和学困生，优秀生督促学困生，完成作业的学生提醒未完成的学生，以达到相互促进的效果。

钱老师给学生制定了详细的小组积分规则。一是按时完成作业，奖励 2 分；作业正确率达 100%，奖励 3 分，正确率为 85%～99%，奖励 2 分，正确率为 70%～84%，奖励 1 分，正确率在 70%以下，无奖励；未按时完成者，一次扣 4

分。二是小组积分影响个人积分，每小组有 $N$ 名成员，组内有 $M$ 位同学未完成，该小组每人扣 $M$ 分，未完成的同学扣 $N$ 分。三是作业积分和小组积分累计满 20 分，可将 20 分兑换为豁免纸质作业 1 次。

明确的积分激励措施，有助于提高学生完成作业的积极性和主动性，形成良好的作业习惯。与此同时，小组内部也形成了互相帮扶、互相提醒、互相督促的团队氛围。自从钱老师实施积分奖惩机制后，学生完成作业的积极性得到了明显提升，完成率由原来的 80%上升至 95%以上。

扫一扫看视频

★ ★ ★

**溯源·延展**

上海师范大学黎加厚教授曾指出：所谓的翻转课堂，就是打破传统的学生课上学习、课下作业的模式，创造学生课下学习、课上练习巩固的一种新的课堂模式。通过调整课堂内外的时间，将学习的决定权从教师手中转移给学生。在这种教学模式下，学生课堂内的时间更多是高阶知识内化和能力拓展，课前则需要有效地完成基础知识学习。苏州市电教馆原馆长金陵老师认为：课前学习知识是课堂内化知识、拓展能力的基础，课前学习的有效督促就显得尤为重要。如果课前学习得不到有效落实，智慧课堂的课上活动就很难高效，教学效果也会大打折扣。

为有效督促学生学习，四川省成都市新都区第二中学除明确课前学习任务外，还会及时全面查看学情，利用教学平台随时随地督促课前学习。广州市荔湾区立贤学校则另辟蹊径，通过小组积分奖惩制度激发学生课前作业积极性，提高课前学习的有效性。通过课前学习的有效督促，高效的课堂教学得到了有力的保障。

## 第八节 | 精准的课前学情数据分析

精准的课前学情分析是保障课堂教学高效的前提，教师需要分析学生的知识储备、学习的参与情况、学生的能力素养、学生的心理与情感，以及班级整体状态，而且既要重视整体性，又要突出个体性，多维度掌握学生情况，如此才能胸有成竹地进入课堂。

### 1. 突出学科性，精准设计课前学习任务

四川省达川中学在智慧课堂教学实践中，总结出课前任务设计的两大关键点：一是课前任务设计要体现学科的特点，二是要精准设置课前学习任务。

课前任务设计要体现学科的特点。以语文学科为例，教师通过北京四中网校教学平台发布适当的微课、朗读视频，或者设计积累型任务和归纳型任务。其中，积累型任务是从作者、作品、写作背景、词语音形义、课外诗词等方面进行设计，培养学生查找资料的能力。归纳型任务则是在朗读文本后就事件、人物、景物等写作内容、写作技法进行归纳，以训练学生归纳整理信息的能力。

以物理学科为例，教师发布实验视频的微课，要求学生观看后完成试卷，为新课铺垫知识，激发学生的学习积极性，或者通过发布教师精心设计的课前填空题、选择题、讨论题、探究题等，了解学生的知识面。

“任务不在于多，而在于精细，可操作性强。课前任务既要发布适当数量的微课，让学生完成选择题，又要有让学生动笔完成书写的任务（不超过 20 分钟）。发布任务时，不能只将资料库里的微课发给学生，因为学生听烦了，就会不听或者不认真听。且题目全是选择题，学生一旦随意敷衍，效果不佳，从而导致老师获取的学情不全面，甚至不准确，课前任务的发布就失去了意义。”这些是四川省达川中学柏小莉老师针对课前任务设计总结出的一些心得体会，并贯彻在她的语文教学中。以“‘飞天’凌空”一课为例，柏小莉老师设置了两个层面的课前学习任务：一是听微课，了解新闻特写这种文体，列表比较其他新闻体裁；二是听朗读视频，用红笔画出跳水运动员精彩瞬间的语言，并从修辞和动词的角度进行赏析。“这两个层面的任务既能让学生动脑动手，又能让老师获取精准的学情，大大地提高了课堂的效率。”

精准设置课前学习任务。学生是完成任务的主体，要根据学生的学情设置难易程度不一的任务，以使每位学生都能完成课前任务，进而及时反馈有效数据。此外，教师还要根据课程的实际情况，设计多样的任务形式，这样，收集的课前数据形式也会多样。

讲授“白杨礼赞”时，柏小莉老师通过教学平台发布微课“茅盾散文介绍”和课文朗读视频，要求学生在看微课中了解作者，收集看微课的学情反馈。听朗读时，她要求学生整体把握课文，积累词语，进而收集朗读的学情反馈。讲授“孟子”时，柏小莉老师提前发布了三个任务：一是积累孟子相关知识点（时代背景、政治主张、经典名言等）；二是积累重要词语的音形义；三是以小组为单位，随机抽查一则进行朗读比赛。“藤野先生”一课的课前任务则是找出对文中人物（藤野先生、清国留学生、日本民众、日本学生）的描写，分析人物特点，

并归纳作者对这些人物的情感。“只有精准的课前任务设置，才能准确获取全班学生的学情，为学情分析提供科学的依据。”柏小莉老师说。

### 2. 突出整体性，全面分析课前学情数据

全班完成情况的统计是学情分析的第一步。柏小莉老师认为，分析学情时，应当从完成率、得分率等方面整体进行分析，把握全班学生完成任务的整体情况。

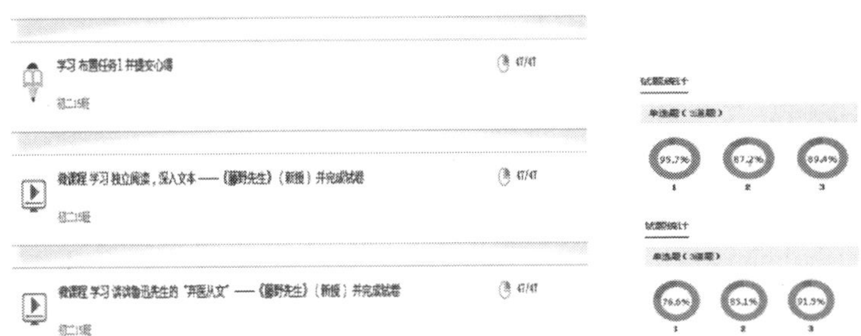


**完成率100%**

全班任务完成情况

学情分析结束后，她会将任务完成得好的同学列入“光荣榜”，激励同学们向优秀同学学习。与此同时，她也会将学生出现的共同错误列入“警示栏”，以引起全班同学重视，提高整体做题的正确率。

### 3. 突出个体性，精准分析课前学情数据

通过学生完成微课任务后的试卷统计和试题统计，柏老师清楚地了解每道题目的得分率后，针对得分率低于80％的试题，安排课上详细解读，对于个人得分偏低的学生，再个别讲解答题技巧。

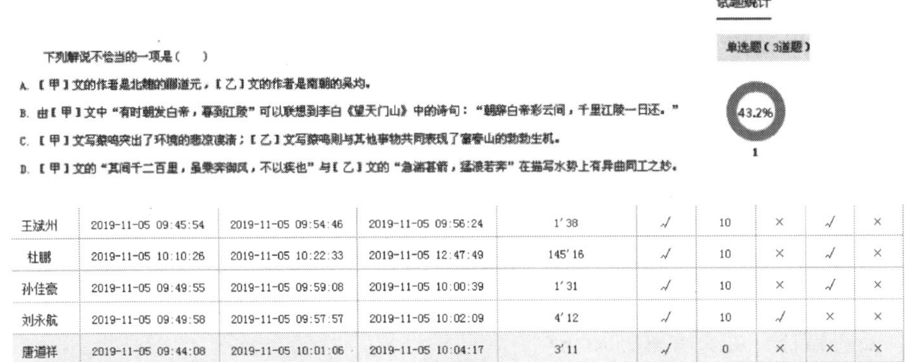

下列解说不恰当的一项是（　　）

A.【甲】文的作者是北魏的郦道元，【乙】文的作者是南朝的吴均。

B. 由【甲】文中“有时朝发白帝，暮到江陵”可以联想到李白《望天门山》中的诗句：“朝辞白帝彩云间，千里江陵一日还。”

C.【甲】文写猿鸣突出了环境的悲凉凄清；【乙】文写猿鸣则与其他事物共同表现了富春山的勃勃生机。

D.【甲】文的“其间千二百里，虽乘奔御风，不以疾也”与【乙】文的“急湍甚箭，猛浪若奔”在描写水势上有异曲同工之妙。



| | | | | | | | | | |
|---|---|---|---|---|---|---|---|---|---|
| 王斌州 | 2019-11-05 09:45:54 | 2019-11-05 09:54:46 | 2019-11-05 09:56:24 | 1′38 | √ | 10 | × | √ | × |
| 杜鹏 | 2019-11-05 10:10:26 | 2019-11-05 10:22:33 | 2019-11-05 12:47:49 | 145′16 | √ | 10 | × | √ | × |
| 孙佳豪 | 2019-11-05 09:49:55 | 2019-11-05 09:59:08 | 2019-11-05 10:00:39 | 1′31 | √ | 10 | × | √ | × |
| 刘永航 | 2019-11-05 09:49:58 | 2019-11-05 09:57:57 | 2019-11-05 10:02:09 | 4′12 | √ | 10 | √ | × | × |
| 唐道祥 | 2019-11-05 09:44:08 | 2019-11-05 10:01:06 | 2019-11-05 10:04:17 | 3′11 | √ | 0 | × | × | × |

试题统计

柏老师特别提到了手写任务：对于手写任务，每个学生呈现出来的答案具有一定的个性，因此，需要老师一对一地评价任务的完成情况。对于完成得特别好的同学柏老师点赞以示鼓励；对于出错的同学，她则用批注的方式指出错误并强调答题的关键点，以避免下次犯同样的错误。如此反复交流，学生就会慢慢形成规范的答题习惯，并取得良好的效果。

### 4. 突出发散性，引导分析课前学情数据

“最苦与最乐”是七年级下册第四单元的一篇自学课文，是学生第一次接触议论文。众所周知，议论文是一种剖析事物、论述事理、发表意见、提出主张的文体，作者通过摆事实、讲道理、辨是非等方法，确定其观点正确或错误，树立或否定某种主张。其中严密的逻辑思路常常会让学生产生一定的畏难情绪。对于这篇学习起来困难、教学也相对枯燥的议论文，石嘴山市第四中学南艳老师认为，激发学习的兴趣至关重要。

基于这样的认知，南艳老师布置了这样的课前学习任务：将课文读三遍，并利用北京四中网校教学平台为学生推送的有关辩论赛的视频资料，让学生自己搜集课堂辩论话题——“笑比哭难还是哭比笑难”的相关资料。南老师提出的任务要求是：笑比哭难？还是哭比笑难？写下你的理由。可以相互反驳，但是不可抄袭。学生们在平台中的反馈异常热烈。

曾婉茹同学：哭比笑难

1. 首先，从生理结构上来说，嘴巴一张就可以笑了，而同样的嘴巴一张难道就可以哭吗？

2. 你们说笑比哭难，那么我们现在讲一个笑话，大家捧腹大笑，但是你们可以让人瞬间哭出来吗？

3. 请问对方辩友一个月会哭几次？一天会笑多少次？

4. 当我们悲伤时，我们会考虑到很多，为了不让自己的亲朋好友伤心，你会哭出来吗？而当你开心时，你会毫无顾忌地在你的亲朋好友面前开怀大笑，对吗？

5. 请问对方辩友“喜极而泣”这个成语是先开心呢？还是先哭呢？

6. 再者，请问对方辩友，你认为是一个爱笑的小孩让人喜欢，还是一个爱哭的小孩让人喜欢呢？

老师，其实我更倾向于正方观点笑比哭难，明天课堂上的辩论我想参加。

南老师回复：非常用心，既然你支持正方，那么你在设置问题之后，需要预想对方辩友可能会怎么回答你，你又要怎么反驳他。当然也可以两方面都查资料。知己知彼，百战百胜，加油！

周兴越：笑比哭难

1. 对方辩友：你认为哭与笑哪个时间更长？

答：哭，哭更容易表达复杂的情感，我们的时间更充裕，所以哭比笑难。

2. 对方辩友：我们都听过昼吟夜哭，一哭不可收拾，你听过笑得连绵不绝、彻夜不断吗？

答：没有。只听过会心一笑、嫣然一笑，都是一瞬间就笑完了。

3. 对方辩友：笑也要分情况，你在葬礼上放声大笑过吗？

李思端：看个人心态了，我觉得没有什么难不难的。

南艳老师回复李思端：辩论赛话题，必须站队。

钱文菲：其实不好说，我感觉挺矛盾的，先说哭比笑难，先不说难不难，既然开始哭了，肯定有原因。再说笑比哭难，当遇到一件事情时，大多数人都会心情不顺畅，但是如果是笑的话，得有很大的勇气。

南艳老师回复：都难。

杨心茹：人从一生下来就哭，笑是后来才学会的。而且当人不会笑时，都是用哭来表达自己的喜悦。

南艳老师回复：高级！

杨心茹：忧伤是一种低级的本能，而快乐是一种更高级的能力。

南艳老师：答案高级，已征用。

杨佳欣：作为男同胞，哭比笑难，男儿有泪不轻弹嘛！

郭若晨：当然是哭比笑难呀，要乐观对待生活，快乐过好每一天！

南艳老师在平台上及时鼓励和引导同学们发表意见，以更加深入地了解他们的真实想法。整体梳理学生们的反馈后，南艳老师发现支持“哭比笑难”的占比较高。根据这样的学情，她策划了以下课堂教学环节：课堂上，学生们展示了精彩的自由辩论，有同学说：“从生理学的角度讲，哭是一个物理化学共同作用的结果，而笑更多是一个简单的物理过程。据调查，笑只牵动 3 块肌肉，哭则要动 76 块肌肉，所以哭比笑难。”有同学说：“对方辩友说笑只需要牵动 3 块肌肉，难道对方辩友是想拿动作的难易程度来衡量哭与笑谁难谁易吗？请问对方辩友，“笑掉大牙”也是笑，“笑破肚皮”还是笑，牵扯的可不只是肌肉啦！连牙和肚皮都跟着遭殃啊，这样谁还敢笑啊，所以我方认为笑比哭难。”

由于有前期充足的课前准备、个性化的教师指导，同学们的辩论有理有据、观点明确、思路清晰。“连我也在学生辩论过程中学习到了很多知识，比如笑与哭所牵动的肌肉块数等。”南艳老师感叹道。

### 5. 突出生活性，归纳分析课前学情数据

海口市第四中学李薇老师认为，课前学情的数据收集需要来源于学生真实的

生活反馈，只有这样才能体现学生真实的认知水平。

比如在“招牌与广告词——生活中的语文”一课的学习中，李老师设置的课前学习任务是：(1) 请在收集到的招牌中选出一个你认为有特色的，写下来并拍照上传。(2) 请在收集到的广告词中选出一则你认为有创意的，写下来并拍照上传。学生完成率是98%。其中，10个学生收集的招牌或广告词很有创意，如你型我塑、泰芒了、许鲜包子、夫妻粥店、绿野仙踪等招牌，以及天猫的广告词“上天猫就够了”、山地车的广告词“‘骑’乐无穷”、皮鞋厂的广告词“万里之行，始于足下”等。

“课前学习任务设置的目的是让学生对授课内容有初步了解，感受生活处处有语文。从学生们收集的招牌和广告词中不难发现，学生比较喜欢有创意的招牌和广告词，他们认为创新是灵魂。也有部分学生只是应付任务，如部分同学收集了烧烤吧、发财老爸茶等无创意、较俗气的招牌。”因此二次备课时，李老师设计的导入是先展示有创意的招牌和广告词，后展示俗气的招牌和广告词，两者形成鲜明的对比。不仅如此，授课时，李老师还设计了当堂创作环节，要求学生写招牌，并为之写广告词作为宣传。因为同学们有了课前收集资料的心得体会，很清楚怎样的招牌和广告词最吸引人，所以当堂创作很有成效，产生了一批颇具创意的招牌和广告词。例如，招牌：顶尚，广告词：要想头顶时尚，请来顶尚；招牌：同学饺子店，广告词：无所不包；招牌：阳光文具店，广告词：给你阳光，伴你成长。

总之，透彻的学情分析不是为了展示，而是将学生的学情贯穿于整个教学过程中，与课堂结构融为一个有机的整体。老师只是课堂的导演，要真正落实学生的主体地位，让智慧课堂有效，关键在于“以学促教”“以学定教”。

扫一扫看视频

★ ★ ★

## 溯源·延展

教育部《关于实施全国中小学教师信息技术应用能力提升工程2.0的意见》中明确指出：要提高教师应用信息技术进行学情收集、学情分析、教学设计等能力，破解教育教学重难点问题。在“互联网+”时代，新一代信息技术的发展为其提供了很好的支撑：智慧课堂能够借助大数据技术对学生课前学习情况进行全程记录统计，为教师提供精准的数据分析，使学情数据化、思维可视化、学习个性化。陶行知先生曾说：人不同，则教的东西、教的方法、教的分量、教的次序都跟着不同了。因此，教学内容、教学方法、教学过程都应视学情而定。精准的课前数据分析是课堂变革的核心，是提高课堂教学效率的有效措施。

四川省达川中学突出学科性，精准设计课前学习任务，并在此基础上突出整体性和个体性，全面、精准地分析课前学情数据。石嘴山市第四中学突出发散性，引导分析课前学情数据。海口市第四中学则突出生活性，归纳分析课前学情数据。3 所学校从不同侧重点让课前学情分析更精准、全面和及时，用实践佐证了课前学情分析对于提高课堂教学效率的重要作用。

## 第九节 | 数据驱动下的二次备课提高课堂针对性

学生课前对知识的掌握程度和教师课上的教学深度，是实现高效课堂的关键因素。但在传统课堂中，教师只能按照经验，凭感觉进行教学，教学效果有时不尽如人意。在智慧课堂中，精准的学情反馈解决了长期困扰教师的难题。

学生在课前观看视频，完成相关的学习任务，教师及时收集和整理学生课前学习反映出来的问题，针对学生暴露出来的问题，有的放矢地调整课堂的组织实施方式、课堂教学流程、课堂环节以及课堂上所需要的各种资源等，即二次备课。如果说一次备课的目的是让学生进行准备性学习、尝试性学习，那么二次备课的目的就是让学生进行问题解决的深度学习。

### 1. 精准的学情收集是二次备课的驱动

四川省都江堰中学李云峡老师在实践中发现，很多老师第一次布置课前学习任务时，凭着教学经验会理所当然地认为，《大堰河——我的保姆》这篇文章不会对学生造成很大的阅读障碍，课前学习任务一般都是让学生从形象、行动、品质三方面归纳总结大堰河的特点，并提出阅读中的不解和疑惑。学生的回帖让老师很是意外，他们对大堰河贫穷的身份，悲苦的命运，勤劳善良、吃苦耐劳、纯朴乐观的精神有着非常准确的认知，反倒是对于作者为什么这么爱这个“保姆”不理解。因此，老师必须调整教学计划，重点不是体会大堰河的精神品质，而是对于文章背景、作者思想和文章主旨的探究。

教师及时收集课前的学情反馈后，再调整课堂教学重难点，逐步形成“先学后教”的教学模式。精准的学情收集是二次备课的引擎，更为制定明确的教学目标明确了方向，避免了课堂上教学重点错位。

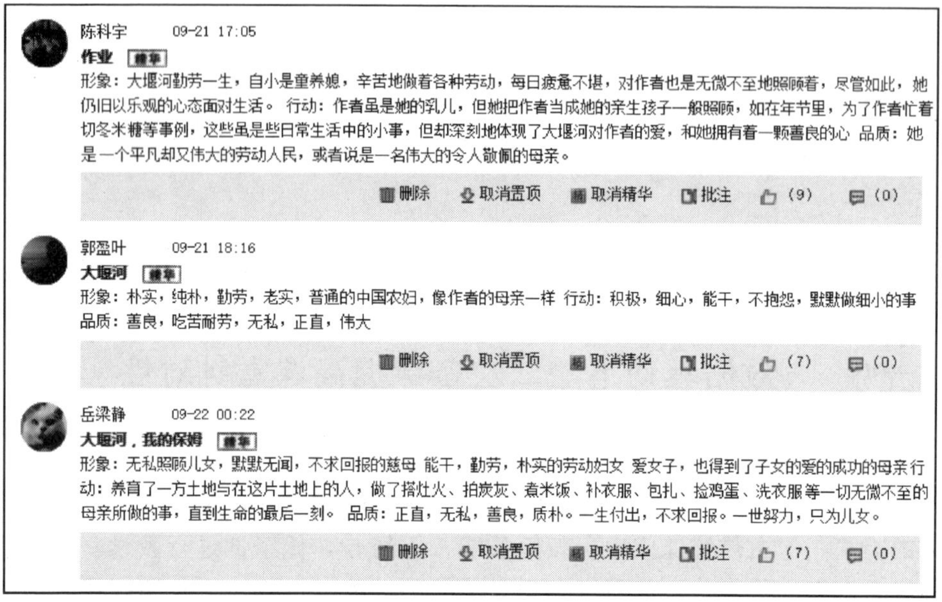

陈科宇　09-21 17:05

**作业** 精华

形象：大堰河勤劳一生，自小是童养媳，辛苦地做着各种劳动，每日疲惫不堪，对作者也是无微不至地照顾着，尽管如此，她仍旧以乐观的心态面对生活。 行动：作者虽是她的乳儿，但她把作者当成她的亲生孩子一般照顾，如在年节里，为了作者忙着切冬米糖等事例，这些虽是些日常生活中的小事，但却深刻地体现了大堰河对作者的爱，和她拥有着一颗善良的心 品质：她是一个平凡却又伟大的劳动人民，或者说是一名伟大的令人敬佩的母亲。

删除　取消置顶　取消精华　批注　(9)　(0)

郭盈叶　09-21 18:16

**大堰河** 精华

形象：朴实，纯朴，勤劳，老实，普通的中国农妇，像作者的母亲一样 行动：积极，细心，能干，不抱怨，默默做细小的事 品质：善良，吃苦耐劳，无私，正直，伟大

删除　取消置顶　取消精华　批注　(7)　(0)

岳梁静　09-22 00:22

**大堰河，我的保姆** 精华

形象：无私照顾儿女，默默无闻，不求回报的慈母 能干，勤劳，朴实的劳动妇女 爱女子，也得到了子女的爱的成功的母亲行动：养育了一方土地与在这片土地上的人，做了搭灶火、拍炭灰、煮米饭、补衣服、包扎、捡鸡蛋、洗衣服等一切无微不至的母亲所做的事，直到生命的最后一刻。 品质：正直，无私，善良，质朴。一生付出，不求回报。一世努力，只为儿女。

删除　取消置顶　取消精华　批注　(7)　(0)

在二次备课中，选择课前学习的切入点是关键。“不同的课型，不同的学生反馈，可以结合课标、结合教材，制定相应的教学目标。”李云峡老师以诗歌教学、古文教学和现代文阅读教学为例进行了详细阐释。

在诗歌教学中，比较好的方式是先在北京四中网校教学平台上发布一个讨论帖，要求学生找出诗歌中的意象，并对意象进行拓展，联想另外一首诗或者几首诗，这样的课前活动扩充了学生的知识面，从而扩大了课堂的容量。找意象是比较简单的任务，通过意象联想另外的诗其实是在考查学生对诗歌意境的理解。北京四中网校教学平台支持比较好的帖子，老师可以点击加精华帖把帖子置顶，以便于学生们相互学习借鉴。二次备课时可以选用这些诗，并请这些学生来讲解。这样既分析了意象的作用，又加深了对意境的理解，学生的学习效率和学习兴趣因此大大提高，而从一首诗变成了多首诗，也增大了课堂容量。

在古文教学中，老师可以预先在教学平台里设置一套匹配好的标准测试题，在新课学习的前一晚发布给学生作为预习作业，通常是以前面学过的课文为例，用新课中的句子做选项，从通假字、词类活用、特殊句式几方面进行学前检测，例如，10 道左右的填空题，10 道左右的选择题，10 道左右的判断题。

在现代文阅读教学中，老师可以让学生画思维导图梳理文章结构，然后拍照上传到教学平台上，再通过“互评”把作答随机分发给全班同学，组织小组合作交流讨论，让学生相互评价、相互学习。梳理自己的思路、学习别人的思路、评

价别人的思路、反省自己的思路，经历这样一个过程，学生的思路会更清晰。老师在快速浏览学生作业的过程中能及时找到学生的问题，再选取比较好的分析推送，让学生学习借鉴，最后选取典型错题进行评讲。

李云峡老师表示："精准的学情反馈应该体现在教学的每一个环节中，但课前的学情收集尤其重要。只有精准的课前学情收集，才会进行有效的二次备课，教师才会从'知识的传授者'转变为'学生学习活动的促进者、组织者与合作者'，使课堂中心由'教师的教'向'学生的学'转变，才能重构课堂教学。"

### 2. 数据支撑下的备课"五原则"

二次备课备什么？"二次备课就是通过学生课前借助视频等相关学习资源进行自主学习，暴露学习中存在的问题，教师准确聚焦学生课前学习中遇到的问题，按照'五备'要求进行备课，促使课堂教学高效地解决这些问题，引导学生在互动学习中进行知识的内化和升华，从而达到深度学习的目的，提高课堂的教学效益。"成都市人民北路中学薛强老师以"轴对称图形"一课为例进行说明。

（1）课前学习（三原则）。

"轴对称图形"的微课内容着重介绍轴对称图形——线段，由此引出它的对称轴——线段的垂直平分线，并分析其性质，利用这条性质就可以直接证明线段相等，可以得到等腰三角形，转化成角等。这条性质可用于等腰三角形、直角三角形、全等三角形的相关计算、证明问题中。

下面先呈现其课前学习材料，再来分析处理方式。首先是"课前学习任务单"。

学习目标：

1. 了解线段垂直平分线的定义，结合图形理解它的性质；

2. 利用线段垂直平分线的性质解决简单的线段、角度计算问题。

一、读教材，首战告捷

让我们一起来阅读教材，并用色笔勾画教材。

1. 阅读第__123__页至第__124__页，并观看微视频。

2. 认真梳理本课的知识要点，完成下面知识要点的填空，并在下面画出思维导图（基本内容＋基本方法）。

（1）线段的对称性：线段是________图形，________________是它的一条的对称轴。

思考：还有对称轴吗？有的话是什么？________________

（2）垂直平分线定义：垂直于一条线段，并且______这条线段的______，叫作这条线段的垂直平分线，简称______。（这是判定垂直平分线的方法哟！）

（3）垂直平分线性质：垂直平分线上的点到这条线段________的距离相等。

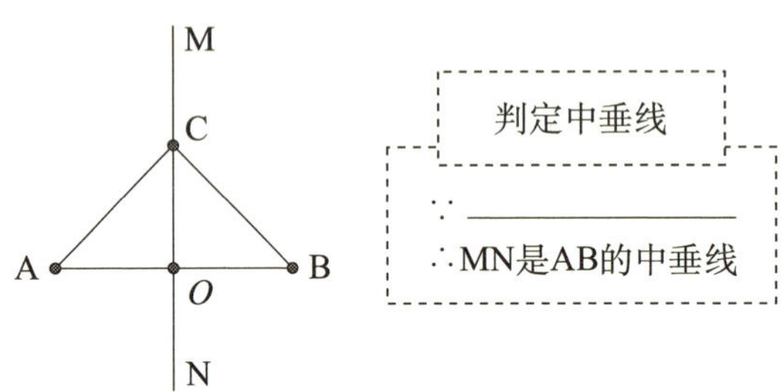


几何语言：∵MN 是 AB 的中垂线

∴____=____

二、试身手，初露锋芒

1. 请同学们在教学云平台上完成测验“预习检测”。

2. 完成“预习检测”后，在“预习感受”反馈自己学习中的困惑。

（2）分析反馈信息（四角度）。

教师对课前学习反馈出的数据和信息的分析，是按照“梳理、归因、关联、解决”这四个角度进行的。下面先呈现反馈信息，再来详细阐述。

首先，检测题答题情况统计截图。

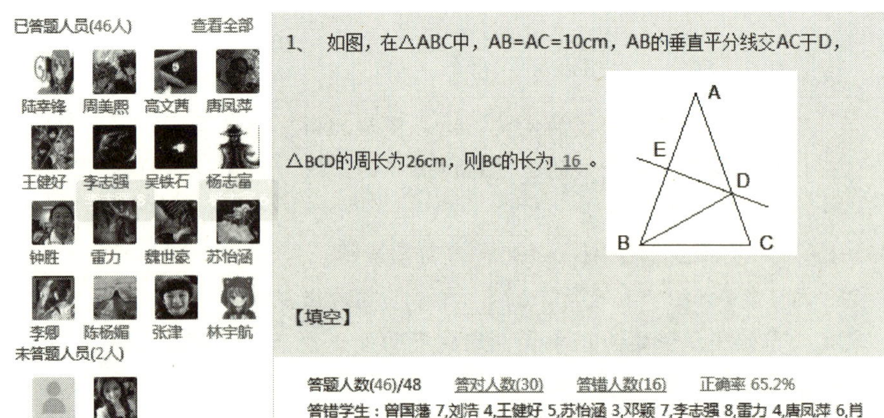


接下来，汇总这些题目的答题统计信息，制成下面的正确率图形。

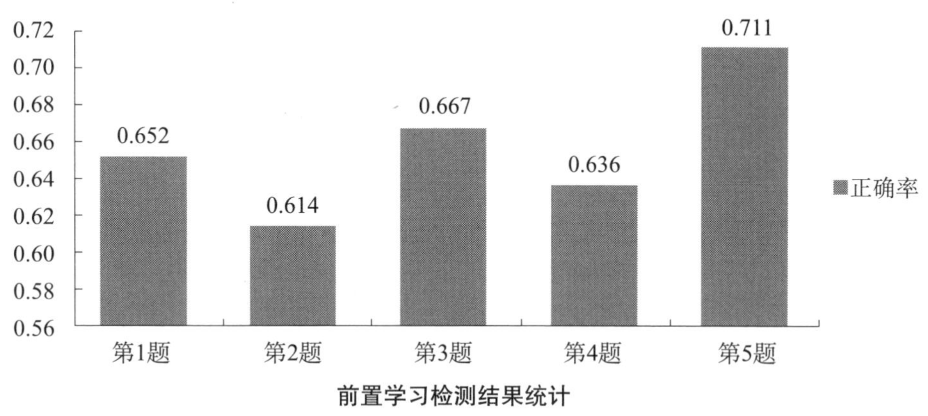


**前置学习检测结果统计**

最后是对第 6 题的留言摘录。

> 郭静：我觉得对垂直平分线的概念不太熟悉。
> 张津：反过来证中垂线怎么弄？
> 唐超琪：求周长不怎么会。
> 夏杰：等腰三角形的三线合一的三条线是它的中垂线吗？
> 尧鹏锦：垂直平分线是直线还是线段？
> 陆幸锋：不知道怎么描述垂直平分线。
> 魏世豪：垂直平分线的定义与性质有些混淆。
> 颜琴：在等线代换时有点问题，其他就 ok 了。
> 方亮：计算某个三角形的边长有点困难。
> 吴铁石：中垂线没听太懂，另外格式也不太会写。
> ……

（3）二次备课（五备）。

**“备”学习目标：**每堂课课前师生都必须明确学习目标，做到“有的放矢”。一次备课时，学习目标为了解垂直平分线的定义，结合图形理解它的性质；应用性质解决线段和角度的计算问题。根据上面的反馈情况，将上课的学习目标修改为结合图形理解垂直平分线的定义和性质，注意区别两者；应用性质解决相关计算问题，着重掌握解题思维方法。

**“备”学习资源：**课前学习情况生成的多元学习目标决定了智慧课堂学习资源的多元性。反馈中学生计算题出错较多，因而教师将一次备课中的练习题目做出调整，即计算题变成 5 个，着重考查利用中垂线性质求线段长度、求角度等问题，且题目难度逐渐增加。原来作为例题着重讲解的题目直接放到“拓展延伸”环节，供学有余力的学生去研究。接下来，删减一次备课时准备的作图题，只保留最具代表性的两题，力求让学生掌握方法。这样的内容安排，锻炼了学生应用中垂线的性质解决问题的思维。

**“备”课堂的逻辑线：**智慧课堂的逻辑线既要考虑学生的基础，又要考虑学生的认知规律和认知水平，更要考虑基础与提升、拓展的层次与深度。针对学生在“自学检测”环节出现的一些问题、疑惑，老师课堂上要先解决。接下来师生一起结合中垂线的基本图形，理解中垂线的定义和性质；再通过 5 个求角度、求线段长的计算题的巩固练习，帮助学生在解决问题过程中进一步体会方法；完成后开始课堂小结，修改思维导图，在平台上完成“过关检测”。对于学有余力的学生还可以去完成后面的“课外拓展”题。

**“备”学习方式：**一节课怎么引入、怎么过渡、怎么关联、怎么点评、怎么引导、拓展到哪一层次等，很大程度上决定着学生思维的策动和课堂的推进，直接影响着学习的效果。针对学生暴露出的这些情况，教师准备采取三个环节来解决：释疑解惑、再次梳理、巩固深化。通过小组合作的方式，学生互帮互助，解决个人疑惑，然后再请学生上来展示，这样就可以解决课前学习中遇到的问题。接下来，师生一起再次梳理本课的重要知识点以及典型方法，同时结合应用性质时的书写格式，给出示范。再接着教师用 5 个小题再次巩固深化，要求学生先独立完成。之后的典型作图题，由于学生是第一次接触，需要教师带着学生去读题、分析、作图，同时还需教师强调其中的关键点。最后，学生再独立完成“课堂检测”、修改“思维导图”。

**“备”课堂检测：**多元的学习目标需要对应的多元课堂检测设计。由于本课的重点是计算问题的解题方法，所以选择了 3 个对应的题目来检测。对于课堂讲解的作图题，也通过 1 个题目来考查，从而重点突出、覆盖全面。

到此，这节课的二次备课顺利完成。在大数据的支撑下，根据学生反馈出的真实情况加以调整后的课堂教学更具有针对性，更加适合学生，更加高效。

### 3. 指导学生预习，提高课堂教学效率

2019 年 11 月 14 日，遵义市第二初级中学历史教研组的吴庆老师上了一节翻转课。课题是“汉武帝巩固大一统王朝”，属于部编版教材《中国历史》七年级上册第三单元第 12 课。

课前，吴庆老师发布预习任务，即 1 个预习课件和 3 道检验预习效果的基础性选择题，并利用中午午休时间指导学生进行课前预习。待学生预习完，吴老师回到办公室开始仔细地研究学生的预习数据——全班 41 人，除 3 人参加比赛未能预习外，还有 38 人，全部在预习课件后完成了预习题检测。其中，第 1 题正确率为 100%，第 2 题、第 3 题的正确率分别为 92.1%和 97.4%。

分析反馈数据后，吴庆老师开始进行二次备课。由于学生已经进行了有效预习，针对该课内容多且难的特点，吴庆大胆地尝试归纳概括式教学，精心设计表格，小结本课基础知识，学生上台展示后相互纠错。“传统教学班需要一整堂课时间的内容，这次在 5 班仅用时 25 分钟。学生不仅掌握得要好一些，还在课堂上争先恐后地发言，相互查缺补漏，甚至展开了辩论，真正实现了学生是学习的主体，老师只是设计师。”吴庆老师又惊又喜地说道。

当学生全面掌握基本知识后，吴老师又设计了一个小组讨论题，即用自己的语言来介绍汉武帝（限 50 字，限时 5 分钟讨论形成发言稿）。10 个学习小组马上展开讨论，并在规定时间内确定了发言人及发言内容，随后各小组发言人上台进行了精彩的展示。这个环节在传统教学班很难有时间进行。

同是“汉武帝巩固大一统王朝”一课，5 班有课前预习指导，而 6 班只是学生自行预习，预习效果有很大不同，以致直接影响了正式上课的效果。“一次备课后一定要指导学生预习，尤其是自学能力还相对较弱的初一学生。”这是吴老师经历这次智慧课堂实践后最大的收获。这次实践也使吴老师明确了继续探索的方向——学生展示后教师的评价艺术，以及如何通过更加精准、更加详细的二次备课提高课堂针对性、高效性。

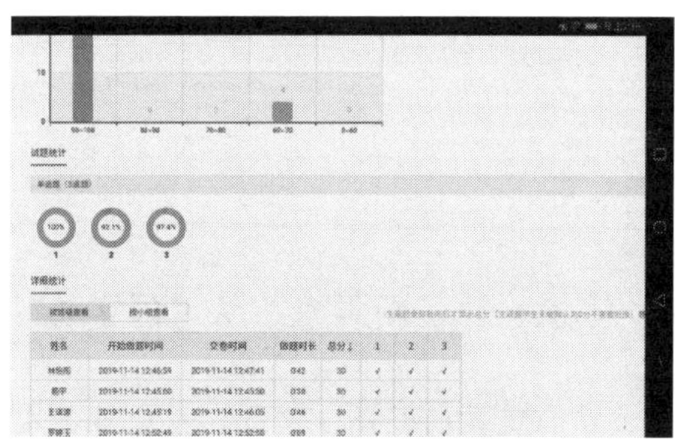

**七（5）班预习截图**

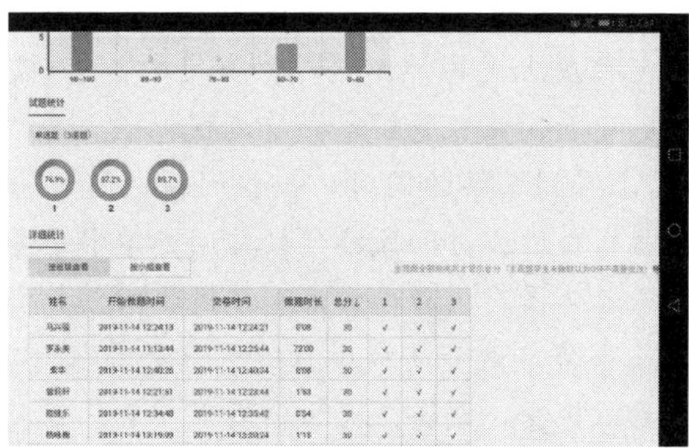

**七（6）班预习截图**

★ ★ ★

## 溯源 · 延展

著名教育学家陶行知先生曾说:“教什么和怎么教，绝不是凭空可以规定的，他们都包含‘人’的问题，人不同，则教的东西、教的方法、教的分量、教的次序都跟着不同了。”新课程理念所提倡的“以学生为本”，必然是建立在了解学情、读懂学生的基础上的。美国教育心理学家奥苏贝尔指出:“影响学习最重要的因素是学生已经知道了什么，教师要根据学生原有的知识状况进行教学。”二次备课的重要性不言而喻，通过第二次备课，教师可以准确把握学情，提高课堂效率，让课堂更加游刃有余。传统的二次备课有很大的局限性，而在信息化手段助力下的智慧课堂为二次备课插上了翅膀。

四川省都江堰中学在实践中发现精准的学情收集是二次备课的引擎，成都市人民北路中学总结出数据支撑下的备课“五原则”，遵义市第二初级中学则通过指导学生学习提高了教学效率。在数据的支撑下，根据学生反馈出的真实情况而调整的课堂教学更具针对性、更适合学生、更高效。

## 顶层设计视角

东莞市教育局

### 打造“慧教育”体系，让“新莞人”从“有学上”到“上好学”

作为曾经的世界工厂和现在的制造业名城，东莞市存在着突出的“人口倒挂”现象，外来务工人口占常住人口总数的3/4，随迁子女人数超过在校学生总数的3/4。东莞市政府以博大的胸怀拥抱外来务工人员及其随迁子女，提出“东莞市未来人口素质一定程度上是由‘新莞人’决定的”，积极鼓励社会力量兴办教育、大量引进教师，全面实施教育扩容提质工程。

“新莞人”教育需求得到缓解的同时，一些问题也随之而来。东莞市民办学校的数量远远多于公办学校，公办和民办学校之间办学水平差距比较大，民办学校教师资历偏低、骨干教师匮乏、教学方法和手段陈旧、教研开展不充分等问题突出。面对这些问题，东莞市教育局提出打造“慧教育”，以“让每一个学生受到最适合的教育”为核心理念，实施三大举措实现“智慧育人、育智慧人”。

一是统筹建设“一体化”优质教学资源，通过发动一线优秀教师参与资源建设、采购北京四中网校优质的数字资源等措施，建成系列化、课程化、精品化、全覆盖资源，扩大优质教育资源的覆盖面。

二是构建“点击用、改造用、创新用”递进式慕课教学范式，指导各学校、各学科提炼出多元化、个性化的智慧课堂教学模式，逐步推进智慧课堂建设。

三是通过送课到校、网络教研、区域联动、名校辐射、名师陪伴、前沿引领、兜底成长、技术拓展、专业竞技等各级各类教研活动，形成“立体式”教学研训体系，营造全市性互动、互助、共进的教研氛围，逐渐形成“橄榄型”的教学师资队伍。

通过“慧教育”，东莞市教育局利用“互联网+”建立“没有围墙的优质学校”，打破户籍、学籍、编制等藩篱，汇聚、创造和分享优质教育教学资源。近三年的初中学业水平成绩统计显示，2018 年，东莞市中低收费民办学校中考与公办学校中考的总平均分差距由上一年的 115.9 分减少到 71 分，短短一年间提高了 44.9 分。

东莞市教育局相关负责人表示，以“慧教育”的初步成绩为基础，东莞市将进一步推动学校教学模式的改革与创新，最大限度地促进教师之间、学生之间、教师与学生之间的智慧交融，最大程度地促进人机智慧的交融，最大限度地促进教师智慧教学和学生智慧学习，推动区域教育均衡优质发展，缩小公办民办学校教学水平差距，陪伴广大随迁子女和民办教师成长。

# 第二章

# 数据驱动下的课堂教学变革

◎ 智慧课堂环境下小组如何合作学习？如何展示？

◎ 如何提升核心素养？

◎ 师生角色、课堂氛围发生哪些变化？

◎ 如何依据数据构建生成性课堂？

◎ 如何实现以学生为中心的高效师生互动？

## 第一节 | 智慧课堂中的师生角色

与传统课堂相比，智慧课堂最大的区别是师生角色的变化：教师从传统课堂的“演员”变成智慧课堂的“导演”，学生从“观众”变成“主演”。以教师为主导，以学生为主体，把课堂还给学生是智慧课堂努力的方向。那么，在具体的操作中，应该如何实现这样的转变？

### 1. 做课堂导演，推动学生从观众成为主演

2019 年 5 月，在全国“‘互联网+教学’暨人工智能助推教师队伍建设高级研修会”上，石嘴山市第十七中学王科老师上了一堂生动的公开课——“探究三元一次方程组的解法”。王科老师首先通过教学平台展示了学生课前的预习成果，随后，以小组为单位聚焦问题、合作释疑，回答与发现问题。在“合作探究，内化提升”环节，学生 5 人或 6 人组成的小组围坐在一起，时而激烈争论，时而会心微笑，气氛轻松而活跃。王老师则往返于小组之间，时而弯腰提示“卡壳”的小组；时而蹲下身子，参与某一小组的讨论。

细心观察我们会发现，在王老师的课堂上，没有“老师主讲，学生被动听课”，主持讨论和记录的都是学生，场面亦如大人们在开讨论会。整个教学过程是波浪式的，有张有弛、有起有伏，一有方法得出就会掀起一个教学小高潮，学生的学习情绪、小组的学习气氛也达到一个新的波峰。在一浪一浪的小高潮中，师生共收获了 6 种解法。

有细心的观摩者还捕捉到这样一个细节，某一小组在确定最后由谁代表本组发言时，一个学生说：“我来讲，前几次都是她讲的。”另一个学生说：“让她讲吧，她胆小，再给她机会锻炼锻炼。”旁若无人的纯真对话，一方面说明学生真正沉浸在了“学”中，根本无暇关注一旁的观摩者；另一方面也看到了合作学习对学生人格的提升和核心素养的影响。

不得不说，本节公开课，王老师以“问题”为抓手，以“讨论”为利器，使学生通过自我的探索、思考、观察、质疑等认知过程来获得知识。教师很少发言，只是平等地参与小组讨论、画龙点睛地点拨，彰显“以学生为主体”的魅力。课后，我们还了解到，这样的场景不仅仅局限于公开课，它已经成为王老师课堂的常态。

### 2. 做教学策划者，让学生课前吸收课上内化

知识的“吸收”和“内化”是学生学习的两个关键。传统教学中，学生主要是课上接受教师的知识传授、吸收知识，课外通过完成作业内化课上所学。“实际上，在知识内化阶段学生还会面临很多困难，需要教师及时指导。从学生这样的学习需求出发，可以把吸收和内化两个阶段的学习进行翻转，即课前吸收、课上内化，让学生始终处于主体地位。”借助北京四中网校教学平台，广州市第四中学黄贝琳老师把这种想法变成了现实。

在讲授“一般过去时”的英语语法前，黄贝琳老师先在平台上推送学习任务，让学生用平板观看微课，了解一般过去时的基本特点和结构，然后熟记该时态规则和不规则的动词变化。为检验学生的预习效果，黄老师推送了 5 道测试题，要求学生将一般现在时的句子改写成一般过去时。批阅这 5 道测试题时，黄老师发现学生的错误主要集中在 was 和 were 混用和将陈述句变成一般疑问句，不会借助助动词进行句型转换等，因此她进行二次备课，很快做了调整，将上述易错点作为课堂说和写的重点。

课上，黄老师用平板向每个组分别推送了一篇故事内容完全不同的日记，要求学生阅读后进行小组讨论，采用 role-play 的方式，由小组内成绩优秀者扮演记者，采访组内其他成员，通过一问一答的方式进行句型转换，其他小组以平板抢答的方式予以点评和纠错，教师及时给予积分奖励。

由于 4 个小组的日记内容各不相同，每个小组只有认真聆听其他小组的采访问答，了解故事大意，才能快速抢答并进行点评和纠错。黄老师说：这实质上是为学生提供了多次一般过去时的练习机会。

在总结升华环节，黄老师有意提问不同层次的学生——能否将一般过去时的标志词进行归纳总结，并以“你最难忘的事情是什么”为题，进行口语训练。“我最难忘的是昨天早上妈妈帮我做的饭”“我最难忘的是上小学时同学给我讲题”……学生回答的内容丰富多彩。这样的练习在训练学生熟练应用一般过去时的同时，也让学生抒发了情感，表达了看法，实现了核心素养的提升。

黄贝琳老师的教学实践充分说明，在智慧课堂中，教师要负责相应的教学资源的收集和整理，课堂活动的设计与评价，课堂气氛的调动和调控，并成为教学的策划者、开发者，而不再是传统课堂的讲授者与执行者。

### 3. 做领航员，引导学生自主学习

石嘴山市第九中学的尹洪进老师认为，在“智慧教育”兴起，传统社会逐渐转变为信息社会、智能社会的大背景下，“以教师为中心”向“以学生为中心”

的转变，使得教师由教学的主导者转变为教学的辅助者、设计者和引导者。智慧课堂中的教师角色由讲授者转变为智慧课堂的构建者，由知识的传授者转变为学生学习的领航员。

了解故事情节、把握作者观点是“河中石兽”一课的重要教学目标之一，为了达成这一目标，尹洪进老师让学生以小组为单位，采用多种形式复述故事内容，归纳寻找石兽的方法。在此过程中，有一个小组采用评书的形式再现故事情节，并写出了评书的稿件。尹洪进老师首先肯定了这一小组的创意，积极帮助他们审稿润色，并在说书的语言、神态、动作以及道具上给予指导和纠正，让这一小组的课堂呈现达到极佳的效果，也成为本课的一大亮点。“另一组则采用动画演示还原原文语句的形式，归纳寻找石兽的方法，平板电脑操作形象直观，让学生一目了然。两个小组的想法让人眼前一亮。”尹老师说。

在分析文中僧人、讲学家、老河兵的形象特征时，尹洪进老师主要提出了如下三个问题，引导学生体会三个人的性格特点。

(1) 讲学家的“笑”与老河兵的“笑”有何不同?

(2) 讲学家的话多使用了什么句式?

(3) “凡”“必”等词语表现了老河兵怎样的心态?

通过有针对性的引导，学生很快把握了三类人的性格特点，为朗读环节中准确读出人物的性格打下了坚实的基础。

本节课结束时，尹洪进老师又设计了一个“以写促读，拓展延伸”的微写作:“假如你就是沉入河底的一只石兽，历经十余年之久，终于被打捞上来，重见天日。而文中的人物也穿越到了现代，他们也有了手机，可以刷朋友圈查看好友动态。请你以石兽的视角任选僧人、讲学家、老河兵中的一位，写一写你对他们最想说的话，并发到朋友圈。”学生跃跃欲试，争先恐后把自己的作品用平板拍照，分享展示。不得不说，这种视角的转换，激活了学生的思维，激发了学生的写作兴趣。

“以学生为中心”是每位教师持之以恒追求的教学境界，师生角色的调整，信息技术的支撑，为教师追求这个教学境界提供了更大的空间，并助力教师更顺利地到达美好的彼岸。

扫一扫看视频

★ ★ ★

## 溯源·延展

教育技术专家、北京师范大学教授何克抗说过：运用信息技术促进当代教学改革，关键就是以信息技术为学生提供自主学习的认知工具与情感激励工具，改革在中国教育界“统治”很多年的以“教”为中心的教学结构，创建新型的既发挥教师主导作用又充分体现学生主体作用的教学结构。中国教育学会名誉会长顾明远教授提出：在互联网环境下，老师的角色应该是学习的设计者、搜集信息的指导者以及解决困难的帮助者。同时，老师应该成为和学生共同学习的伙伴。

石嘴山市第十七中学积极推动教师作为课堂的“导演”，推动学生从“观众”成为“主演”，以“问题”为抓手，以“讨论”为利器，使学生通过自我的探索、思考、观察、质疑等的认知过程来获得知识。广州市第四中学从学生的学习需求出发，将学习调整为课前吸收、课上内化，让学生始终处于主体地位，教师成为策划者。石嘴山市第九中学则把智慧课堂中的教师角色由知识的传授者转变为学生学习的领航员。“在信息技术的支撑下，调整师生角色真正实现“以学生为中心”。

## 第二节 | 高效的小组合作学习

在新型教学模式下，教师由知识的传授者变成学习的引路者，由课堂教学的主角变成学生活动的导演，从培养“知识人”转变为培养“智慧人”。让智慧点燃课堂，让学生真正成为课堂的主人，是教育者追求的目标。

组建学习小组，团队合作探究，可以改善课堂学习气氛，激励学生主动学习，促进学生学科素养的提升。美国学者波赛特曾经说过：小组合作学习这种方式能刺激更高级的思维，促进各成员的意见彼此统一，提高其认知及接受信息的能力。小组合作学习也是实现智慧课堂必不可少的措施之一。

### 1. 精心选择小组合作学习内容

“并非所有的教学内容都适合运用合作学习。”成都市龙泉驿区第七中学校林静老师这样说。

林老师在英语智慧课堂教学实践中发现，小组合作的内容一定要有所选择，学生能独立解决的问题，用在合作小组中就调不起学生的胃口，只有那些有一定难度，需要同伴间碰撞和探究的问题，进行小组合作才更能吸引学生参与。经过多年的实践，她总结出英语教学中适合小组合作学习的内容及具体操作方法。

其一，值日报告小组合作。语言学习的最终目的是运用，林老师在每节课开始的前 3 分钟组织学生进行小组值日报告。报告的内容是前一节课或前几节课的知识，要求小组团队的 4 人集体上台呈现一个 Free Talk，每人要表演大方、声音洪亮，且不允许任何人游离于小组之外。报告前，各小组先提出问题，展示完后由其他组同学回答问题。小组值日报告的得分和其他组听、问、答的评分捆绑，进行考核。

“为达到较好的表演效果，学生常常在课后一遍一遍地翻书，不知不觉地熟悉了单元内容。而根据学习内容创编对话，更锻炼了学生的高阶思维能力。为了表演的完美呈现，得到更高的分数，每个人都尽心尽力，相互学习。一次次语言回归到生活的训练激发了学生的学习热情，课堂效果也相应地得到了提高。”林老师说。

其二，疑难问题小组合作。非常简单或难度太大的问题和内容都不适合小组合作，学生在完成课前学习任务单时遇到的问题和当堂练习中遇到的困难，都是不错的小组合作学习内容。

这里以小组合作完成课前学习任务单时遇到问题为例。林静老师在讲授人教版七上四单元 Grammar Focus 时，先展示课前学生的自主学习情况，将袁桥和孙楠两位同学提的问题进行展示，让同学们思考，并将杨婉婷同学的笔记进行展示，表扬和奖励课前自主学习效果好的学生，树立榜样的示范作用。然后让小组同学合作，讨论看完微课后教师提出的 3 个问题：（1）用 Where 开头的特殊疑问句怎样回答？（2）什么时候用 Where's…？和 Where are…？（3）介词后面跟代词使用主格还是宾格？学生们在小组内积极讨论，几分钟之后，小组代表总结本组的讨论结果并代表全组回答问题，其他小组及时评价，教师总结和点评，并对难点重点进行点拨和强调。

“组内不能解答的问题由其他组解答，仍不能解答的问题由教师解答。小组合作学习既节约了时间，又提高了课堂效率，还充分发挥了学生的主观能动性，培养了学生积极动脑思考的习惯，让学生学会在小组内与他人合作解决问题。”林老师说。

其三，对话小组合作。英语的听说课中往往有大量的对话练习，从机械的模仿操练到回归生活的任务型输出，许多环节都需要学生积极、主动地参与和配合，此时小组合作尤为重要。

如在教授“What time do you get up?”这个句型时，林老师要求学生 4 人一个小组进行对话练习，其中两人用第一、第二人称，另外两人转为第三人称单数，在给学生足够的独立操练时间后，她再组织学生进行小组对话表演。组员声音洪亮、清楚，语音语调流畅，基本无错的小组可以得高分。若其他组能找到发言组的错误并能改正，也得分。通过这样的评价方式，发言组在准备对话时更精心，倾听的组也会更专注。

其四，开放性问题小组合作。在英语学习中，设计开放性问题的讨论，有助于学生对该问题有一个更透彻和全面的理解。相互交流不仅有利于取长补短，还有利于培养学生的批判性思维和发散性思维。

如在教授人教版八下的“Unit 7 Will people have robots?”时，林老师让学生以小组为单位讨论“What will our life be like in the future? Why?”有些学生说：“People will live on other planets because there are too many people. The earth is too crowded.”也有学生认为，“People will live under the sea because of the terrible pollution.”同学们据理力争，各抒己见，在碰撞和交流中，时不时闪现出思维的火花，课堂氛围异常活跃。

林老师表示：遇到重点语句需要训练时，可以要求组内成员把小组讨论的结果写在练习本上拍照上传，教师推送白板后只需查看每个小组提交的结果，并将每个小组的答案对比展示，让全体同学相互查阅，分享知识，提升能力。

### 2. 蕴含丰富活动的小组合作学习锻造有生命力的课堂

汾阳市东关初级中学的李宏乐是初二智慧班的语文老师，她一直秉承“教育是培养全面发展的人”的教育教学理念。自 2014 年至今，在学校开展的“小组互助教学管理”模式的活动中，李宏乐老师成为课堂改革创新的领头人。

2018 年 10 月 20 日，李宏乐老师在全市语文教师面前做了一节有关新教材、新教法的示范课——“藤野先生”。课堂上，她和学生们呈现了如下小组合作、互助共享环节。

**【教学片段一】　角色表演唤醒学生的表现欲望**

李宏乐老师：欢迎来到《我是演员》之汾阳市东关初级中学海选现场，今天的考题是，来到仙台后“我”与藤野先生由相识到相处。我们会认识怎样一位先生？哪一个小组的表演将会胜出呢？请我们都来当评委，有请第一组选手上台表演。（课前已经通过平板推送了角色表演的任务，要求由组长组织进行改编课本剧并排练表演。）

A1 学生：我们表演的片段是添改讲义片段。（组里的其他学生搬桌子、凳子和头骨指骨、书籍等道具）

（小组学生表演，其他学生认真观看并自主记录）

李宏乐老师：非常感谢第一组演员的精彩呈现，下面有请第二组选手上台表演，大家欢迎。

A2 学生：我们小组表演的片段是惜别片段。B1 同学饰演藤野先生，C1 同学饰演“我”，D1 同学饰演先生的助手。（无道具，学生进行表演，其他同学认真观看并自主做记录）

李宏乐老师：感谢这一组演员精彩的诠释。

……

**分析** 上述环节是李宏乐老师为示范课“理解体会典型事件和细节描写塑造人物形象的写法”的教学目标设置情境后，要求学生小组合作改编课本剧，并以表演的形式在课堂上呈现。由课前准备到课中展示，此环节充分挖掘了学生的主观能动性和小组合作的团队力量与智慧，培养了学生的语言表达、文本理解、分工协作、组织沟通等多种能力。在此环节中，组员之间目标一致、相互合作和尊重，毫无保留地将自己的智慧展现出来，唤醒了学生的表现欲望。

## 【教学片段二】 激发学生多角度探究

李宏乐老师：哪一个小组的表演是各位评委最喜欢的呢？他们为大家呈现了一个怎样的藤野先生？现在组长组织大家讨论，最后派一位代表上台展示小组的讨论结果。（组长开始组织全组同学讨论）

组长：抓紧时间，我们轮流说一说自己的选择和喜欢的理由，A 同学把大家的意见记录一下，准备推送。

学生 A：我喜欢第一组同学的表演，因为他们的道具准备充分。

学生 B：我也比较喜欢第一组同学的表演，因为他们的打扮与文中人物的外貌很符合，扮演者穿着西装，贴了八字须，戴着眼镜，很符合藤野先生生活简朴的人物形象。

学生 C：我和你们不一样，我喜欢第二组同学的表演，因为他们有人物介绍，而且在人物对话时，能够通过语气变化，表现出藤野先生对“我”的关心和“我”即将离开时的惋惜之情。

学生 D：我喜欢第一组的表演，因为藤野先生在指出“我”解剖图的错误时，眉头紧锁，语气也有点严厉，感觉是一个很负责的老师。（其他组员点头表示同意）

组长：谁还有补充？

学生 B：我觉得第一组中细节注意得很到位，解剖图打印的是原图，很严谨。

李宏乐老师：时间到。

学生 A 推送并代表全组上台展示："我们最喜欢第一组的表演，理由有三点：一是着装、道具准备充分；二是注重细节；三是人物表情到位。呈现了一位生活简朴、认真负责、关心学生的藤野先生。"

……

李宏乐老师将每个组的讨论结果以板书的形式呈现在黑板上。

喜欢的原因：所选事件、着装、道具、表情、语气语调、动作、自然大方。

人物形象：生活简朴、不拘小节、认真负责、治学严谨、关心学生。

**分析** 这一环节，李宏乐老师为学生提供了一个表达观点的平台。学生在小组内快速交流，各自表达出所见所感，培养学生"敢表达、会交流、善共享"的良好习惯。这是课堂中承上启下的重要环节。

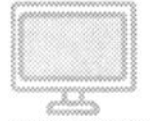

### 【教学片段三】 归纳总结获得新发现

李宏乐老师：大家表现得都很棒，演员有对角色的理解，评委工作细致，点评的角度全面细致，先来颁发勋章并加分（平板发奖杯）。通过讨论和总结，大家又发现了什么？怎样才能将人物形象刻画得深刻感人呢？现在，以小组为单位讨论，最后派一位同学将大家的意见收集整理并推送全班分享。

组长：大家来说一说自己的发现，小 A 你先说说。

学生 A：我觉得人物形象的塑造和喜欢的原因肯定有关系。

学生 B：我觉得方方面面都注意到就能把人物演好。

学生 C：是不是细节决定成败呢？细微的表情可以表现人物的性格。

（组员纷纷点头表示同意，学生 B 推送了：细节决定成败。还有的小组推送了：语言动作神态到位，事件很重要……）

李宏乐老师：时间到，我们来看大家的讨论结果。

**分析** 这是该节课重难点知识全班交流的一个环节，是在小组交流的基础上，全班学生参与表达、交流和共享的过程。可以引导全体学生集思广益，对问题做进一步的理解和分析，在整合梳理中发现学科知识的内涵。

学生发展是课堂教学追求的终极目标，李宏乐老师就极其注重小组合作学习中学生基本学习能力和创造力的发展，以及学生个性和特长的发展。在这节示范课中，教学的一切活动都围绕学生来组织，李宏乐老师只扮演一位引导者、参与者和促进者。在李老师的引导下，学生不仅能以自己的思维方式自主思考，还可以走上讲台展示自己的观点。根据学习的需要，呈现出异彩纷呈的小组活动，让学生呈现思维过程，学会倾听反思，关注同学的新观点，收获新发现、新体验；在注重知识掌握的同时，充分发现学生的优点，挖掘学生的潜能。

这样的课堂，一定是富有生命力的课堂。

### 3. 成功的小组合作学习需要周密的策划

小组合作学习要想获得成功，必须事前做好准备，广州市南海中学的江慧琼老师对此做出了诸多探索。江慧琼老师说："组建小组应遵循'组内异质，组间同质'的原则，根据性别、成绩、个性特点、家庭经济情况、守纪状况等，组建相对稳定的组织。每组有4～6名学生，组内的同学可以有差异，便于互相学习和帮助；小组间又大体均衡同质，保证全班小组间公平竞赛。"

小组成员分工要职责明确。将小组的学习任务分解到个人，或者全班任务先分解到小组、小组再分解到个人，使每个小组成员都承担小组任务中的特定部分，形成任务分割、责任共担的局面。在小组学习目标结构中，小组成员之间在学习内容和学习结果上有很强的相互依赖关系，全体小组成员形成一个"利益共同体"。

任务发布之前的教师指导要具体详细。巧妙地运用小组合作时段和要素，可能会更好地提升学习效果。任务发布之前，教师可以采用"学习体验法"加以指导。教师给每位学生派发不同的任务，以感受不同的学习体验，最大限度地开发小组合作学习的效用。

例如，在学习"苏州园林"之前，江慧琼老师选取9个园林，让学生通过抽签方式确定自己要研究的园林，布置学生搜集整理资料，制成PPT上交。审阅PPT后，江老师让研究相同园林的学生组成小组，整合PPT，汇报演讲。"在这一合作过程中，每位学生都有机会表现自己，全体成员一起学习，在学生之间创设了积极的相互依赖的关系，使学生从'要我学'变成了'我要学'的状态。"

在小组合作学习中运用"任务切块拼接法"。在课堂学习过程中，比较有代表性的小组合作学习方法是"任务切块拼接法"。这是提升相互依存关系的一种方法，也是江慧琼老师组织小组合作学习时比较常用的一种方法。

具体做法是：首先，将学生按4～6人分成一组，把一项学习任务分割成几个部分或片段，每个学生负责其中的一个部分或片段，所有学生了解学习的总任务。其次，分在不同小组中而学习同一部分的学生集中在一起，组成一个"专家组"，共同学习和研究所承担的任务并熟练掌握。最后，全班学生回到自己所属的小组中，分别将自己掌握的那部分内容教给同组的其他学生，从而达到对学习内容的全面理解。在此过程中，教师巡回各组答疑，及时纠错。

### 4. 成功的小组合作学习有四大提升通道

东莞市大朗启明学校的覃红梅老师也是小组合作学习的积极实践者，她总结了成功的小组合作学习的提升通道，包括组建相对稳定的学习小组、借学生之力帮扶学困生、给予小组汇报展示平台和重视学习过程激励机制。

首先，组建相对稳定的学习小组。学期初，覃老师会适时根据学生的英语学习情况把学生分成 A、B、C、D 四个层次，A 号为英语综合素养比较高的学生，B、C、D 号依次递减。然后根据学生的性格特征、学习能力、组织能力等，遵循“组内异质，组间同质”的原则，把四个层次的学生组合成 4 人或 5 人的学习小组。A 号为组长，B 号为副组长。

其次，借学生之力帮扶学困生。基于民办学校高段学生英语学习两极分化严重的实际，相对来说，每个小组 C、D 号同学的英语学习水平基本都比较弱，课堂上听不懂或对英语知识不能完全理解的现象时常存在。此时，覃老师让每个小组中 A、B 号学生充当小教师的角色，鼓励 A、B 号学生根据自己的学习情况采用一对三或一对一的形式，为本组 C、D 号的学生进行讲解，老师则深入小组中倾听或帮助有困难的组长。这不仅有效地解决了教师课堂上关注面窄的问题，还有助于学生对知识的理解与消化，有助于学生能力的提升、自信心的增强与兴趣的培养。

再次，给予小组汇报展示平台。在小组合作学习中，汇报展示是亮点，是检验各组合作学习效果、组长帮扶效果的重要环节，因此，合作学习之后，一定要给予学生汇报展示的时间。覃老师让 A、B 号的学生在汇报展示中获得幸福感，C、D 号的学生在汇报展示中获得成就感，让小组成员在汇报展示中增强自信心。

最后，重视学习过程激励机制。苏联教学论专家斯卡特金曾指出：“我们建立了很合理的、很有逻辑的教学过程，但给予的积极情感的食粮很少，必然引起学生诸多烦恼、恐惧和消极情绪，阻碍他们全力以赴地投入学习。”多说激励、赞赏的语言能够提升自尊，让人感觉有希望、感受到被尊重、被肯定。“教师要善于发现学生身上具体的美，想办法说具体的、学生能做得到的话，让这些具体的美发光。”覃老师有针对性地用有意义且富有魅力的语言点燃学生的激情，让学生充满自信，尤其让后进生能“勇敢地站起来，体面地坐下去”。

### 5. 五个关键要素保障小组合作探究活动的成功开展

情境—探究—应用，坚持走探究学习的主线，围绕“合作探究”核心不动摇，海口市第七中学袁伟强老师在实践教学中不断地探索、研究、交流，并总结出小组合作实验探究五个关键要素。

**第一，创设问题情境，提出问题。**即营造问题情境，使学生已有知识和未知知识产生冲突，帮助学生在潜意识中产生矛盾，激发学生迫切了解知识的欲望，从而达到激发学生产生、发现和提出有价值的问题。袁伟强老师表示，在此环节中，要充分研究教材和分析学生，依据教材特点和学生当前的认知水平、心理发展特点，决定采用何种方法帮助学生营造提出问题的情境，例如可以给学生观看影片，播放当前发生的热点事件，做演示实验，让学生在思维碰撞中提出问题。

**第二，针对提出的问题，设计情境，有依据地猜想和假设。**对于探究性学习来说，猜想与假设是一种重要的思维方法，在教学中教师必须给予重视。为防止学生毫无依据地乱猜，应根据问题设计情境或分析质疑，并进行合理的猜想和假设。例如，学生可以从已有的知识经验出发，做出一定的预测，形成假设；也可以利用类比的方法，让学生反复思考，进行分析推理，做出猜想和假设。

从学生已有的知识经验出发，适时适度引导，让学生在动脑思考的基础上，做出一定的预测，形成假设。例如猜想压力的作用效果可能跟哪些因素有关，可以让学生两根手指分别同时按压笔尾和笔尖的部分，体会不同的感受；利用类比的方法，让学生反复思考，进行分析推理，做出猜想和假设。例如，在学习串并联电路的电流规律时，猜想并联电路干路电流和各个支路电流关系时，可以将其比拟成水流分支，让学生小组讨论并思考，提出合理的猜想。

**第三，以验证猜想和假设为目的，设计合理的实验方案。**即从操作的角度把猜想与假设具体化、程序化。根据探究的问题或猜想明确探究的目的，分析该探究要解决的问题，明确解决问题的办法。根据确定的解决方法选择实验器材，构思出操作步骤，确定设计实验方案。

以探究凸透镜的成像规律，研究“凸透镜成像的性质与物距的关系”的小组合作学习为例。小组讨论中，有同学说，首先要选一个凸透镜，利用它来成像；有同学说，要移动蜡烛的位置，改变物距，看像是否有变化；还有同学说，最好还有刻度尺，能准确测出每次的物距。袁老师对学生的讨论、交流进行梳理，总结出要探究凸透镜成像的性质和物距的关系，就要解决好两个问题：一是要得到清晰的、便于观察的、不同性质的像；二是要知道它所对应的物距和像距。然后思考解决每个问题的办法，学生经过讨论得到了解决第一个问题的办法：把一个物体（如点燃的蜡烛）分别放在与凸透镜距离不同的位置上，用光屏在凸透镜的另一侧接收它所成的像；解决第二个问题的办法是利用刻度尺进行测量。有了解决问题的具体办法后小组讨论，选择器材和构思设计实验方案。

**第四，小组分工合作，有序有效进行实验和收集数据。**小组组长根据实验设计方案，把任务分配给各小组的成员负责，有序地进行实验。检查员先检查实验器材是否完好，再交给其他负责组员。实验操作员与数据记录员互相配合，提醒记录员应观察和记录哪些现象或数据。裁判员集中精力，监督组员的操作是否规范。对操作不当的行为，及时纠正并帮助其分析原因。组长组织小组成员共同整理、分析实验数据，得出实验结论，并填写小组实验报告。对基础差的学生给予指导和讲解，并填写实验报告。

袁老师通过对合作学习的介入和现场观察，对每个小组的合作情况做到心中有数，同时对各个小组出现的各种问题给予及时有效的指导与帮助，使合作学习顺利开展。比如，对实验操作过程还不清楚的小组再讲明实验内容和操作过程；对遇到困难的小组及时点拨；对持有不同意见的小组及时引导学生学会倾听，积极协调，减少和避免组内冲突；对提前完成任务的小组进行检验；对表现好的小组给予及时的表扬；对游离于小组活动之外的同学及时制止；等等。教师的引导与参与、监管和调控极大地提高了学生合作的有效性。

**第五，小组间分析与论证，评价与交流。**教师要引导学生建立互相信任和团结合作的关系，力争为学生建立既竞争又合作、既自主又共享的良性学习环境，使学生处于主动参与的学习氛围中，增强合作学习的有效性。对于小组合作实验探究中的分析与论证，依据实验记录的数据，袁老师要求遵守实事求是的原则：由小组组长展示实验结果，并充当“小先生”的角色，与小组成员讲述分析实验数据和论证的过程；其他小组进行互评，点评小组实验中的操作不当或分析论证的不科学依据。小组间的评价交流利于得出科学的实验结论，营造良好的学习氛围，分享成功的喜悦，培养科学严谨的态度，形成科学的学习方法。另外，为保证做出的评价客观、全面，在对学生进行评价前，教师应该充分关注学生自评和小组互评。

扫一扫看视频

★ ★ ★

## 溯源·延展

小组合作学习是 20 世纪 70 年代美国的一位教育家首先倡导并研究的。“在教学过程中，以学习小组为教学基本形式，教师与学生之间彼此通过协调的活动，共同完成学习的任务，并以小组总体表现为主要评价依据。”美国学者波赛特说，小组合作学习这种方式，能刺激更高级的思维，促进各成员的意见彼此统一，打破以往单纯注重班级整体教学中一些难以解决的问题，提高学生接受及认知信息的能力。但教无定法，更深层次的研究和探索势必要付出更多的劳动，才能使这种方法逐步完善。

成都市龙泉驿区第七中学校、汾阳市东关初级中学、广州市南海中学、东莞市大朗启明学校、海口市第七中学的教师们都探索了如何高效地开展小组合作学习，并找到了一些方法与策略，精心选择的内容、周密组织和策划的小组活动、恰当的小组建设、合理的过程指导与激励机制，让学生在共享和交流中达成对知识的深层理解。

## 第三节 | 精彩纷呈的小组展示

小组展示是小组合作学习最重要、最有生命力的成果形成环节，也是课堂教学过程中必不可少的环节。通过表达与展示，一方面可以清晰地呈现学生们的思维状态与思维过程，以便教师了解学情后根据学情演进教学内容；另一方面也能有效提升学生的表达能力、批判性思维能力、公众演讲能力。

如何设计有深度、有广度、有难度，同时既有效又有趣的小组展示活动？如何明确要求，规范引导，有效评价小组展示活动？肇庆市端州中学、东莞市洪梅中学、周至县第四中学、郑州市第七十一中学老师们的做法是在教学实践中创意新颖。

### 1.“疯狂座谈会”让历史课堂更有生命力

肇庆市端州中学的历史老师涂子凡认为，有展示才有活力，小组合作展示为她的历史教学注入了新鲜的血液，让历史课堂教学不再是尘封已久的说教，而是“鲜活的、有生命的”。

在端州中学祥和有序的校园里走一走，会发现有一间教室热闹非凡，那是涂子凡老师的高中历史课堂。学生之间的“唇枪舌战”、小组内部的“窃窃私语”、座位间“传小纸条”……这些在常规课堂上不被允许的行为，在涂子凡老师的课堂上屡见不鲜，涂老师总是站在旁边微笑，时不时地还“添把火”，“越是吵得凶”的小组，越能得到她的鼓励。这是什么样的课堂呢？

原来，这就是涂子凡老师组织的“疯狂座谈会”。自从 2018 年参加智慧课堂实验班教学以来，这种热闹的场景已经成为她的课堂教学的常态。

以岳麓版必修二第 15 课“大萧条与罗斯福新政”为例。涂老师计划用一节课的时间，以“疯狂座谈会”的形式解决“大萧条”的内容。这节课从结构看，上承第二单元“资本主义世界市场的形成和发展”，下启本单元重点“罗斯福新政”，实际是在讲述罗斯福新政的背景，不得不说本课时在本单元乃至本册书资本主义发展中的地位举足轻重。但是经济理论晦涩难懂，资本主义国家政策远在天边。若按照传统的授课方式，老师“讲完”了，学生常常是一知半解，知识的迁移运用能力更是低下。

根据北京四中网校教学平台的学生课前学习任务的反馈，涂子凡老师发现学生们对于“经济大危机的影响”各类型的训练综合得分率只有 57%，这无疑是课堂上亟待解决的重难点。但是教材给的素材有限，为此，涂子凡老师查找书籍、文献、影视作品，为学生搜集了大量的相关资料，上传平台后要求学生在阅读教材文本的基础上，概括老师所提供的每则材料的主题，注明材料立场，形成一份针对当时资本主义社会不同立场的社会调查报告。

材料 1：据统计，1929—1932 年美国全国各地罢工达 2 700 次，参加罢工的人数超过了 350 万，最长的坚持了 4 个月，反饥饿大游行此起彼伏。德国鲁尔地区的 30 万矿工进行大规模罢工。法国也因大萧条的压力，总理短期内换人。

材料 2：整个 30 年代，资本主义各国为了转嫁经济危机，开始在世界范围内进行经济战，先后有 76 个国家提高了关税，56 个国家实行货币贬值以争夺国际市场。帝国主义国家在进行国际经济战的同时，加紧对殖民地和半殖民地的掠夺，激起了当地人民的反抗。

材料 3：社会动荡不安，一些社会极端分子乘机造势，法西斯主义泛滥。1933 年，在德国，承诺解决人们失业问题的希特勒成为德国合法总理。希特勒上台之后，在政治上取缔除法西斯党以外所有政党，加强法西斯独裁统治。在经济上有计划地发展军事工业，使国民经济军事化。1934 年，在美国，得到一些大资本家支持的法西斯组织美国军团，企图策划 50 万退伍军人进军首都，发动法西斯政变。

为了培养学生有条理的思考习惯，涂子凡老师使用了她常用的表格法。她从面临困境、解决困境的方案、事实结果三个维度，让学生分析工人、农民、大资本家等不同层级的人的立场。

有了课前的阅读与思考，课堂进行到 13 分钟时，涂老师宣布：“下面进入小组合作展示环节，假如你是当时主要资本主义国家的工农群众、资本家、法西斯主义者、政府代表，在遭受这场危机时，你分别会有怎样的想法和行动？请大家以小组为单位选取一个立场，在 6 分钟之内每位成员阐述自己的观点。”大屏幕随机展示出小组讨论的具体要求：

（1）每位组员都要发言，发言句式为“假如我是……面临……的困境时，我会……”。

（2）每位小组成员据理力争，目的是说服其他组员，形成同一个声音。

（3）选出一位成员担任“书记员”，在笔记本上分条列点汇总意见，重复意见不给分，下课后上交，作为本环节加分项参考。

（4）老师根据现场表现，评出积极小组并加 2 分，没有全员发言或者敷衍了事的小组将扣 3 分。

3 分钟过去了，“机灵鬼”黎子锐同学说：“我们选工人的立场吧，我们论据充分，肯定得分最高。”另外一组的胡耀丹同学胸有成竹地说：“选资本家立场吧，后面的罗斯福新政就是资产阶级的自我改革，有大把的措施，而且可行性很强。”

“有了明确的细则之后，课堂变得热闹起来，班里几乎没有事不关己看热闹的学生了，他们畅所欲言的样子让我感动，其实有效的讨论就是学生打开思路和思维碰撞的过程。”涂子凡老师坚定的眼神让人感受到她打造“有生命的历史课堂”的决心。

接下来进入“疯狂座谈会”环节。涂老师又在大屏幕上展示出详细的规则：(1) 举手最快的小组阐述本小组的观点，注意分条列点。(2) 抢到最早发言权的两个小组可为本小组加 2 分，发言者计入个人得分，言之成理即可，每点加 1 分。(3) 意见相左的小组可以举手反驳，鼓励组内补充，每点加 1 分。(4) 选出最团结的小组，小组加 2 分。

最早抢到发言的是第 1 组，伶牙俐齿的蓝敏婷同学说：“假如我是工人，当我面临着失业、工资被拖欠、无法偿还贷款、没钱给孩子交学费的困境时，我会想到报纸上宣传的苏联，组织工人阶级联合起来，运用马克思的科学社会主义理论，推翻资产阶级，走社会主义发展道路……”这位同学在为小组挣得 2 分的同时，也为自己加了 4 分。本以为这位同学的发言就这样结束了，谁知第 9 组的李洋同学站起来发问：“请问走社会主义道路有什么具体的方法解决资本主义国家当时面临的经济困难呢?”

考虑到苏联的社会主义经济建设内容还没有学到，涂子凡老师适时提醒：“这个问题问得好，虽然苏联的社会主义经济建设我们还没有学，但是有没有哪位同学可以联系身边的社会主义经济发展来回答李洋同学的提问呢?”

教室里安静了片刻，第 1 组的麦绿恩同学站起来振振有词地回答道：“感谢贵小组对我们的关注，结合现今我们国家的社会主义经济建设情况来看，社会主义经济建设有一个很大的特点——国家宏观调控，我想这恰恰可以缓解资本主义的基本矛盾，预习过课本也可以知道美国后续采取的罗斯福新政就是加大了国家的经济干预，所以我们小组的观点具有很强的可行性!”这样的唇枪舌剑赢得了在场的学生和老师的阵阵掌声……

整个小组合作展示环节用时 18 分钟，学生参与度 89%。教室里充溢着学生们观点的互动、思维的碰撞、情感的激荡，学生们沉浸其中，享受着美好。其实涂子凡老师在翻转教学中用到的花式辩论赛、疯狂座谈会以及头脑风暴等形式都有异曲同工之妙，那就是在把握好学情的前提下，丰富学生的认知，制定详细的小组合作展示规则，这样就能达到事半功倍的效果。

### 2.“小老师”协助体验欢乐多多的道法课“性别角色”

东莞市洪梅中学道德与法治老师沈少丽在常规的小组合作教学模式的基础

上，强调人人都是“小老师”，收效甚好。

沈少丽老师的小组合作学习模式虽然增设了小老师，但仍然保留小组长，小组长全面负责整个小组，职责侧重于组织和协调，小老师的职责侧重于学习方面对本组成员的指导和督促。“每节课前，老师都要对小老师进行培训，让他们先学后教，这是常规小组合作学习模式中小组长做不到的。”沈少丽老师说。

在小老师的协助下，小组合作的方式把教学内容活动化，提高了教学效率。一学期下来，沈少丽老师班的小组合作平板教学初步形成了具体的模式——小组合作平板教学模式。

如在“男生女生”教学中，沈老师用小组合作学习来突破重难点，小老师在其中发挥了重要作用。沈老师设计了名为“他和她”的小组体验任务，并在课前发布：活动1：幼儿园时期的男生女生照片——差异不明显；活动2：初中后的生活照片 ——差异明显；活动3：看卧室布置猜想主人是他还是她？并说明理由。

课堂上，小组派代表展示课前准备好的活动1和活动2的照片，并让同学们猜猜是他还是她，猜猜是班上哪位同学。小组派代表展示课前本组准备好的活动3照片，并且由小老师组织第3个活动。

“怎样正确看待人们对性别角色的认识？”沈少丽老师设计了两个情景剧由小组即兴表演，来研讨这个问题。

情景剧表演一：他是男生，她是女生。剧情是两人一边走路，一边聊兴趣爱好和将来的职业，看到一只老鼠，男生女生的不同反应。看表演后让学生们谈感受。

老师给学生两分钟时间做准备，每个小组看到老师要求后，立刻在小老师的组织下进行了分工和简单的编排，一分多钟后就有小组举手要求上台表演。第一个表演的小组是小老师陈惠琳组，她负责旁白，孔俊熙和宋阳同学负责表演。他们很聪明地用了一支笔充当老鼠，由陈惠琳同学扔到宋阳同学脚下。宋阳同学吓得一声嚎叫，倒退两步。而孔俊熙同学则两眼发亮，大叫一声“老鼠哪里跑”，上前便是一脚。接下来各小组纷纷举手申请表演，因时间关系，沈少丽老师只能从中选出一组同学表演。两组同学表演结束后，沈老师通过平板让学生们评选出表演好的一组，并阐述好在哪里，这个过程很好地体现了男女生在性格特征、兴趣爱好、思维方式等方面的差异。

情景剧表演二：性别角色互换，快乐大反转——他是“女生”，她是“男生”。剧情同样是两人一边走路一边聊兴趣爱好和将来的职业，然后看到一只老鼠的反应。只不过是男生反串表演女生，女生反串表演男生。看完表演后老师让学生谈感受：你觉得某某同学平时如果是这种言行举止，你会怎样看待他（她）？为什么你会有这种感受？怎样看待这种影响因素？

男女生反串小组情景剧展示让人忍俊不禁，整个课堂都沉浸在欢乐的海洋里。特别是当卜晓琼同学组扮演女生的梁志乐同学手做兰花指、捏着嗓子，对扮演男生的女同学黎星凤说："俺叫翠花"，以及看到卜晓琼同学扔来的老鼠后，小鸟依人般地拉住黎星凤同学说："我怕怕"时，全班都忍不住大笑起来。台上同学幽默的表演，台下同学投入的情感，使大家在快乐的氛围中对性别角色有了潜移默化的认识。

"设置情景剧的目的是创设有效的问题情境，提高学生的学习兴趣，进一步拉近课程和学生之间的距离，增强本课的现实意义，体现新课程理念的生活性特点。更重要的是，通过情境创设，引导学生进一步正确认识性别角色的重要意义。"沈少丽老师说，小组合作完成任务并展示的过程中，小老师可以根据本组成员的兴趣爱好等进行合理分工，协作完成学习任务，可以充分发挥本组成员的特长与聪明才智，形成小组合力，积极组织参与同其他小组的和谐竞争。

### 3."唇枪舌剑"深刻领悟政治课"文化生活的色彩斑斓"

周至县第四中学的智慧课堂的参与度很高，显得有些吵闹，但这种吵闹是对知识的探索，是个人成长的积累。自 2018 年学校实施北京四中网校智慧课堂教学以来，智慧班的这种"吵闹"也就成了教学楼上独特的风景。而张健老师政治课上的"吵闹"不仅仅是学生热烈的讨论，还有大量贴近生活的素材展示，可以说"吵闹"出了一个新的天地。

以人教版必修三第四单元第八课第一节"色彩斑斓的文化生活"为例。本节课的教学目标是让学生感受当代文化生活的色彩斑斓，了解文化市场带给我们的"喜"与"忧"。这节课在教材中起着承上启下的作用，占有重要的地位。张健老师在课前发布了自学任务，同学们搜集了贴近生活的素材资料，设计了有趣有效的小组辩论问题。

张健老师课前在北京四中网校教学平台上获取了学生的学情——课前习题练习正确率为 76%。基于学生学情，结合这节课的特点，张健老师找到知识点相关视频"机器灵砍菜刀"作为学生课堂开展小组讨论的素材。这是一首诙谐幽默、表达"80 后"淳朴童年乐趣的 MV："一个沙坑一个秋千俺就能玩上一天，饿了爬到树上摘点槐花吃点榆钱，马泡有多香，桑葚有多甜"，作为形象生动的视频资料再合适不过。

课上，张健老师带着学生一起欣赏了这首 MV，回忆了"80 后"的童年乐趣，看着同学们渴望的目光，张老师宣布本节课的第一环节小组活动："结合视频内容，大家看到的七八十年代孩子都有哪些生活的乐趣？现在同学们的文化生活又有哪些乐趣？说说相比七八十年代，今天的文化生活具有什么样的特点？"

张老师又宣布了规则：(1) 请大家以小组为单位讨论展示，每小组最多由 3 位同学发言，时间不得超过 5 分钟，由于时间关系，只能通过教学平台抢答功能取前 3 个小组的同学发言。发言同学每人积 2 分，小组积 5 分。(2) 对抢答成功的小组可以进行质疑，质疑成功每人积 1 分，小组积 2 分。(3) 发言小组要整理好自己的发言材料，由小组记录员记录，下课后统一上交，给记录员积 1 分，小组积 2 分。

讨论时间到了，同学们都变得激动起来，急切地想把自己的观点给大家展示出来，为自己和小组获得积分。随着张老师点击抢答功能，最终第三、第五、第一小组获得了小组展示的机会。首先，第三小组的陈显同学发言：“‘70 后’‘80’后的文化生活乐趣很多，跳皮筋、和泥巴、逮青蛙、摘点槐花、吃点榆钱、捅马蜂窝、骑着大梁自行车、扎麦秸垛，觉得很羡慕。”同组的肖文辉同学补充认为，他们现在整天上课、上补习班，生活乐趣不如“80 后”。

刚发完言，第二小组的李毅同学就运用了质疑规则，提出现在的文化生活要比“80 后”丰富多了，比如点击任何一个互联网论坛就会发现一些关于经济、政治、文化、社会、军事方面的帖子，一天可以达数千条，而对同一个问题很难找出完全相同的答案。第二小组的刘健康同学也提出，现在的手机功能齐全，可以看电视、听歌曲、刷新闻，足不出户了解国内外大事，教室的多媒体技术的运用都是那个时代所不能比的，所以我们当代的文化生活是色彩斑斓的……

看到同学们热切的讨论，张健老师发自内心的高兴，这在传统课堂上是可望而不可即的。现在北京四中网校教学平台，依托其丰富的教学资源与素材，为小组讨论和展示提供了技术、资源、方法等全方位的支撑。张老师坚信：利用信息技术，农村普通高中同样可以让课堂教学活动更丰富，课堂效率更高效。

### 4.“趣配音”和“角色扮演”的英语课让学生学会表达

人教版英语八年级下册“Unit 7 What’s the highest mountain in the world?” Section A（1a-2d）是一节听说课。郑州市第七十一中学李萌老师备课时反复思考：怎么有效利用智慧课堂的理念上好这节课?

“听说课一定要让学生真正地张开嘴去表达，并且是在真实情境中表达，一定要做到学以致用，实现语言的应用功能。”有了这样的想法，李老师在课前用平板发布了 3 个学习任务：(1) 自主学习本节微课，完成课本的相关练习。(2) 学习“大数字的读法”微课，并至少写出 3 个大数字的正确读法。(3) 熟读课本 2d，并能模仿录音的语音语调，用平板上传自己录制的朗读音频。

在北京四中网校教学平台上，李老师发现 100%的学生按时完成了平板上的推送任务，但个别题的正确率不到 70%，部分学生录音质量不高，一些学生的语音语调过于生硬，没有在正确的地方断句，语速过慢或者过快，这些都是要在课堂上加以纠正的。

课堂上，她设计了两个环节来逐步实现学习目标。第一个环节是“声临其境”的趣配音活动——Dubbing Show，以课本的对话练习为蓝本，每个小组通过平板分配需要配音的人物，然后小组成员共同来到台上为不同角色配音。李老师说，这个活动极大地调动了学生的积极性，在小组练习时学生们就跃跃欲试，利用平板录音，反复模仿，提升语音语调的准确性。同时，小组成员相互帮助，相互配合，纠正发音错误，调整语速、角色语气与情感紧密衔接，体现了良好的团队合作精神。

在上台展示时，各小组都积极踊跃地举手，史梓谈、王静怡、穆涵飞、王怡菲同学组成的第一小组最先举手，拔得头筹。史梓谈同学选择为导游配音，开口第一句“Feel free to ask me anything on today’s Great Wall tour.”不但语音语调十分标准，连动作都有模有样，一下就把大家拉进了动画中所呈现的游览长城的情境中。其他三位小游客也接连提问，默契十足。这一组的优秀表现给大家开了个好头，后面的小组也争先恐后，亮点频出。

李老师还利用平板的投票功能，让学生选出最佳配音奖得主，看着大家的投票结果，得到最佳配音奖的史梓谈同学也深受鼓舞，并在此后的英语学习中更加积极主动，英语成绩不断提高，还拿过全班第一。

课本的对话练习熟练之后，李老师设计的第二个环节是 Role Play，情境设置如下：“假如你是一个导游或游客，请选择一个旅游景点作为目的地，分别进行相应的询问和回答。（Make your own conversation with your group. Student A is the guide. Student B，C，D play the roles of tourists.）”她还为学生准备了道具（如导游旗、游客帽等），学生们都很感兴趣，马上分配好各自的角色，开始编写对话，小组成员你一言我一语，热烈地讨论着对话内容，都希望自己的小组在上台表演时有亮眼的表现。从课堂实效看，同学们知识迁移运用恰当，各小组创意新颖，课堂惊喜不断。

除了情景对话，同学们还设计了很多肢体动作，尽可能让自己更像选定的角色，一个个活灵活现。其中，王灿、陈柏璇、孔佳瑶、齐千瑜同学组成的第七小组最为积极，他们选择了去珠穆朗玛峰旅游这一情境。只见陈导挥舞着小旗子，一边模仿登山时的艰难行进，一边向游客普及珠峰的相关知识，而 3 位可爱的小游客，一边互相鼓励，排队前行，一边向导游提问关于珠峰的各种有趣问题，他们幽默的对话和略显夸张的动作引起了大家的阵阵笑声。虽然在对话时出现了一些语法错误和发音错误，但是不影响他们会话意思的表达。李老师并没有在展示过程中打断他们进行纠正，而是让他们连贯地完成展示，然后才对问题进行提示和纠正，帮助他们发现问题，并提醒在以后的对话中尽量避免同样的错误。

同时，李老师还用平板给各个小组的表演录制了视频，在课后发给学生，让他们自己去找亮点和不足，争取下次做得更好。这次表现最好的是第七小组，额外得到了加分奖励，经过一个学期的学习，这个小组成为累计得分最高的小组，同时还成了学业成绩最好的小组。

无论是疯狂座谈会、男女生反串的角色扮演、以 MV“机器灵砍菜刀”为素材的小组讨论，还是“声临其境”的趣配音，4 所学校 4 名不同学科的老师用实践证明，每名学生的潜力都是无限大的，只要老师为他们创设恰当的条件、营造积极和谐的氛围，学习就会在小组合作与展示中真实发生。

扫一扫看视频

★ ★ ★

**溯源 · 延展**

建构主义理论认为，学生的知识不是通过教师传授得到的，而是在特定的情境中，借助教师或同伴的帮助，利用必要的学习资源，通过意义建构的方式获得的。学生通过对知识的交流与共享，相互反复激发、评价与修正，逐渐形成新的认知，达到对知识的深层理解。美国学者波斯纳认为，小组合作学习能刺激更高级的思维，促使各成员的意见彼此统一，增加学生口头复述信息及整合它的机会，提高学生接受及认知信息的能力。

肇庆市端州中学利用疯狂座谈会让历史课堂鲜活、有生命力。东莞市洪梅中学在常规的小组合作教学模式基础上，各组增设了“小老师”，收效甚好。周至县第四中学依托网络教学平台上的教学资源与素材，为小组展示提供技术、资料、方法的全方位支持。郑州市第七十一中学在趣配音和角色扮演中纠正了英语发音和语法错误。精彩的小组展示让课堂充满了生命力。

## 第四节 | 通过启发式教学　突破重难点

孔子曰：“不愤不启，不悱不发。举一隅不以三隅反，则不复也。”北京四中是启发式教学的先行者，早在 1950 年，北京四中教师刘景坤、张子锷倡导的启发式教学就曾被推广至全国。今天，两位老师的塑像还矗立在北京四中校园里。

启发式教学符合智慧课堂以学生为中心的教学理念，以问题为引领，引导学生讨论探究，师生碰撞思想，进而培养学生新时代的核心素养。

### 1. 启发式教学把课堂还给学生

《穿井得一人》是部编版语文教材七年级上册第六单元第 24 课“寓言四则”中的一篇文言文，是一篇新录入的课文。在传统课堂上，教师往往是根据自己的教学经验来界定重难疑点，所以，对于这节文言文课，传统教学设计大致是这样的：(1) 积累常见的文言文实词。(2) 了解本文的寓意。第一次执教此节课的广州市美华中学廖志华老师坦言：“把更多精力放在文言词句的学习上，而相对忽视对文章内容的理解，是传统文言文教学的最大特点。”

2017 年秋季起，全国小学和初中统一使用的“部编版”语文教材，重新回到“守正”的立场，强调经典性、文质兼美和适宜教学。为积极顺应部编教材的新导向与新要求，廖老师希望第一次执教这篇文言文时借助智慧课堂，在教学设计上进行适当的创新。为此，廖老师认真分析学生，了解学生的学习状态和需要，研究学生喜欢怎么学、适合怎么学后，她将教学目标拟定为：积累常见的文言文实词，如古今异义词“国人道之”、一词多义“有闻而传之者”“求闻之若此”、词类活用“闻之于宋君”；了解本文的寓意；利用寓言培养学生的发散思维能力。

**课前学习环节。**廖老师在上课的前一天，发布了网上作业。要求学生观看北京四中网校教学平台“穿井得一人”的视频，完成两个任务：(1) 做好笔记，尤其是学案里需要翻译的字词句。(2) 思考本文讲了一个什么故事，有什么寓意。

学生按时完成任务后，廖老师分析了完成情况：(1) 关于文言的积累。学生在完成任务的过程中，对“国人道之”“有闻而传之者”“求闻之若此”等词语掌握得比较好，对“国人道之，闻之于宋君”“得一人之使，非得一人于井中也”的翻译也比较到位。但对虚词“于”的翻译不是很准确；句子“求闻之若此，不若无闻也”，学生只一个字、一个字地翻译，不能做到流畅通顺，不符合翻译“信、达、雅”的要求。(2) 关于寓意理解。学生能讲出文章内容的大概，但提炼的寓意不准确，更没有创新的见解。

有了这样清晰的学情，廖志华老师就可以“对症下药”了。课上，她采用小组合作探究的教学形式，有意识地启发引导学生积极主动地思考问题。让学生运用自己的感官，认真观察、积极思考，提高解决问题的能力。

**“寓意理解”环节。**廖老师首先提出一个问题：“听说丁家挖井挖出一个人后，当时国人会怎么想，有什么反应?”让学生发挥想象。接下来进行小组讨论，然后安排每个小组把讨论的结果写下来，再派代表发言阐述小组的共同成果。

“街上行人窃窃私语、故作神秘地说：‘你知道吗？丁家挖井挖出一个人。’‘啊！真的吗？’”“‘很恐怖呀！丁家挖井挖出一个人！’‘你怎么知道呢？’‘听别人说的呢！’”“只见那人贴近旁边的人的耳朵，小声地说：‘你知道吗？丁家挖井挖出一个人！’旁边的人吓得手中的簸箕都掉在地上，魂不守舍地叫道：‘啊……啊……啊，是谁干的？’”……同学们手舞足蹈，兼以各种神态配合，活灵活现地刻画出国人的好事之形象，让学生充分体会到流言的发酵过程，同时也培养了学生的想象能力。

接下来，真相将如何被揭示？廖老师从情节上设计了两个问题：第一，“流言产生的原因是什么？”学生马上从文章中找到根据，是因为对“得”字的理解发生了偏差，从而告诉大家，说话不要有歧义。第二，“‘宋君令人问之于丁氏’这个情节，为何是宋君令人问之而不是丁氏告之？”学生的思想得到启发，纷纷表达自己的想法。他们有的认为，宋君主动问丁氏，因为丁氏是流言的源头；有的认为，宋君主动问真相，说明这个宋君是一个明君，并不是昏庸之辈。通过这样的探究，学生从而明白文章的寓意——对于传闻，要以审慎的态度进行分析、甄别，不要轻易相信传闻。如果情节改为“丁氏告之”，那就表明丁氏不胜其扰，不得不辩白，也让大家感受到流言的可怕。

理解寓意，是本课的一个难点，但廖老师举重若轻，把它化解在问题当中，从而使教学难点得以有效解决。为何有如此的效果？“因有课前知识的传递，所以课堂上，我可以把精力放在最重要的环节——解决学生的学习难点。这样的课堂，促进了学生的深度学习。”廖老师深有感触地说。

**“情节改写”环节。**廖老师创设情境：“如果我们重新设计情节，赋予其新的寓意，你将如何改写？挖出一个人只是好奇，大家思考一下：我们还可以设计什么样的情景，会产生什么不同的结果呢？”同学们打开思维，畅所欲言。第三组的李思禧同学从源头重新设想，设计了“丁氏挖井，告人曰：‘吾穿井得百金。’有闻而传之者：‘丁氏挖井得万金。’国人道之。引贼人夜盗，致丁氏死”的情节，大家听后不由自主地给予热烈的掌声表示赞赏和肯定。廖老师让大家思考情景改写后的寓意是什么？第二组的李紫珊同学说改写后的寓意告诉我们做事要谨慎，不可得意忘形。

也有学生从结果重新设想，例如，第一小组的刘铭钰同学设计了“宋君令人捕丁氏，并问斩”的情节，从而告诉大家，流言可以杀人，而作为一国之君要有审慎的态度。还有学生从故事的过程改写，例如，第四小组的杨熙祐同学设计了“国人道之，闻之于宋君。丁氏惧，亡。宋君令人搜于国中”的情节，告诉我们不要轻信流言，不要传播未经自己查证的话。

教学的重点与难点，通过教师的启发、学生的活动与交流，很好地得以解决。廖老师将学生“如何学”放在第一位，创设了恰当的情境，以启发学生的思维为核心，重在让学生探究，鼓励学生创新思维；老师把课堂还给学生，学生之间、师生之间思想有碰撞，学生学会了思考，也学会了创新。

### 2. 启发式教学让学生学习充满激情

“Festivals and Celebrations”是人教版英语必修三教材一单元的阅读部分，讲述的是世界各地的节日以及庆祝方式。课前，重庆市暨华中学王玉老师布置了两个任务：观看西方节日相关的微课和阅读课文完成阅读理解测试。通过课前任务，学生对中西方的主要节日有了一定的了解，对文章的主旨大意和细节信息也有了基本的掌握，达到了低阶教学目标——学生自主完成阅读技能的训练和语言点的学习。

王玉老师认为高阶教学目标的设定与完成是本节课教学的重点，即通过启发引导、合作探究、小组讨论等教学方法达到对教材文章内容理解的拓展和延伸，从而培养学生用英语思维思考问题和表达观点的习惯和能力，引导学生树立对待中国传统文化和西方文化的正确的价值观。因此，王老师设计了由基础反馈、问题引领、讨论探究、师生碰撞、思维提升五部分组成的智慧课堂。

**基础反馈。**在本课的引入部分，王老师设计了节日知识抢答赛和课前作业情况反馈两个教学活动。

Guess who “I” am according to my self-introduction and the pictures. 王老师首先通过节日知识竞赛来热身，不仅激发了学生的头脑风暴，检测学生课前网上自主学习情况以及对西方节日知识的了解程度，同时增强了小组的合作与竞争，调动了学生参与的积极性，活跃了课堂气氛，还能引入本课主题。

随后，王老师对课前阅读测试部分错误率较高的两道题进行了反馈。接着又抛出了两个问题：How to use skimming to get the main idea? How to use scanning to find details of the passage?

通过思考这两个问题，王老师让学生自己总结解题方法，掌握通过略读和扫读获取文本细节信息与主旨大意的要领，使学生能够认清自己的问题所在，进一步巩固和提升阅读技能。

**问题引领。**在反馈完课前任务后，为实现本堂课培养学生的高阶思维能力和创造力的目标，达到对文章内容的延伸和拓展，王老师针对三种不同的节日，分别向学生提出了不同的问题。

问题 1：Festivals of the Dead：Compare the two foreign festivals with Qingming festival，what activities are similar and what are different?

问题 2：Festivals to Honour People；Why do we hold festivals to honor these people?

问题 3：What makes Harvest Festivals happy events?

问题 4：If you were a farmer at the Harvest Festival，what would you expect to get?

通过这 4 个问题的创设，王老师逐步引导学生跳出原文去思考课文里提到的这些西方节日跟我国的节日庆祝方式的异同、庆祝这些节日的原因，学生对这个节日的期待。对于这些问题，学生们努力思考讨论，畅所欲言，积极地用英语进行表达。例如，对于问题 4，学生们把自己假设成农民，最期待得到的是丰收的果实，为下一年的丰衣足食做准备。通过此类问题，学生能体会到劳作的艰辛，对丰收的期盼和对未来美好生活的向往，从而尊重劳动、感恩美好的生活。

**讨论探究。**在问题讨论之后，王老师又设置了一个讨论探究活动，将本堂课推向了高潮，她让学生通过小组合作创造一个新的节日，要求说明节日的名称、日期、含义，为什么要庆祝这个节日以及怎样庆祝。

同学们对这个问题产生了极大的兴趣，在课堂上展开了热烈的讨论，脑洞大开，踊跃发言。有的小组说要庆祝眼镜节，一年有一天大家都不戴眼镜，因为现在越来越多的学生接触电子产品，整日读书学习也使近视越来越严重，学生们希望通过这个节日唤醒大家保护眼睛的意识。有的小组说要设立一个学生睡觉节，一整天的时间让学生来补觉，因为课堂上常有一些打瞌睡的学生，希望通过这个节日让学生意识到课堂上打瞌睡是不尊重知识，也是不尊重自己的行为。

**师生碰撞。**在合作探究之后，本堂课也接近了尾声，王玉老师对这堂课进行了总结：节日对大家来说有着不同的意义，那么人们为什么喜欢节日的到来呢？学生们通过本堂课的学习也对节日有了更深的理解，他们的回答总结也非常精彩。

学生 1：Because we can eat together，enjoy ourselves and talk with each other.

学生 2：Because people can take a break，stay at home and students needn't go to school.

学生 3：Firstly，we can experience a lot of traditional culture. Secondly，festivals make our life more interesting. Thirdly，festivals can enhance our feelings of family and friends.

学生 4：People can have a rest，go out to play and eat delicious food.

学生 5：We can spend time with family，have time to relax and play with friends.

**思维提升。**在学生们分享了节日的意义之后，王老师为大家播放了一段视频，主要讲述现在国人流行过洋节，部分商场、超市也抓住契机进行促销。针对这一现象，王老师布置了一篇英语作文作为课后作业来启发学生进行思考：同学们是怎么看待这一现象的？大家为什么热衷于过洋节？对于中国的传统节日和洋节应该采取什么样的态度？通过这样的思考，引导学生认识到对于国外文化正确的态度应是了解学习，但更重要的是应该尊重我国的传统文化，将中国的文化发扬光大。作为学生更应学好英语，用英语讲述中国故事，做传播中国传统文化的使者。

这节英语阅读教学，王老师没有训练学生的略读和扫读技能，不再定位于让学生理解文章的主旨大意、获取和提炼文章的具体细节信息，没有把阅读文章分解成孤立的语言知识点进行教授，而是注重英语文化的学习，注重激发学生的阅读兴趣，培养学生的文化意识和高阶思维能力。

课前学生有效的自主学习，课上教师引导学生深入思考，可以促使教学活动更深入地启发思维、促进思维、创造思维，提升学生分析和解决问题的能力，培养学生的核心素养。

★　★　★

**溯源·延展**

子曰："不愤不启，不悱不发，举一隅不以三隅反，则不复也。"《学记》有言："道而弗牵，强而弗抑，开而弗达。道而弗牵则和，强而弗抑则易，开而弗达则思。"著名的古希腊思想家苏格拉底用"问答法"来启发学生独立思考，以探求真理。教学过程中，要从学生的实际出发，采用多种方式启发学生的思维，调动学生的学习主动性和积极性，激发学生探求未知的欲望，引导学生自己去探讨、去推论，让学生感到自己是发现者、研究者、探寻者。

启发式的教学思想从先哲典籍中一路传承，至今仍被认为是最重要的教学原则之一。问题引领、讨论探究、师生碰撞、学生思维品质的培养，是教学中的重点。广州市美华中学、重庆市暨华中学校践行着这一教学原则，精准设置问题，根据知识的逻辑层层深入，从而引领学生思维的提升。

## 第五节　提升核心素养　重唤课堂活力

党的十八大提出，要把立德树人作为教育的根本任务。如何落实这一根本任务？唯有通过学科核心素养的培养与提升，才能切实发展学生的核心素养，从而落实教育的本质。随着数字化时代的来临，单调标准化、统一程式化、纯粹应试化的传统课堂逐渐被以学习者为中心、信息技术为支撑、尊重学生个性选择的智慧课堂所取代。在课堂教学模式和理念不断更新的背景下，各学科教学模式也在不断优化和改革，信息技术的不断发展使现代化的教学手段既能充分激发学生的学习兴趣，又能有效提升学习效率，激活课堂气氛，让课堂“动起来”，对于培养学生的学科核心素养具有重要意义。

### 1. 智慧课堂助力语言能力素养提升

倘若把一门语言体系比作一棵参天大树，听说读写便是这棵树的根基。为了让学生打牢基础，烟台市祥和中学英语老师郑杰在课堂中充分利用北京四中网校教学平台，将课本原文听力与精心筛选的听力材料上传到教学平台上，帮助学生巩固课内知识，拓宽课外视野。课下，郑老师还会将好听、易学的英文歌曲和经典励志的影视片段上传到平台上，让学生了解更多西方文化知识，激发他们的学习热情。

同学们最喜欢的是配音片段，课前 5 分钟，他们会争先恐后上台展示，无论是《超能陆战队》（*Big Hero* 6）里的大白，还是《疯狂动物城》（*Zootopia*）里的朱迪，大家都模仿得惟妙惟肖。不知不觉中，同学们的听说能力得到了提高，语言意识和语感也得到了增强。

课上，教学平台的抢答功能让更多不愿意举手的同学都积极参与抢答，让“羞于启齿”的同学“敢于启齿”。郑杰老师称，新媒介的使用就像给学生穿上了“黄金战衣”，让他们不再害怕举手。在一次又一次的尝试中，同学们无论是语音语调还是流畅程度都有了质的飞跃，语言能力也得到大幅提升。

以教师为主体的传统课堂，无论是播放听力还是学生跟读练习，往往只能让学生练习一两遍，就不得不因为赶进度而继续新课程内容的学习。自从使用北京四中网校教学平台后，学生拥有了更多个性化自主学习的时间。与此同时，郑老师还会在课上给同学们更多的练习空间，完成教学平台安排的任务后，学生可以反复聆听学习老师上传的课本资料，既实现了“自我修复”，也为中考的新挑战——“人机对话”考试打下了坚实的基础。

东莞市大朗启明学校英语教学也采用了小组合作的形式进行课前展示，但起初同学们更多的只是单词拼读展示或课文背诵展示。后来学生展示时，覃红梅老师用平板拍下学生自信的表情、录下学生勇敢的时刻，甚至在课后推送优秀小组的表演给同学们借鉴，以此提升同学们的信心。经过一段时间的展示和相互学习之后，课前展示渐渐转变成对话式的课文背诵。随着小组展示形式的转变，评价的师生也不甘示弱，开始把展示看成舞台表演，点评渐渐指向同学的动作、表情、声音及语言的魅力。就这样，小组对话表演的活动逐渐增多，即兴的动作也让表演变得更加欢乐。

经过一段时间的训练，覃红梅老师发现，那些平时不开口的同学，现在开始主动展示与表达了；以前只会说几个单词的学生，现在可以说整句话了。

由此可见，小组合作表演不仅能有效改善学生因害羞而不想说、不敢说、不会说的现象，还能充分调动学生学习英语的主动性与积极性，使其语言能力得到大幅提升。

### 2. 智慧课堂助力文化意识素养提升

在鲁教版七年级上册“How was your school trip?”一单元的写作课上，郑杰老师给学生布置了这样的作业：去年暑假，你应邀去了美国笔友 Tom 家，他带你参观了许多名胜古迹，你们度过了愉快的一天。请以日记的形式记录下这天的所见所思所想。配图是美国白宫（The White House）、迪士尼乐园（Disneyland）、黄石国家公园（Yellowstone National Park）。

学生完成作业后，将自己的作文拍照上传到教学平台，并在老师评价标准（LSGHC）的指引下给同伴打分。在写作前的课堂小组讨论环节，每位同学都积极参与，有些学生甚至还写了哈佛大学（Harvard University）、耶鲁大学（Yale University）、好莱坞（Hollywood）等，学生的学习兴趣瞬间被点燃，纷纷从地理、历史和风土人情等方面表达自己的想法，课堂异常活跃。同学们的作文也一改往日“写不够”的状态，突然变得下笔如有神，甚至版面“不够写”。“我知道美国的常春藤联盟（Ivy League），听说这 8 所学校都是美国的一流名校，我们应该从现在开始，学好英语，以后把中国的文化带给全世界!”班长站起来，做了写作课最后的总结陈述。

这节成功的英语写作课，让同学们了解到中西方文化既有相似之处，又有差异；既提高了对中西方文化差异的认识，又在作文互批中巩固了单元重点单词、短语、句型；既找到了自己与别人的差距，又明确了写作改进与努力的方向。

除语言本身所承载的文化内涵外，每个国家的风俗习惯、生活方式、宗教信仰、思维方式等都有着深厚的文化背景和底蕴。郑杰老师认为，只有增加对中外文化的理解和对我国优秀文化的认同，才能增强学生的家国情怀，坚定文化自信，真正体现英语学科核心素养的价值取向。

鲁教版六年级下册第八单元“I'm watching TV”中的一篇文章写道：朱辉正在美国留学，住在寄宿家庭里，今天是中国的传统节日龙舟节，家乡的父母兄弟正紧锣密鼓地筹备节日的饭菜，远在大洋彼岸的他十分思念自己的家人。课堂上，郑杰老师用动画微课的形式向学生展示了传统龙舟节的历史由来，并导入课堂，激发了学生的学习兴趣。同学们小组合作完成了思维导图，由于没有条条框框的要求，学生的想象力和创新能力发挥得淋漓尽致。有的同学将导图设计成国家地图，“国”就是“家”；有的小组画了一轮明月悬挂在天空上，“月”是故乡明；还有的同学画了粽子、龙舟等。在情感升华环节，郑老师以课本中的“East or west，home is best”结尾，将本节课的内容进行升华，提升了学生的文化素养与文化认同感。

下课时，班里一位男同学兴奋地跑过来对郑老师说，“老师，以后我想出国留学，我要告诉其他国家的同学们，中国是我的家乡，那是我心里最美丽的地方！”看着男同学坚定的眼神，郑老师既欣慰这节课带给他的梦想，又顿感肩上的责任更加重大。

### 3. 智慧课堂助力思维品质素养提升

东莞市大朗启明学校每月都会举行一次评比，从中评选出当月优秀组长、最佳团队等，与此同时，学校还设立了“最佳表演者奖”“最佳语音奖”“最有创意者奖”等奖项。评比旨在为弱势小组或个人提供可借鉴的方式方法，激发组员努力创新，引导学生积极参与。

在小组合作展示前，小组长都会带领组员对已学的文本、熟悉的知识从不同的角度，向不同的方向，用不同的方法或途径进行整合与展示。这种整合与展示，需要学生克服畏惧心理，创设一种生生互动的情景，促进学生表达自己的想法，更加主动地融入同伴合作之中，主动探索，积极交流，进而激发参与意识，并从中真正体会学习的快乐。同时，让学生在愉悦的情感体验中拓展自身的才能，发掘个人的潜力，在积极的创编中寻求变化，在相互的碰撞中培养创新思维能力。

有一次，某小组的四位同学将几个单元的核心句型整合后，在课前展开了表演：

S1：Hi，I am Lily.

S2：Hi，I am Mike.

S3：Hi，I am John.

S4：Hi，I am Sarah.

S1：John，what day is today?（第二单元核心句）

S3：It is Friday.

S1：What do you have on Friday?（第二单元核心句）

S3：I have maths，English and music.

S1：Oh，weekend is coming. What do you often do on the weekend?（第二单元核心句）

S2：I often do my homework on the weekend.

S3：I often go to the park with my parents.

S4：I often eat good food with my parents.

S1：Oh，cool! What's your favourite food?（第三单元核心句）

S4：My favourite food is chicken.

S1：Oh，we can have a food party on the weekend. What can you do for the party?（第四单元核心句）

S2：I can cook.

S3：I can sing.

S1：Oh，please sing now!（S3 表现出害羞状）

S1、S2、S4：Don't be shy. Just try!

S3：……（这位同学开始害羞地演唱，其他同学大笑起来，全班一片欢乐的景象。）

S1、S2、S4：You are so great! Thank you!

随着阵阵掌声响起，同学们的表演落下了帷幕。有同学赞扬说，他们非常巧妙地把三个单元的知识整合在一起，情景非常连贯，而且还能随机应变地激励平时比较内敛的组员现场演唱。

令人意想不到的是，这一随机应变的表现产生了蝴蝶效应。在之后的表演中，有的小组在唱歌环节还配上自制的话筒当作道具，或借助信息设备为表演配乐。其他小组也开始想方设法地激励组员在表演中加入跳舞等桥段。小组合作展示不仅实现了“玩中学、演中乐”的目标，还有效激发了学生的创新思维。东莞市大朗启明学校的覃红梅老师由衷地感叹说：“给学生一个平台，他们定会还你一份惊喜!”

### 4. 智慧课堂助力语文学科素养提升

在讲授“河中石兽”一课时，东莞市塘厦初级中学廖平平老师通过北京四中网校教学平台给同学们发布了四条任务：一是观看微课“河中石兽——研读文句字意及作品内容简介”并完成相应的“课前自学小测”；二是根据文中的不同人物寻找石兽的不同地点、原因和结果，用原文语句完成表格；三是根据自身对全文的理解，画出石兽的运行轨迹图；四是根据文本故事，并使用原文的翻译，课前小组合作完成角色表演。其中，第二、第三条任务是本课教学的重点。

| 人物 | 寻找地点 | 原因 | 结果 |
|---|---|---|---|
| 寺僧 | | | |
| | | | |
| 讲学家 | | | |
| 老河兵 | | | |

课前，通过学习微课和熟读课文，绝大部分学生可以完成表格的填写。为了更好地了解学生的作答情况，廖平平老师要求同学们上传表格内容和相关答案，然后通过互评功能指出存在的问题并给出评分。

在解释石兽的运行轨迹环节，廖平平老师要求同学们画出石兽的运行轨迹图。在4分钟的展示过程中，所有的同学都想方设法地把自己最认可的理解诠释出来。看着同学们认真勾画的画面，廖老师突然觉得这样的画面真是无比美好。

### 5. 智慧课堂助力学习能力素养提升

古语云：“授之以鱼不如授之以渔。”作为教师，如何将“学习之法”教授给学生，培养他们终生学习的能力是亟待解决的问题。为提高课堂效率，烟台市祥和中学郑杰老师充分发挥智慧课堂的优势，课前让学生先搜集与本节课相关的资料，获得初步感知，然后再将本节课的重难点融入微课视频，并辅之以练习题。上课时，郑老师先让学生提出自主学习中遇到的问题，组内讨论解决，当遇到特别难的问题时再进行点拨，最后将相应的练习题以“当堂反馈”的小测验模式发给学生，检验自主学习成果。这种教学模式，大大地激发了学生的兴趣。

美国著名心理学家布鲁纳说：“学习者不应该是信息的被动接受者，而应该是知识获取过程中的主动参与者。”在教学过程中，教师要充分尊重学生的主体地位，让学生在教师的指导下去认知、去发现，提升学科素养，使学生成为学习的主人。

扫一扫看视频

★ ★ ★

**湖源·延展**

2017版《普通高中课程方案与课程标准》凝练了各学科核心素养，明确了学生学习各学科课程后应形成的正确价值观念、必备品质和关键能力。核心素养是知识与技能、过程与方法、情感态度价值观的整合，是学科育人价值的集中体现。在2019年高考中，对核心素养的全面考查可以是说本次高考的一大特征，尤其是对学生思维能力以及真实情境中问题解决能力的考查，在命题中多有体现。培养学生的核心素养，需要扎扎实实地落到实处。

烟台市祥和中学、东莞市大朗启明学校、东莞市塘厦初级中学充分利用智慧课堂的便捷性，助力语言能力素养提升、文化意识素养提升、思维品质素养提升，不仅培养了学生的核心素养，还激发了课堂活力。

## 第六节 | 融洽的课堂氛围 民主的课堂文化

如何让学生爱上课堂，积极参与课堂互动，是时代发展对教育提出的新问题。信息技术的引入，无疑拉近了师生的距离，拓宽了教育的空间，促进了教学效率的提升。乐山市草堂高级中学从 2015 年引入北京四中网校合作建设的智慧课堂，丰富的教学资源、便捷的平板使用在很大程度上加快了学校课堂改革的步伐，课堂氛围越来越融洽、活跃，形成了有草堂高级中学特色的课堂文化。

### 1. 信息技术助力和谐课堂建设

在智慧课堂建设之前，乐山市草堂高级中学的陈斯老师发现，在传统课堂上，面对授课老师布置的课堂练习，学生要么齐声回答，要么在黑板上书写答案，导致授课老师要么很难找出有问题的学生和学生的错误步骤，要么占用的课堂时间过长，还只能展示个别学生的情况。

而在智慧课堂中，以前不愿意举手回答问题的同学居然是第一个提交答案的，原来他更希望得到老师的个别点评；通过拍照上传运算过程，同学们可以展示答题情况，还能充分地参与到课堂中；在互批互改环节，学生们非常兴奋，责任意识增强了，俨然变身为小老师。

“这个地方漏了重要的一步，扣 2 分。”

“这个答案正确，书写也很规范，满分！再画一个五角星鼓励一下。”

“这个步骤有问题，我给你圈出来。”

……

短短几分钟，“小老师”们就批改完全班的课堂练习。老师可以挑选出满分的答案作为范例展示，也可以选择被扣分的作答，让批改的同学解释为什么扣分，再让作答的同学确认扣分是否有道理，还可以让得分较低的同学说出自己在这个问题上遇到的困难，然后有针对性地做出讲解和分析。

陈斯老师有时候还会故意“调侃”几句：“这个答案很有个性，大家觉得是什么风格呢？严谨范儿？跳跃范儿？还是狂野派？”“这个错误有水平！我估计你的初中数学老师会拒绝承认你是他的高徒的。”“这个回答很不错，有点当年数学王子高斯的风采哦！”课堂上一个个精彩的细节，不仅增添了课堂活力，还融洽了班级氛围，增强了同学间的凝聚力。

立体几何的空间位置关系是让不少同学头疼的知识点，线线关系、线面关系还有面面关系，它们到底是平行的还是垂直的？老师在讲解这部分内容的时候，如果单纯在黑板上画图，会有不少同学抱怨："老师，我怎么看都是一个平面图形啊，没有您说的立体感啊！"通过多媒体展示提前做好的空间图，有同学提出了新想法："老师，这个图从左边看过来会是什么情况呢？"老师抓起粉笔、签字笔、书本摆出了具体的图形，前面的同学满意地点头微笑："老师我终于看懂了。"还有同学表示："老师，我还是没有看清楚！"通过平板的摄像投影到大屏幕上可以很好地解决这个问题。"模型太远了看不清，好，平板拿近点；图像太小，我们放大就是了。""对了，这个同学用笔和课本做出的空间模型很好，来！老师帮你拍下来推送给大家，来！同学们看大屏幕。"

在陈斯老师看来，平板课堂上，占据主体地位的一定是学生，老师只是导演，安排整节课的流程和掌控课堂节奏，平板就像老一辈教师手中的教鞭和粉笔，为完成老师知识的传承和学生技能的提升，默默地在现代化智慧课堂上奉献着自己。课后，有同学悄悄告诉他，没想到数学课还可以这样有趣，以前的初中数学老师上课期间禁止同学们随意插嘴打断讲课，听老师一个人讲解远没有同学的"表演"有趣。和枯燥的传统课堂相比较，大家更喜欢师生互动的、有思想碰撞的、有活力的数学课堂。

### 2. 教学平台给予学生个性化关怀

有经验的教师可能会发现，每个班上总会有那么几个学生，最喜欢的位置永远是角落，不喜欢和同学们交流，成绩不冒尖也不拖班级后腿，不管是课上还是课后，都甘于充当观众。难道他们真的只愿意当旁观者？陈斯老师说："其实未必！如果能找到一个突破口真正走近他们，你会发现，原来他们也渴望被关注。"

在一次巡视课堂练习时，陈斯老师发现一个平时从不举手发言的学生，他的演算过程刚好是自己准备讲的一种特殊的简便算法，便邀请他将步骤写到黑板上，这个学生满脸通红地拒绝了。陈老师觉得这也算这名同学的"正常"表现，没有勉强而是将他草稿本上演算的过程拍照推送给全班同学，并口头表扬："这个简便运算本来是老师待会儿要给同学们介绍的独门秘诀，现在有同学居然想到了，而且做得非常棒，连我都甘拜下风。"此时，班里的学生都鼓起掌来。随后，这位腼腆的同学虽然依旧低着头，在草稿本上演算，但细心的陈老师还是从他不自然地偷偷看过来的眼神中发现了一丝自豪。

让陈老师没想到的是，在当天课后的平板作业里面，这位同学"破天荒"给老师写了一个超长的留言，说这是他上学以来老师第一次展示他的作业并当众表扬。其实他心里也想将自己的解题思路分享给大家，也想告诉大家其实自己的萨克斯特长完全可以在学校艺术节为班级拿个一等奖，只是长期以来习惯了默默看大家表演，实在举不起手、开不了口，而老师似乎也习惯性地跳过了他。对于今天课堂上的题目，他课后又思考了一番，共找到三种不同做法，并将详细的过程书写下来拍照附在留言后面，在图片后面写了两个大大的“谢谢”。

后面的大半年时间，陈老师一直和这位同学在平台上互动交流。在陈老师的开导下，他渐渐变得开朗、自信、阳光，成绩逐步提高。在第二年的纪念“一二·九”活动中，他的萨克斯独奏真的拿到了一等奖。

### 3. 教学平台让师生互动跨越课堂

网络教学平台上有丰富的微课资源和检测试题，几分钟的微课，让同学们在名师“亲身”辅导下，提前解决了知识点中的重难点，微课后面的测试题还可以让同学们一试身手，检验预习时对知识点的掌握程度。而平台的留言和讨论功能，拓宽了师生交流的空间。

“如果有不会的，请给老师留言。”这时陈斯老师在平台上的习惯语。

“这里我不会，请老师在课堂上重点讲一下。”调皮的何芯莉同学留言。

“认真，值得表扬。”陈斯老师及时给予温暖的回复。

“更愿意用特定系数法解题。”王茜仪坦言道。

“适合自己的就是最好的”。陈斯老师简洁的一句回复，肯定了王茜仪的做法，同时还暗示了其实不止这一种方法。

“居然还知道这个（薛定谔），不错不错，哪天我们单独摆谈摆谈”，发现了刘旭冉有一定的课外阅读量，知道薛定谔，陈斯老师的这句调侃拉近了师生的距离……

师生的互动不再局限于40分钟的课堂，讨论的地点也从学校拓展到了网络，让“不敢”直接面对老师的学生有了更多的途径与老师沟通和交流，拉近了师生距离。

现代化信息技术引入课堂，对传统课堂是很好的补充完善。老师在课堂上更加高效便捷地解决、处理问题，既活跃了课堂氛围，在高效率的课堂中让师生心灵互动，产生思维碰撞，又让学生间分组合作、协作学习，融洽了师生关系，显示了现代教育“智慧”的一面，同时真正让学生爱上了智慧课堂。

### 4.“四步法”营造融洽的课堂氛围

平顶山市实验高中的张亚楠老师通过“四步法”营造了融洽的课堂气氛。

**精心准备，是融洽的课堂氛围的开始。**课前，张亚楠老师将《短歌行》的创作背景、曹操简介，以及诗中涉及的字词读音等提前通过平台推送给学生，要求学生课前掌握基础知识，并以录音的方式交一份课文朗读作业。

课堂导入是一节课的开始，也是一节精彩课堂的前奏，对学生积极性的激发有着重要的作用。因此，张亚楠老师借助一个脑筋急转弯引起学生的好奇。张亚楠老师用轻松幽默的口吻问："三国时期谁的跑步速度最快?"这样，既快速集中了学生的注意力，又巧妙地引出了作者曹操，还奠定了和谐融洽的课堂氛围。

**设置情境，激发学生情感。**情境教学法是指教师在教学过程中有目的地引入或创设具体的场景，以引起学生的情感体验，从而帮助学生理解教材，并使学生的心理机能得到发展的教学方法。其核心在于激发学生的情感。只有在教学中有情感的碰撞，师生才能真正享受到乐趣。

在讲授《短歌行》的过程中，为了迅速拉近学生与作者、与时代的距离，张亚楠老师播放了《三国演义》中鲍国安饰演的曹操横槊赋词的场面，逼真的画面、真实的场景，迅速拉近了学生与文本的距离，激起了学生的学习欲望，学生的学习情绪明显高涨。张老师又从平台上挑选了两个学生的朗读作业播放，抑扬顿挫的朗读，感染了每一位同学，欢乐洋溢在他们的脸上。张老师趁势邀请学生朗诵诗歌，立即有 3 个男生跃跃欲试。张老师提议让他们合作，因为这首诗的部分内容情感基调是慷慨激昂的，适合合读，而且 3 个人一起读更有利于学生释放天性，发挥出 1＋1＋1＞3 的效果，他们欣然同意了。张老师又提议，好诗得配好乐，于是大家又找来了背景音乐。

融洽和谐的课堂氛围感染了全班学生，这时有个学生举手说："老师，我认为有一首曲子也很适合这首诗，我以前练琴的时候弹奏过。"这个时候，学生的参与热情已经完全被激发出来了。恰好琴又放置在班级内，于是朗诵组合碰撞电子琴配乐，一堂有互动、有生成、有活力的课就这样诞生了。张亚楠老师及时用平板把学生的朗诵过程拍摄下来，课后上传到平台上，让学生一边回味课堂的美好，一边把诗词内化于心。

**转变教学方式，尊重学生主体地位。**有别于传统课堂的"满堂灌"，张亚楠老师发挥学生的主动性，营造良好的课堂氛围，让学生积极参与到课堂学习中来。在《短歌行》的学习重难点——曹操的忧思情怀的教学设计上，张老师选择了能够体现学生主体地位的合作讨论法。她鼓励每个小组积极讨论，在小组间积分 PK 的过程中，小组讨论空前热烈，学生投入度明显提高。

分组讨论结束后，张老师让每组组长把本组讨论的核心观点拍照上传，全班花一分钟时间浏览各个小组的智慧。这样的设计，既让老师掌握了整体学情，也让同学们增进了互相的了解，有小组以点头致意的方式表达"佩服"，也有小组以仰脖子的方式表示"不屑一顾"。然而，学生们的讨论成果让老师非常惊喜：有同学回答"青青子衿，悠悠我心"一句能够体现出作者忧思贤才难得，依据是课下注释给出的解释，这句诗原本是讲姑娘思念心上人，在这里用来比喻曹操对贤才的渴慕，这是个中规中矩的答案。但另一组的解释是："这句话另有深意，因为《诗经》中'青青子衿，悠悠我心'的后一句是'纵我不往，子宁不嗣音'，翻译过来是即使我不去找你，你怎么就没有音信呢？曹操虽然只引用了前两句，把后两句隐藏起来，但细细品来，仍然能读出来他因为渴求贤才而焦急的心情，这种引而不发的情感更浓。"

张亚楠老师敏锐地捕捉到了这一意外的声音。"这组同学真是饱读诗书，《诗经》是你们喜欢的作品之一吗？"在充分肯定的同时，张老师给这个小组双倍积分奖励，其他同学用热烈的掌声给予回应。

张老师认为，人在本质上最迫切的需要就是渴望被赏识，通过赞赏，不仅能够融洽师生关系，还能够活跃课堂氛围，激发学生的创造热情。与此同时，学生是具有主观能动性的人，他们作为一种活生生的力量，带着自己的知识、经验参与课堂教学，教师只有充分尊重学生的主体地位，注重课堂的生成和学生的创造力，才能使课堂教学呈现出丰富性、多变性和复杂性，才能提升课堂的教学效率。

**实现师生心灵互动，让书本反哺现实生活。**现实生活是教育的出发点和最终归宿，教学应面向学生的生活空间，从课堂走向生活，回归心灵，这也是新课程理念所体现的重要改革趋势。在教学过程中，教师要倾听学生的声音，打通学生的生活世界与书本世界的界限，用一朵云推动另一朵云、一棵树撼动另一棵树，实现师生的心灵互动，使课堂焕发生机和活力。

在课堂的最后，张亚楠老师总结了曹操的忧思情怀和雄心壮志，并引导学生思考：你想成为怎样的人？你有什么样的志向？这时，有一个平时成绩并不出色且经常躲在角落里的男生有些犹豫地举了手，他说："我知道我现在的成绩不好，但是我相信只要坚持不懈，像曹操那样积极进取，一定会有成功的那天！他日若遂凌云志，敢笑黄巢不丈夫！"顿时，班里掌声雷动。还有一位平日里很文静的女生站起来，笃定地说："我想当一个同声传译，因为这份工作收入不菲，可以改变我的家庭现状，可以让我妈妈买衣服的时候不再因为价格而为难。同时，我也觉得这份工作很有成就感，我也想成为别人渴求的贤才。"听到学生的真情吐露，张亚楠老师明白，这是因为氛围融洽的课堂打动了他们，打开了他们关闭多时的心门，敞开了自己，融入了集体。

课后，张亚楠老师做了这样的总结：这节课，既让学生得到了"润物细无声"的思想熏陶，也为他们的全面发展奠定了良好基础。同时，还实现了语文课堂帮助学生树立正确的世界观、人生观、价值观的目标，完成了人文精神的渗透。

★ ★ ★

**溯源·延展**

课堂是教学的主阵地，课堂气氛是否融洽对师生关系和教学效果有着直接影响。教育家夏丏尊先生说得好："教育之没有情感，没有爱，如同池塘里没有水一样；没有水就不能称其为池塘，没有情感，没有爱，也就没有教育。"可见，营造融洽的课堂氛围、打造民主的课堂文化极为重要。只有在课堂中给予学生以理解、爱护、帮助和赏识，尊重每个生命个体的独特性和不可替代性，使每个学生的潜能都得到充分开发和展示，才能达到教育的目的。

乐山市草堂高级中学借助平板的推送、互动功能，营造了幽默风趣的课堂，并借助平台与学生一对一交流，个性化关怀学生。平顶山市实验高中通过趣味导入、设置情境、小组讨论和展示实现了师生心灵互动。试问，这样的课堂，学生怎么可能不喜欢、不投入？

## 第七节 | 动态数据分析 构建生成性课堂

2008年，维克托·迈尔·舍恩伯格及肯尼斯·库克耶提出大数据（Big data）理论。在他们编写的《大数据时代》一书中指出：大数据即不用随机分析法（抽样调查）这样的捷径，而是对所有数据进行分析处理。如今，大数据已经被应用于方方面面，大到国际政治经济数据统计，小到个人淘宝购物的偏好统计，都离不开大数据的支持。教学工作同样也离不开大数据，以数据为基础的精准教学是未来数字化教学的发展方向。

### 1. 精准数据分析，实时调整重难点

山东省烟台第九中学的潘立霞老师于3年前开始使用北京四中网校教学平台，平台数据分析对她的教学工作产生了巨大的影响。

以前，虽然教师课前也会给学生布置预习作业，但是由于很难清楚地了解实际预习情况，所以课堂上教师们往往还是按照既定的重难点进行讲解，而且授课内容面向全体学生，主要照顾大多数学生的水平，无法兼顾优秀生和后进生，优秀生"吃不饱"而后进生"吃不了"。

“利用网校教学平台推送预习作业，学生看微课自学，再通过习题反馈自己的预习情况，学生各部分知识的掌握情况在平台的统计数据中显示得一清二楚，老师可以及时调整第二天授课的重难点，真正做到有的放矢，大大提高了课堂效率。”说起平台大数据带来的精准教学，潘立霞老师很激动。

在潘老师看来，精准教学还体现在课堂检测上。网络教学平台可以轻松实现课堂检测自动批改。选择题，平台能即时反馈学生对错，老师能及时了解学生掌握情况；主观题，通过学生互批，老师可以迅速汇总学生的得分情况，真正实现了当堂发现问题并及时解决问题。

潘老师以鲁教版六年级下册“Don’t eat in class”一课为例，详细介绍了网络教学平台强大的数据统计功能给教学带来的翻天覆地的变化。

关于祈使句，传统课堂总是以祈使句的构成、动词形式和否定句的变化为教学重难点。第一课一般先讲语法知识，然后根据课本内容，通过使用祈使句和含有情态动词 can 或 can’t 的句子谈论在学校能做的和不能做的事情来巩固祈使句。学生一般需要几节课的时间才能准确、熟练地使用祈使句。有了网络教学平台，课前，潘立霞老师向学生推送微课，让他们自学“祈使句”的语法知识并完成三道选择题。

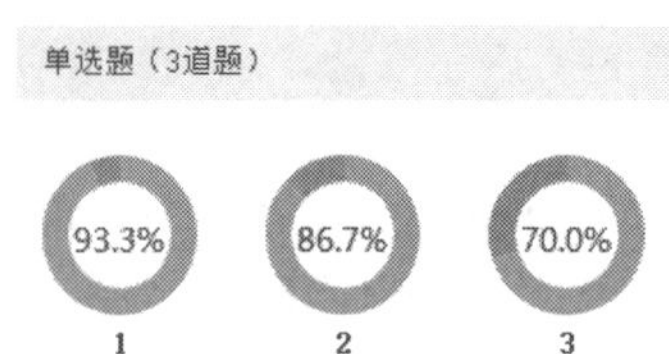


预习作业正确率统计

从数据看，第一题做得最好，第三题最差。由于对学情有了精准的把握，正式上课前，潘老师把这节课的重点从预设的“祈使句的肯定句和否定句”改成了“祈使句的动词形式和在具体语境中的应答语”。潘老师课前做的第二件事是统计出每位学生的得分，导出满分学生名单，并在课堂上进行加分和表扬，此举很好地提高了学生的学习积极性。

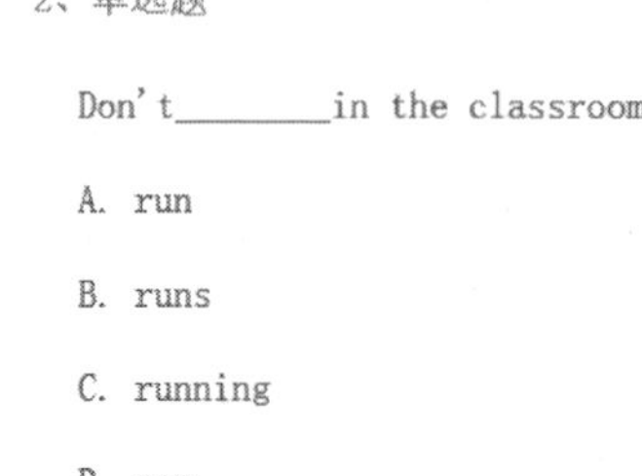
2、单选题

Don’t________in the classroom.

A. run

B. runs

C. running

D. ran

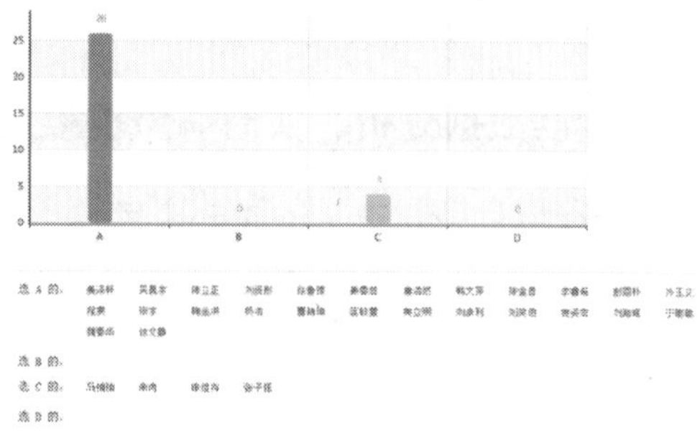

第二题答题情况统计

课中，学习完“Don't...”句型后，潘立霞老师调出预习测试题和预习数据，让当时出错的同学再做一遍，既检查了学生的听讲效果，又提高了课堂教学的针对性。在两人对话练习了祈使句问答后，潘老师让学生把预习时出错最多的第三题又做了一遍，这时正确率明显提高了。

课堂小结之后，潘老师通过 5 道选择题检验学习效果。随着学生点下提交按钮，分数立刻呈现，每位学生都能在第一时间得知自己的正确率。屏幕上实时显示提交数量和正确率，教师能在第一时间掌握全班的答题情况，方便及时点评及总结。数据显示，这节课小测的正确率很高，虽有个别学生出错，但课后重点关注他们的改错即可。

数据分析已经成为许多教师在教学中必不可少的事项，它为教师的日常教学提供了极为丰富的教学资源，为学生实现有效的自主学习和探究提供了条件，为教师对学生的综合评价提供了精准的数据支持，使高效的智慧课堂实践成为可能。

### 2. 实时数据分析，精准确定教学策略

事实上，借力数据分析实施精准教学不仅适用于平时的教学，复习课也同样适用。在山东省牟平第一中学曲有强老师的高考专题复习“语言文字应用”课上，数据分析的作用就发挥得淋漓尽致。

**依托数据，精准定位学情。**课前，曲有强老师先发起在线讨论，让学生从主观感受出发，说出解题瓶颈，利用数据统计，获得初步学情；然后通过一组训练题，客观总结学生存在的问题，获得详细学情。

| 反馈难点 | 占比（%） |
|---|---|
| 17 题总是模棱两可（对近义词语的分析没有思路） | 96.7 |
| 18 题做题没有思路不能确定主语（找不准语境段落话题） | 86.7 |
| 19 题的修改对于修改语句没有把握 | 43.3 |

做题瓶颈数据统计

**依托数据，精准确定教学策略。**根据学情的数据，曲老师设置了课堂教师引领突破、课堂学生合作探究、课后微课个性化学习、课后学生自主解决四种教学策略。其中，正确率占比低于 50%的设定策略为“课堂教师引领突破”，占比为 50%～80%的设定策略为“课堂学生合作探究”，占比为 80%～90%的设定策略为“课后微课个性化学习”，占比为 90%以上的设定策略为“课后学生自主解决”。曲老师说，这样的教学策略设定不是从经验主义出发，而依据数据科学制定。

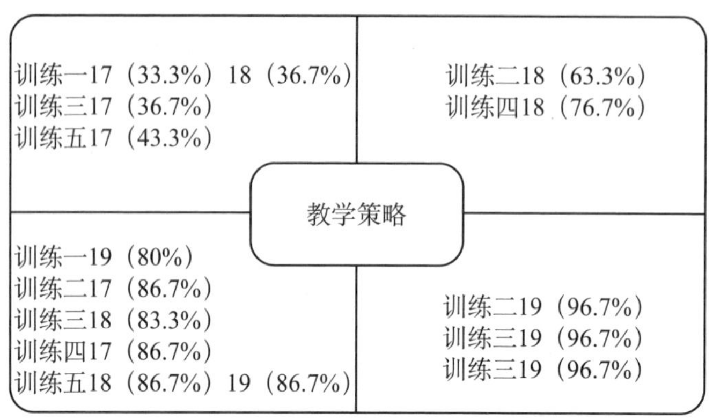


**四种教学策略**

**依托数据，将思维可视化，精准进行教学设计。**依托数据，不仅能为教学活动设计提供依据，指明方向，更能让教学点拨具有针对性，师生互动效果更佳，让学生完全参与到课堂活动中，使其创新精神、实践能力得到充分的培养。

（1）课堂教师引领突破。

问题：训练题一的18题，依据逻辑顺序，先个人再社会，排除了B、C两个选项，很多同学在A、D选项之间权衡，最后选错了，就是因为不能确定主语是“乡愁”还是“散文”。你如何确定？

教学预设：很多同学对于“主语”的选定，仅仅依据语境的前一句或者后一句的主语，遵照陈述对象的一致来确定，有点片面、武断，所以要引导学生从整个语段的话题中心来考虑主语。

教学点拨：你认为选段体裁是什么？

学生课堂数据反馈：“议论性散文”占100%，而“写景抒情散文”没有同学选择。

曲老师说：根据课堂数据反馈的情况，确定学生能够辨识出议论文体，那么接下来可以引导学生思考论述中心，即可适时进行教学点拨2。

教学点拨：按照行文顺序，你梳理的行文思路是什么？

学生课堂数据反馈：“由乡愁到散文”占100%，而“由散文到乡愁”没有同学选择。

根据课堂数据反馈的情况，曲老师确定学生能够梳理行文思路后，才引导学生思考论述方式，即可适时进行教学点拨3。

教学点拨：语段二总共四句话，这四句话的论述中心是什么？

A. 乡愁，是散文的精神土壤。B. 回到生活本身，才有立足大地的散文生活，这也正是生活艺术的本质。

学生课堂数据反馈：13.3%的学生选择 A，86.7%的学生选择 B。

根据课堂数据反馈的情况，个别同学在归纳论述中心时忽视了作者的整个行文，因此曲老师安排“由乡愁出发来写散文”，并进行适时点拨。疏通障碍后，即可适时进行教学点拨 4，并向同学们推送拓展阅读和课后习题。

(2) 课堂学生合作探究。

由于训练二、训练四正确率占比虽然大，但不是占绝对数，所以需要在课堂上进行合作探究。曲老师设定的具体操作过程为：由选错的学生质疑，由选对的学生来回答，注意最后的总结归纳。

根据数据统计，可以清楚地获知训练二的答题情况——11 位同学做错，19 位同学做对。为了让课堂合作探究更有效率，曲老师根据反馈情况把出现问题的学生分为三类：第一类，错得有理有据，属于种子选手，做题经过深思熟虑，即便选错，也表露出有价值的问题。第二类，跟着感觉走，经过思考，但是在遇到做题瓶颈的时候，不理性，容易跟着感觉走。第三类：凭借语感，说不清楚为什么错了。

对于精准教学，曲老师认为，精准确定质疑与答疑的学生非常重要，只有这样，才能碰撞出思维的火花，课堂合作探究才更高效。

**依托数据，辅导个性化。**根据数据分析，当有一些题目的准确率非常高时，讲评就可以放到课后，曲老师让做对的同学录制讲评微课，分享到平台，有需求的同学可以在课后自行点播，也可以由老师发布指定任务，由个别同学完成学习。

“特别需要注意的是，共享的微课要呈现开放的状态，可以由学生进行点赞、评论，这样可以让更多的人参与，形成一个良好的互动。”而对于准确率达到 90%以上的题目，曲老师倡议学生课后自行与同学讨论解决即可。

**依托数据，监控拓展训练，获知达成效果。**每一次的讲评，都需要有跟进的拓展训练，而在大数据下的检测，能够真正使反馈达成效果，不仅能够从班级整个面上看出整体效果，还能从点上看出学生对知识点掌握的偶然性与必然性。

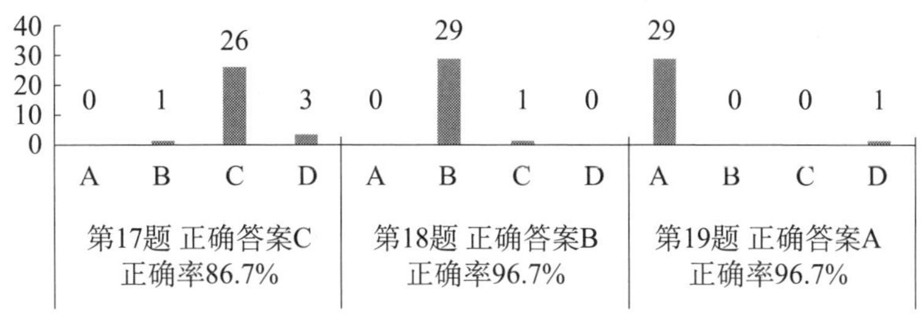


课后检测结果

数据是教育信息化普及和推广的有力载体。事实证明，新形势下推进语文新型课堂模式的建立，充分发挥信息技术增益常规课堂是切实可行的，这样既有利于教，也有利于学。数据助力精准教学，颠覆了传统的经验主义的课堂。

★ ★ ★

**溯源·延展**

扫一扫看视频

精准教学是基于斯金纳的行为主义学习理论而提出的。精准教学中的最大“精准”在于教学评价，衡量教学是否达到目标、学生是否真正掌握知识或技能，就要检测学生学习的行为过程及其反应。教育大数据的出现，让精准教学成为可能。借助大数据与人工智能可以精准地分析学生的学习数据，评价学生是否掌握知识技能，进而依据实时学情确定课堂教学重难点。江苏师范大学智慧教育学院杨现民教授表示：“教育大数据正在成为推动教育系统创新和变革的颠覆性力量。”

山东省烟台第九中学充分利用精准数据分析，适时调整教学的重点和难点，以达成高效的智慧课堂教学。山东省牟平第一中学借助实时数据分析，精准确定教学策略，让因材施教成为可能。

## 第八节 以学生为中心的高效师生互动

初中课程标准指出：“教师在教学过程中应与学生积极互动，共同发展。”这是优化课堂教学、提高教学质量和教学效率的重要方式。在教学中，只有有了高效、丰富的师生互动、生生互动、大屏与平板交互，才能让学习更多地成为学生发现问题、提出问题、解决问题的过程，才能充分发挥学生在课堂中的主体地位，真正把课堂还给学生。作为课堂的主导者，教师要不断调整课堂形态和学生的学习方式，用各种方式调动学生的积极性和主观能动性，通过高效的师生互动达成学习目标。

### 1.“批文入画”让课堂“活”起来

七年级上册第一单元第四课“古代诗歌四首”中的《次北固山下》是郑州市第七十六中学语文老师敬璐露第一次用平板上课的内容。

以往的诗歌教学常常陷入“一言堂”的困境，教师滔滔不绝地讲，学生满堂记笔记，结果就是教师学生都忙碌了一整节课，教师讲得很过瘾，但学生好像什么都没学会。

确定用平板上课后，敬老师开始思考如何让学生参与到这首诗的鉴赏活动中来。根据这首诗歌“画面感强，意蕴丰富”的特点，她设计了“批文入画”环节，即让学生根据诗歌内容自主创作一幅画，并讲出作画的依据。同学们兴趣高涨，积极踊跃地创作、拍照提交。借助平板互相批阅功能，同学们还收到其他同学的作品，互相鉴赏批注，充分体验了当小老师的感觉。

“学生的上课状态和以往相比有了非常大的改变。其实以前的诗歌鉴赏课上，我也尝试过让学生自主创作，但面临的障碍是：一方面不能展示所有学生的作品，另一方面由于教室空间限制，分享效果也不尽如人意，导致同学们兴致不高。用平板上课弥补了这些不足。这样一节高效互动且效果良好的诗歌鉴赏课给了我惊喜和信心。”科技手段不仅提高了师生互动的有效性，还极大地调动了学生的课堂积极性和参与度，让枯燥的诗歌鉴赏课鲜活了起来。

### 2. 作文互评提高学生写作能力

在小作文创作环节，莞城英文实验学校江腾笑老师把具体要求通过平板推送给所有学生，让学生完成后拍照上传。

随后，江老师实时查看学生作品，并挑选出部分典型作文讲评。在此基础上，江老师使用了北京四中网校教学平台的“互批”功能，有了意外的收获。

老师点击“学生互批”按钮后，学生就可以看到系统随机选取的其他同学的小作文了，江老师要求全班共同参与作文批改环节，即根据老师刚刚讲解的评分标准给其他同学的小作文打分，并实时反馈给老师。

“我快速获取了全班同学的整体情况，与此同时，同学们即学即用，做小老师，批改热情空前高涨。更为重要的是，同学们能通过评判他人的作文、发现他人的问题来改正自己的问题。在互相批改中，全班同学的作文能力都可以得到提高。”江老师说，这个意外的发现促使他经常在自己的教学中使用教学平台的该功能。

### 3. 同屏互动让教室里的每个座位都是课堂中心

一般多媒体的使用就是将 PPT 通过屏幕呈现在教室前面，由于距离或角度问题，没办法保证在教室的任何一个角落都可以清晰、直观地看到老师呈现的内容。但是在智慧课堂中，这个问题就不复存在了，学生人手一台平板，老师可以把使用的 PPT 直接投放到学生的平板上。这样的转变对于生物、物理、化学等课程的演示实验尤为重要，因此成为这几科任科老师的最爱。四川省都江堰中学陈慧老师就是其中一员。

在四川省都江堰中学陈慧老师的生物课上，通过课堂互动平台，她直接将自己或学生的演示过程同屏推送到每个学生的平板上，让大家都可以直观、清晰地看到具体的操作过程，使教室里面的每个学生都拥有真正相同的教学资源。“学生们再也不用眯着眼睛使劲看远处的操作过程了，保护了眼睛，老师也减少了重复演示、重复强调的概率，整个班级的学习效率大大提高。”陈老师说。

### 4. 课堂检测实时呈现学生思维

高中生物课堂有非常多的练习，以往的教学形式就是呈现题目让全体学生看，然后大家一起回答或点名回答，这样不能保证每个人都能参与进来，很容易导致一些同学形成思维惰性。北京四中网校教学平台的“发任务—出题”功能很好地解决了这个问题。

上“生命活动的承担者——蛋白质”一课时，在完成蛋白质的功能这一教学板块后，为了了解学生的理解情况，四川省都江堰中学陈慧老师通过平板推送了一道选择题：

下面哪一个不是蛋白质的功能？

A. 构成细胞中的结构

B. 催化化学反应

C. 根细胞吸收矿质离子的载体

D. 细胞中的主要能源物质

题目完成后，陈老师即时看到同学们的完成情况：班上 50 名学生，1 人选 A，0 人选 B，17 人选 C，32 人选 D。错的同学集中在 C 选项上，于是陈老师针对 C 选项进行深入讲解：根细胞吸收矿质离子的载体为蛋白质，这体现的是蛋白质的运输功能。陈老师非常喜欢这种将学生的思维实时呈现出来的方式，因为这样大大提高了课堂效率。

在讲授“方程的根和函数的零点”一课时，当师生完成归纳总结进行能力提升后，山东省牟平第一中学孙君乐老师没有直接推送检测题，而是一改常规思路，立足学生学科素养的基础，别出心裁地让学生出一道函数零点个数的题目，并拍照上传，让全班共享、作答。

“学生能做题不是本事，能出题才代表了他能以庖丁解牛的从容、深思熟虑的钻研对待所学的知识，这才是真正的能力。”孙老师说，第一次出题，学生们的积极性被极大地调动起来，潜力也被有效地激发，争先恐后地分享自己的想法，整个课堂变成了思维纵横的海洋。

### 5.“点名”和“抢答”让学生“动”起来

在诗歌鉴赏活动中，同学们创作了自己的画也随机品评了其他同学的画作，此时发言的欲望可谓前所未有的高涨。于是，郑州市第七十六中学敬璐露老师利用随机点名的功能，让学生发表自己的想法。所有学生都摩拳擦掌、跃跃欲试，期待得到发言的机会。

第一个被点名的韩孟豫同学说：“我的画中有山、水，对应了诗歌第一句‘客路青山外，行舟绿水前’。我画了扬帆的船，因为诗歌第二句是‘潮平两岸阔，风正一帆悬’。诗歌最后一句是‘乡书何处达？归雁洛阳边’，所以应该画出大雁。”学生大多点头表示同意。

敬老师点评道：“你对诗歌的理解很不错，基本的内容都在画面中体现出来了。还有同学画不同的地方了吗？”话音未落，一只只小手就高高地举了起来。于是敬老师采用抢答功能，李恒宇同学抢答成功，他回答道：“我认为画中还应该有太阳和月亮，因为诗歌第三句是‘海日生残夜，江春入旧年’，残夜还未尽，江上就已经升起了太阳。”他回答完之后，学生不由自主地发出了感叹。

在用白板进行绘画创作活动的激发下，学生对诗歌的理解越来越深入，探究越来越主动。同时，自主探究后发言的欲望膨胀，学生们响亮悦耳的声音充满了教室的每一个角落，让整个教室都明亮生动起来。在传统课堂中，敢于并习惯发言的总是某几个学生。但平板的“抢答”和“点名”功能激发了学生的“中奖欲”，老师和学生甚至都不知道下一个发言的究竟是谁。

在传统课堂上，面对老师的提问，有学生会躲避老师的眼神，减小自己的存在感，以免被叫到；有学生异常积极，次次举手，二者形成鲜明对比。如果一个问题有多名同学举手，叫谁回答，老师也比较为难。

四川省都江堰中学陈慧老师认为，信息技术让课堂上遇到的这个问题变得更有趣了。“在没有人主动回答问题时，如果知识点比较基础，就通过‘点名’功能，随机抽取出学生回答问题；在很多人积极回答问题，或者稍微有点难度的问题时，就通过‘抢答’功能，谁抢得快就由谁来回答。”

如“遗传信息的携带者——核酸”一课的课堂总结需要捋清相关概念之间的联系，于是陈老师抛出问题：请用思维导图的方式建立起这些名词之间的关系——核酸、DNA、RNA、脱氧核糖核酸、脱氧核糖核苷酸、核糖核苷酸、核糖核酸。看到问题，同学们发出“啊”的声音，感叹好难。

陈老师说：“我扫视一周，问谁来回答时，大家相继把头低了下去。于是我从兜里掏出棒棒糖，声明答对有奖。只见同学们一下眼神就有光了，赶紧举手，但此时不管抽哪个都会显得不公平。于是，我使用平台的互动‘抢答’功能。”张同学抢答成功，但是他没答对，随后陈同学抢答成功，回答正确且获得了奖励。陈慧老师这个案例充分说明，巧妙使用信息技术手段，可以提高学生的学习兴趣。

小功能大作用，莞城英文实验学校江腾笑老师利用课堂互动平台的“敲一敲”提醒功能解决了自己一直很纠结的一个问题：课上遇到走神的学生，如果停下来提醒就打断了自己的教学思路，不提醒又觉得对学生不负责任。现在，江老师一边继续自己的教学，一边在平台中找到想提醒的学生，轻轻点击“提醒”键，分神的学生就能立刻收到提醒信息，回到课堂。

### 6. 课堂加分和明确要求让发言质量“高”起来

为了让学生的积极性得到及时肯定，郑州市第七十六中学敬璐露老师与任课老师商量后决定，在课件上明确加分要求，以规范学生发言、落实奖励，并根据问题的难易程度加1～3 分。如果难度较大且需要小组合作探究完成，老师会提前设置好代表小组发言的同学和小组其他成员各自的加分额度。课堂加分由各科课代表统计，当天的值日班长直接负责落实，且与班级的日常管理积分制度并行实施，每两周进行统计和表彰。课堂加分规则不仅从个人积分角度进行考核，还从小组积分方面进行排名和奖惩。

有了课堂加分规则，老师及时根据学生的发言情况给予点评和鼓励，不仅可以提高学生回答问题的质量，还极大地增强了学生的信心，激发了他们发言的欲望。比如在“作文二次修改指导与提升”课堂教学时，敬老师在提出思考评价任务的同时，也在 PPT 上明确了回答问题的要求：(1) 举止大方，声音洪亮，吐字清晰；(2) 认真思考，切合实际；(3) 个人加 2 分。明确的要求引发学生对发言质量的关注。

在小组合作中，敬老师也提出明确的要求。比如针对试卷讲评提出：通过小组内成员互帮互助，解决基础的字词问题；4 分钟后在白板上书写检测，小组成员全对，各加 2 分。敬老师发现，在具体要求和积分的刺激下，小组成员的讨论参与情况和认真程度都比以往有了明显的改善。

不得不说，积分奖励一方面强化了学生的积极性，另一方面也促进了小组合作的有效性。积分的落实可以把老师的肯定转为实质的成果，进一步促进学生与老师的互动，使他们从心理上主动积极地转变角色，做课堂的主人。

石嘴山市第二中学杨志老师课堂上充分利用“战队”形式，调动学生积极性。战队之间竞争的主要成果是战队积分。课堂回答问题获得积分，战队讨论出解题方案获得积分，战队队员获奖累积积分，战队队员互相帮助、整体成绩提高累积积分……积分越高表示战力越强。

有了这样的激励，杨老师每次在出示例题、课堂练习及抛出探究问题时，各战队的学生都积极思考、相互交流，跃跃欲试，积极举手回答问题，为战队争取积分。杨老师认为，课堂互动平台的抢答功能和随机点名功能既能让孩子们的课堂积极性高涨，也能更有效地调控课堂节奏，保证战队竞争的公平性。无论是对小组个人的奖励，还是对小组集体的奖励，都能进一步提高学生的竞争意识，点燃参与合作的欲望，把课堂互动的效果推向新层次。

怀化市宏宇中学数学老师刘梅在几何题型和主观计算题教学中，运用平台白板推题、互批功能帮助学生提高数学书写格式的规范性，培养学生的质疑能力、责任心、团队合作精神。她首先设定了答题积分规则：规定时间内前 10 名提交的同学每人加 1 分，卷面干净、字迹工整、格式正确的再加 3 分；规定时间内没有提交的扣个人 2 分，同时加扣小组 1 分。设置这样的规则是为了加强小组互助学习，实现小组互相监督和全员参与答题。

“教师可以在学生作答时间挑选优秀的作业作为范例推送给学生，并同步讲解、评价。每个学生的作业都有成为标准范例的可能，这提高了学生们学习的积极性，同时也实现了对正确书写格式的传递。紧接着按范例和评分标准进行学生互批，在给同学作业评分的同时，可以质疑同学作业的过程和答案，互批的过程充分发挥了学生的主观能动性，培养了他们的质疑精神。”刘梅老师举例说，在几何书写格式中，条件和结论之间没有任何关系，找到一处并批注了正确的表述方式的批改者加 0.5 分；找到错用条件作为另外一个结论的原因，同时在旁边批注正确的格式，再加 0.5 分；在解方程的计算过程中，对于未去分母、漏乘项，指出并给出正确的书写，加 0.5 分；移项没有改变符号，指出再加 0.5 分。

扫一扫看视频

心理学研究表明，任何知识都不是靠灌输而获得的，而是学习者在一定的情景中，借助必要的信息资源主动建构的。智慧课堂给老师提供了很多抓手，以调动学生的积极性和主动探索意识。

扫一扫看视频

★ ★ ★

## 溯源・延展

国家教育咨询委员会委员陶西平教授说：“和谐的课堂文化需要有三声、三话、三交。‘三声’指掌声、笑声、辩论声，‘三话’指自己的话、真实的话、有创建的话，‘三交’指交流、交锋、交融。”被誉为“中国的苏霍姆林斯基式的教师”的李镇西老师说：“今天我们提倡并需要的课堂师生关系是共享关系。”“共享”的过程就是“对话”的过程。“共享式”体现了师生之间和学生之间动态的信息交流，真正实现了师生互动，在对话中师生互相影响、互相补充、互相促进，最终共同进步。信息时代，信息技术带来更加丰富的互动方式，让随时随地的师生、生生互动更加高效。

“批文入画”让课堂“活”起来；“点名”和“抢答”让学生“动”起来；课堂加分和明确要求让学生发言“高”起来；作文互评提高学生写作能力；课堂检测实时呈现学生思维；将教师或学生的演示过程同屏推送到每个学生的平板上，使教室里的每个学生都拥有真正相同的教学资源……为实现高效的师生互动，郑州市第七十六中学、莞城英文实验学校、四川省都江堰中学、石嘴山市第二中学、怀化市宏宇中学、山东省牟平第一中学可谓使出浑身解数，且效果显著。借助信息技术，在智慧课堂中，学生能真正处于主体地位，能在发现问题、提出问题、解决问题的过程中成就更好的自己。

## 顶层设计视角

烟台市教育局

### 信息技术赋予“和谐高效思维对话”型课堂新内涵

山东省是教育大省，作为山东省教育的重要组成部分，烟台市的基础教育教学改革一直走在全省前列。以课堂教学改革为例，随着《山东省规范办学行为40条》的全面落实，提升课堂教学效率成为烟台市教育的共识。自2007年起，烟台市教育局在全市范围开展“和谐高效思维对话”型课堂建设，突出课堂教学的中心地位，以学生为本，改变加班加点、满堂灌、大量练等费时低效的课堂痼疾，取得了明显的教学效益。2014年，烟台市“和谐高效思维对话”型课堂建设成果先后被评为山东省基础教育教学成果一等奖和国家级教学成果二等奖。

近几年育人目标的新定位和核心素养的新挑战，对课堂教学的形式与内容提出了新要求，课堂教学改革再次掀起波澜。烟台市“和谐高效思维对话”型课堂，充分结合北京四中网校提供的优质教学资源、支持在线学习与精准教学的软件平台以及成熟的智慧课堂教学模式，在30余所学校中充分利用信息技术，转变教与学模式，激发学生自主学习的内生动力，关注学生的思维达成度、学习参与度、合作学习有效性、课堂开放性方面，取得了令人瞩目的成果。

课前，学生突破时空限制，在教师任务单的引领下，观看微课视频、做检测试题、查看相关素材、参与讨论，按照自己的节奏有效地自主学习，实现知识的传递；教师通过平台及时获取学生自学情况，二次备课，以学定教。课上，教师不再占用过多时间讲授基础知识，主要通过学生的展示交流、合作探究、检测提升、实验实践等教学活动，实现知识的吸收内化，同时培养学生的品格与能力。

以信息化支撑的课堂改革真正做到了“以学生为中心”、先学后教、以学定教，有效地支撑了烟台市教育局提出的“教学的本质即思维对话”。教师的教更有针对性，学生的学更具个性化，教学反馈和检测更加智能化和数据化，使得“每个学生都得到适合的教育”成为可能。

作为“互联网＋”课堂创新教学工作的具体责任单位，烟台市教育科学研究院采取了一系列扎实有效的措施，每两年评选优质课，推出“互联网＋”优质课，定期组织“互联网＋”联盟校研讨交流，强化课堂教学改革对学科核心素养的关注等。我们相信，插上“互联网＋”翅膀的“和谐高效思维对话”课堂构建，有助于烟台市提升学生独立思考、分析问题、解决问题的能力，助力山东省“教育强省”建设。

# 第三章

## 数据驱动下的课后学习设计

◎ 如何利用信息技术为教师有效减负？

◎ 如何通过线上交流及时答疑解惑？

◎ 如何分层次布置课后作业？

◎ 如何利用 AI 技术提高个性化学习效率？

◎ 如何通过课后拓展学习拓宽学生认知视野？

# 第一节 | 数据支撑下的教学反思

教学反思是对教学意向、教学设计、教学行为及三者关系的调节性思考。传统的教学反思主要以教师的记忆或听课笔纸记录为分析依据，具有一定的主观性和延时性。如今，网络教学平台上的课前及课中数据，为教师的教学反思提供了强有力的数据支撑，避免了传统教学反思主观性的偏差，从而使教学反思更精确、更客观、更全面、更科学。

## 1. 过程数据是教学反思强有力的支撑

山东省烟台第三中学高中语文组王杰杰老师利用北京四中网校教学平台，主讲了一堂“宏大叙事作文之思辨性体现”的作文课。这节课的教学目标是：通过梳理范文结构，掌握宏大叙事作文的思辨方法；通过扩写思辨性部分，学会思辨性表达写作。课前，王杰杰老师给学生推送与写作任务相关的阅读素材 2 篇、阅读检测卷 1 份、阅读写作任务单 1 份，要求学生阅读文章，完成检测卷，填写阅读写作任务单。学生任务单的完成情况可以在教学平台查询，老师根据学情进行二次备课，进一步明确教学重难点。在课中，老师通过启发引导学生分析阅读素材，明确作文写作的方法，提供情境进行微写作，学生当堂拍照上传，比较鉴赏，从而达成教学目标。

课前及课中的教学数据成为课后反思的强有力驱动。王杰杰老师在这堂作文课后，结合数据，进行了基于精准数据的教学反思。

**根据课中反馈数据，精准设计作业内容。**课上，王老师引导学生鉴赏《继往开来浙江人》《大同理念下的中国奇迹》两篇高考范文，并在北京四中网校教学平台以试题形式推送了 3 道考查思辨性思维的选择题。

课后，王老师仔细分析了测验数据，发现第 3 道题正确率明显偏低。这道题考查学生对《大同理念下的中国奇迹》中的辩证思维的认识。有无辩证思维？有的话在第几段？22 位同学选了第 4 段：“反观印度，印度大同理念淡薄，贫富差距巨大，阻碍了国家的发展。”这暴露出了学生在议论文写作中易把思辨思维简单理解成对比论证的手法，在深度上对“思辨”的内涵理解不到位。王老师又精心设计了两道思辨性思维的练习题，根据“选项统计”所呈现出来的具体名单，有针对性地推送给这 22 名学生。

**根据平台数据，布置个性化作业。**王老师课中布置了微写作任务，要求学生当堂完成并拍照上传。课后，平台教师端显示学生提交的情况。查看统计数据，全班 46 名学生，已完成学生数 41 名，未完成学生数 5 名。数据高效及时的呈现，让老师在下课后第一时间可以通知 5 名未完成任务的学生利用自习课时间完成微写作，让待优生感受到老师的时刻关注。而且，布置课后作业时，王老师还给这 5 名学生推送了微课视频，让待优生有再学习一遍的机会。

王老师根据平台显示的学生拍照上传的时间和次序，对前 15 名提交且写作质量高的 9 名学生，推送难度稍高的阅读写作任务，让学优生可以“吃得饱、飞得高”。处于中间水平的 32 名学生，课堂提交的短文写作基本具备辩证思维，但在逻辑关系的表述上还存在不严谨的问题，王老师决定布置一个中等难度的阅读写作任务——填词写句，强化他们语言的严谨性。

### 2. 总结经验与不足，提出新的教学构想

王老师认为，通过分析课前数据和课中数据的关系，可以很好地反思教师教学行为的有效性。这堂课 89.1%的学生达成了学习目标，这有赖于整个教学紧紧围绕新课程标准中第六学习任务群“思辨性阅读与表达”的具体要求进行教学设计，推送的课前任务与课堂教学内容匹配度、契合度较高。

“但值得反思的是，在课前已推送相关文章的前提下，为何课堂上依然出现了选择题 3 错误率较高的情况？为何待优生在如此多学习资源的支撑下仍然完不成学习任务？”对此，王杰杰老师通过数据分析和反思发现，此次课程的课前任务是单向布置，完成过程缺少生生互动和师生互动，存疑问题只能留到课上解决，于是王老师提出了新的教学构想，课前利用平台的讨论区，在教师预设问题的引领下，学生在讨论区自由展开讨论，思维碰撞，解决问题。

针对待优生的学习情况，王老师研究数据发现，5 名待优生完成测试的时长分别是0′45、1′57、1′59、0′34、2′34，所用时间过短，但有两名学生分数排名却是中等，另外还有 1 名甚至全对，那么基本可以推测这 5 名学生并没有认真完成阅读任务，要么随意作答，要么涉嫌抄袭。“对于这种情况，今后需要先做好学生的思想工作，让学生端正学习态度，培养良好的学习习惯。”

教学反思是教师教学能力不断提升的驱动力。信息技术的发展给课堂教学提供的大数据是教师教学反思的强有力的支撑，教师的教学行为也将在数据的“警醒”中愈加科学。

★ ★ ★

**溯源·延展**

《教育信息化 2.0 行动计划》中指出：持续推动信息技术与教育深度融合，促进教育信息化从融合应用向创新发展的高阶演进。美国心理学家波斯纳提出了教师成长的公式：教师成长 = 经验 + 反思。教师的成长离不开反思，智慧课堂将信息技术和智能技术深度融入教育全过程，从课前、课中延伸到课后，课前及课中的教学数据成为课后反思的强有力依据。教师课后可以根据课堂教学数据分析，梳理总结，反思经验与不足，提出新的教学构想，持续提高教学能力。

山东省烟台第三中学教师在实践中深刻体会到，基于信息技术的教学反思促进了教师教学能力的不断提升。信息化技术对教学反思的促进作用包括：课前及课中的教学数据，驱动课后反思；根据课中数据，可以精准地设计作业内容；根据平台数据，可以布置个性化作业。

## 第二节 | 精准在线测评　及时掌握学情

美国著名教育学家布鲁姆提出“掌握学习”理论，核心是反馈矫正。布鲁姆指出：“掌握学习策略的实质是群体教学并辅之以每个学生所需的频繁反馈与个别的矫正性帮助。”

教学过程的每个步骤都必须通过评价来判断其有效性，教学过程中出现的问题需要及时反馈和调整，从而保证每个学生都能得到他所需要的个性化帮助，实现自身良性发展。

### 1. 学情精准反馈，保证答疑解惑时效性

课上教什么、怎么教才能提高课堂效率，是教师应该认真思考、潜心研究的问题。经常听到这样的抱怨：“这种类型题讲了多少遍了，怎么还错？”如果教学偏离了学生的学情，讲多少遍都没有意义。在和北京四中网校合作的两年多时间中，栖霞市第一中学的老师们对基于学情进行有针对性的教学有了深刻的认知，并深刻认识到数据反馈在其中发挥的重要作用：课后大数据的及时反馈让老师迅速地掌握了学情，在有针对性地给予学生个性化帮助的同时，也提高了备课的精

准度，从而提高了教学的有效性。

作为栖霞市第一中学高中生物教师，为了解学生课上学习的效果，李世海老师每节课后都会推送相应内容的在线测评，及时掌握学情：对问题较多的学生，给予有针对性的帮助；对于共性问题，下节课集中处理，以确保每节课的学习效果。“通过这种方式和学生迅速建立起深厚的感情。学生觉得老师关心他、懂他，无论是课上还是课后，有什么问题都愿意同老师交流，特别有成就感。”李老师说。

山东省福山第一中学任丽娜老师感慨，课后，学生在规定时间内提交作业后，平台马上会统计出正确率和错误分布，老师可以在第一时间内为学生解惑。“这时学生的思维还没有断，讲解效果最佳，这种时效性是传统教学手段无可比拟的。”

的确，如果是传统课堂，学生做完作业后等老师批改，老师往往是一天甚至是两天后再进行讲评，试问那时还有几个学生记得自己当时的解题思路？所以，学生经常说任老师就是“及时雨”。学生的问题被及时解决，久而久之，他们经常主动地跑到办公室询问问题，大大提高了学习的积极性。

## 2. 学情精准反馈，提升备课精准度

“之前也会布置课后作业，但批改真的很费时，更不用说统计哪些同学做错、错在哪里、为什么错了，但数据学情反馈做到了！老师不仅能够清楚了解谁错了，明确的选项统计还让老师对于学生错的原因、每个学生对知识的理解和认知情况做到了心中有数，进而有针对性地备课，实现课上精准教学。”栖霞市第一中学李世海老师表示，正因为如此，他最喜欢下面这样的截图反馈。

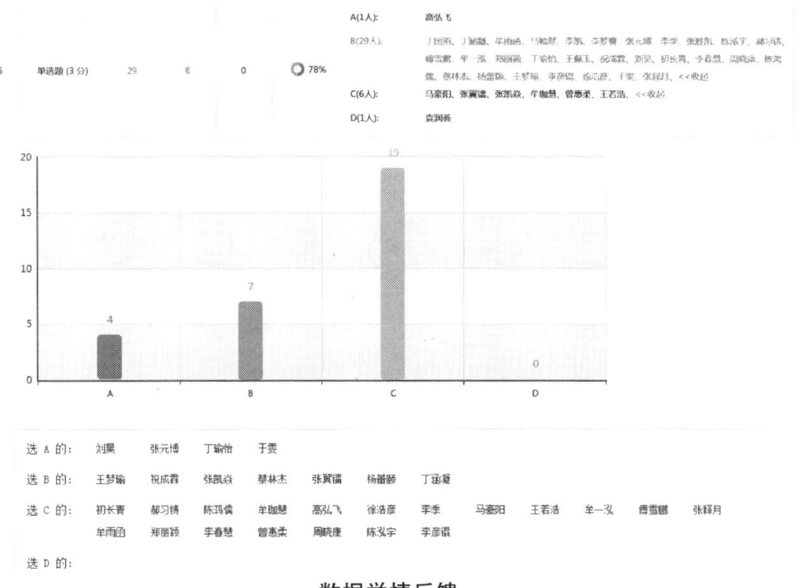

数据学情反馈

选择题：Calvin 等人研究光合作用时进行了以下实验：在某种绿藻培养液中通入$^{14}CO_2$，再给予不同的光照时间后从培养液中提取并分析放射性物质。预测实验结果是（　　）。

A. 光照时间越长，固定产生的三碳化合物越多

B. 在一定时间内光照时间越长，产生的放射性物质的种类越多

C. 无论光照时间长短，放射性物质都会分布在叶绿体的类囊体膜上

D. 只要给予光照，放射性就会出现存 NADPH 中

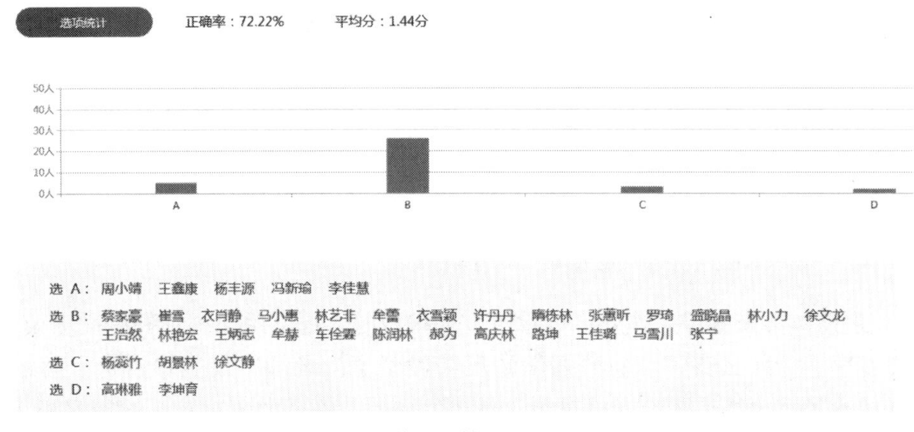


**学生作答结果**

正确答案是 B，最大的干扰项是 5 位同学选择的 A 选项。

错误原因：学生理解有歧义，被题中给出的条件误导了，忽略了影响光合作用的因素除了光，还有 $CO_2$ 浓度等。

选 C 选项的同学错误的原因：没有考虑到类囊体薄膜只能进行光反应，放射性物质是 $CO_2$，只能用于暗反应。

选 D 选项的同学错误的原因：没有掌握放射性物质 $CO_2$ 参与暗反应，在暗反应阶段和五碳化合物结合形成三碳化合物，三碳化合物被 NADPH 还原形成葡萄糖和五碳化合物，该过程中 NADPH 是做还原剂并且供能，所以不会出现在 NADPH 中。

通过数据分析，可以了解学生对光合作用中光反应和暗反应的具体过程和场所掌握还是不够清楚，所以出现错选。对此，老师可以精准备课，设计问题，让每个选错的学生能够认识到自己知识上的问题并彻底理解。

课后作业答题卡的智能批阅深受山东省莱山第一中学英语老师的欢迎，因为英语阅读中的选择题可以通过设置答题卡完成自动批阅。班级的整体作答情况、每道题的正确率、每个选项是谁选错了等一目了然，这为老师备课提供了精准的

教学数据。“借助信息化手段，老师能够快速便捷地获取学生答题信息，并有针对性地找到学生出错的点，准确判断学生出错的原因，进而做好二次备课，甚至预设更高级的问题。”山东省莱山第一中学英语老师傅星梅表示：上课时针对学生的错误，让学生进行自我探究和合作探究纠错，然后做老师提前设置的有针对性的练习。这与传统教学相比，省时省力，针对性更强，效率更高。

### 3. 智能学习，让“能走的走得更快，能跑的跑得更远”

每个学生都是独立的个体，学习接受程度和对知识的认知理解程度是不同的，所以课后巩固复习任务的推送不能一刀切。这时，网络教学平台的智能组卷功能就发挥了重大作用。智能组卷可以根据知识点和难易程度组卷，分别发给相应层次的学生，并设置任务完成时间。每个学生可以在属于自己的层次中汲取营养，收获自信，做最好的自己。老师可以根据完成情况，因材施教，及时给予个性化帮助，让每一位学生都学有所获。

网络教学平台个性化推送复习任务

李世海老师班的李佳慧同学反馈说：之前自习课做作业特别慢，主要是因为课上对知识没有理解透彻，所以做题没有思路，很累，很没自信，觉得自己什么都不会。自从有了分层次推送任务，通过课后的试卷，我能很好地理解当天课上所学，不仅能按时做完提交，还有得满分的情况，特别有动力。完成老师推送的任务后，我还会借其他优秀学生的平板拔拔高，虽然思路很慢，但通过前面任务的铺垫，对知识有了理解，比之前好了很多。

车佺霖同学反馈说：之前老师为照顾大多数学生，课后布置的作业自己很快就能做完，感觉没有难度，因为自己感觉良好，不主动复习，所以在全市统考中遭遇“滑铁卢”。现在老师利用智能组卷分层次推送，自己深刻地感受到题目的魅力，有时候为了一道题，我会把老师今天讲的内容再去梳理一遍，或者和同学交流探讨，或者去问老师，感觉思路越来越开阔了。

“对于有‘加餐’需求的优秀生来说，课后拓展资料的推送起到了非常好的作用。”山东省福山第一中学历史老师任丽娜举例说，“辛亥革命”一课涉及很多历史材料，但课本讲得比较笼统，学生预习过程中因此会遇到很多问题，于是通过平板反馈给老师：孙中山为什么由改良走向革命的道路？孙中山为什么会在革命过程中对帝国主义存在幻想，以致承认清政府和帝国主义签订的不平等合约有效？辛亥革命发生后为什么会出现“诅咒谩骂之声不绝于耳”的现象等。针对这些问题，老师就提前拓展最有针对性的知识模块充实到课堂教学的内容中，不仅提高了课堂效率，还对提升尖子生的学习水平有着极大的好处。此外，课后任丽娜老师还通过平板额外给尖子生推送了辛亥革命时期各帝国主义态度等拓展资料。

教育最根本的理念就是让每个学生都成为最好的自己。随着“大数据时代”的来临，充分利用数据反馈出的学情，老师可以精准备课，因材施教，及时精准帮扶，进而让学生的学和老师的教都有据可查、有案可依，提升教与学的效率，增强教与学的效果。大数据让教育更美好。

★ ★ ★

## 溯源·延展

苏联教育家赞科夫说过：把每一个学生都理解为具有个人特点、自己的志向、自己的智慧和性格结构的人，有助于教师去热爱儿童和尊重儿童。著名教育学家陶行知先生说：培养教育人和种花木一样，首先要认识花木的特点，区别不同情况给以施肥、浇水和培养教育，这叫“因材施教”。课后学习过程需要采用多种方式了解学情，让能走的孩子走得更快，让能跑的孩子跑得更远，让能飞的孩子飞得更高。

栖霞市第一中学课后的在线检测和及时反馈，保证了答疑解惑的时效性，提高了备课的精准度，从而提高了教学的有效性。山东省莱山第一中学的老师们很喜欢课后作业答题卡的自动批阅功能，因为它能快速便捷地获取学情，辅助二次备课。山东省福山第一中学在实践中深刻体会到智能组卷、个性化推送任务可以让每个学生找到自信，成为最好的自己。

## 第三节　信息技术为教师有效减负

随着我国基础教育新课程改革的实施，教师在教育教学过程中的角色正在从知识的传授者向学习的组织者转变。如何有效减轻教师负担，让他们从重复性的工作中解脱出来，从而更好地研究教学、组织学习变得至关重要。在信息技术迅猛发展的当下，信息技术与教育的融合，为“增效减负”提供了无限可能。

### 1. 智能答题卡精准收集学情，为教师减负

北京四中网校教学平台的一个功能深深地吸引了郑州市第二十九中学历史学科李玮老师的注意，那就是答题卡模块和在线测试。

高中历史作业经常会有30道左右的选择题，批改一个班级的选择题至少需要半小时时间，而一名历史老师常常同时教授6个班级，批改一次历史作业中的选择题就要花费3个小时以上的时间。不仅费时费力，即使逐一批改，由于学生的错误五花八门，很难梳理出共性的错误。讲解过程中，由于缺乏统计依据，无法进行有针对性的讲解。

李玮老师利用北京四中网校教学平台的答题卡模块，完美地解决了这一系列问题。“老师无须上传题目，只要在平台上选择答题卡、设置正确选项，学生输入答案，就可以实时查看统计结果，每道题的错误率都有显示。”课堂上，李玮老师针对出错率高的题目重点讲解，也可以利用小组解决个性问题，或者对共性问题进行讨论，避免了老师先入为主的判断。课后老师还能有针对性地指导个别学生复习。

2019年11月，郑州市第二十九中学期中考试。在考前复习课中，李玮老师利用教学平台答题卡模块，收集了2019级04班学生去年期中考试试卷的情况。数据分析显示，2019级04班学生对于西方代议制度掌握得不太理想，尤其是有关德国的君主立宪制度的题目错误率较高，正确率仅有48.2%。具体来说表现为，学生对于“普鲁士的专制主义在帝国的各个领域都有深刻的体现，出现这一局面主要原因”不理解，分不清“由普鲁士完成统一”与“由普鲁士占据主导”的区别。于是，复习时，李玮老师着重分析了德国君主立宪制度的特点，以及造成这种特点的原因，特别强调了德意志帝国政治制度的弊端是由普鲁士通过王朝战争统一德国，并保存了大量封建残余势力。

期末考试，再检测“德国君主立宪制度”相关题目，全班的正确率攀升到了88.9%。通过教学平台答题卡模块，李玮老师精准地找到了学生的薄弱环节，并有针对性地辅导，使得复习效果事半功倍。值得一提的是，如果人工分析一个班的试卷情况需要一下午的时间，借助平台，不仅大大节约了老师的时间，而且更加精准。

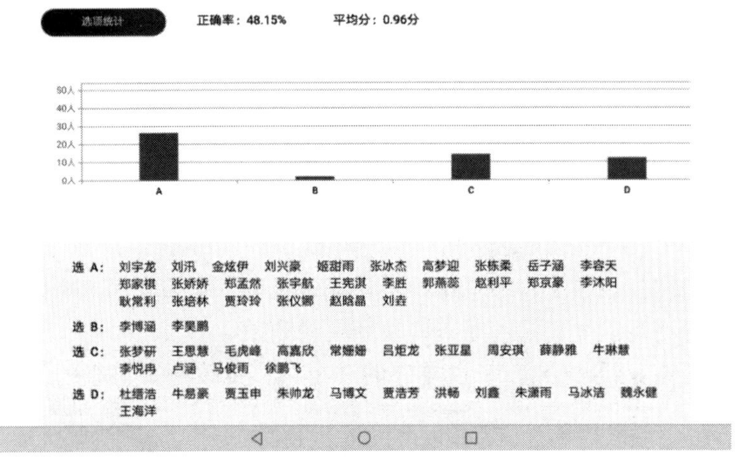


学生初次正确率统计

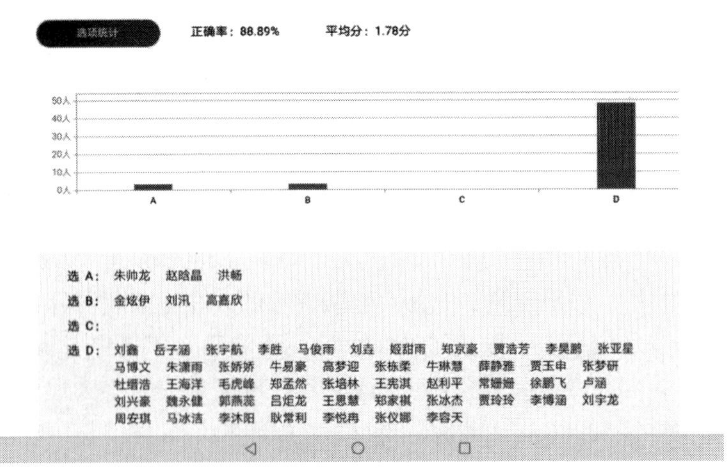


同类题目期末测试正确率统计

## 2. 智能改卷，快速分析学生问题

信息技术的优势不仅表现在考试中，还体现在读书背书中。引入智慧课堂前，郑州市第二十九中学李玮老师在早读辅导时，往往是让学生先读背一些知识点，然后听写其中的时间、事件、影响。引入智慧课堂后，李玮老师先让学生读书背书，接着发布练习题让学生练习，通过统计正确率找到学生读背过程中的漏洞。例如在学习“甲午中日战争和八国联军侵华战争”时，李玮老师利用教学平台上的12道练习题，在早读快结束时对学生进行测试，结果显示学生对于义和团的作答不理想，在区分义和团的“排外性”与“对清政府缺乏认识”上存在混淆。李玮老师又利用课上时间进行讲解，从义和团的“扶清灭洋”角度出发加深了学生对这一知识点的理解。

数学课堂教学效果主要是依据学生完成相应的练习检测进行衡量，在传统课堂教学中，要在短时间内批改大量学生的练习，基本不太现实。但利用信息技术，却能很快实现这一目标。东莞市低涌中学张鹏老师通过北京四中网校教学平台，给学生推送了一组选择题，学生完成后，系统自动统计并展示了全班同学的完成情况，张鹏老师据此就可以进行有针对性的补救教学，极大地减轻了老师的批阅负担。张老师在上“平行四边形的性质”时，利用教学平台发布了一组检测题目，其中有一题是：

在平行四边形ABCD中，下列说法错误的是（　　）。

A. AB=CD　　B. AD//BC

C. OA=OC　　D. AC⊥BD

A　D　O　B　C

很快，平台就统计出了全班48名同学的正确率为94%，有两人出错，一人未完成。于是，张老师根据分析报告，及时为这3位同学进行了答疑解惑。

做主观题时，张老师要求同学们拍照上传，以便迅速查阅同学们的完成情况。之后，张老师挑选典型回答推送给全班同学，分析评价作答过程的优缺点，让同学们更直观地感受“他山之石”，学习别人的优秀之处，或从中吸取别人的经验教训。

四川省都江堰中学陈艳在讲高中英语语法填空题时，归纳了10个考点，并把10个考点用A～J依次罗列出来，制作成单选题测试。学生在教学平台上点击自己有疑问的考点，结果立即就会显示出来。陈老师只需对号入座，挑选同学们选择最多的1～2个考点进行讲解，其余问题由小组合作学习解决。这样既满足了学生的需求，又节省了更多的时间进行拓展延伸，课堂效率得到了很大提升。

### 3. 在线学生互助答疑，减轻教师工作负担

郑州市第二十九中学李玮老师在上第18课“马克思主义的诞生”时，先在平台上发布学习任务，让学生观看微课，归纳马克思主义诞生的背景，并在课本

上做好记录，拍照上传。李老师表示："学生课前的有效预习大大减轻了我的上课负担，我可以把精力放在学生有疑问、有难度的方面。"

徐鹏飞同学提出这样的疑问：马克思主义是否等同于社会主义和共产主义？这个问题很难用一句话来回答。看到徐鹏飞的问题后，李老师立刻搜索网络资源，利用平台给徐鹏飞和几位有同样疑问的同学发布了《社会主义、共产主义的源流梳理》一文，从出处、不同人物、不同时期等多方面解答了社会主义和共产主义的异同，并在课上讲解了马克思主义的基本概念，让同学们更加清晰地理解了何为马克思主义、社会主义和共产主义。

合理运用北京四中网校教学平台，能让学生更加顺利地战胜困难，获得学习的乐趣。课前，四川省都江堰中学陈艳老师通过教学平台给学生发布常规讨论任务，引导学生就教学重点、难点、疑点问题展开讨论；发布开放性话题，收集学生想法，了解学生思维能力。同学们非常喜欢这种自由发表意见的任务，甚至经常会说出一些新奇的观点。基础较差的同学，疑惑能在讨论中得到解决；基础较好的同学，则乐于帮助同学答疑，获得认可。经过分享和讨论，许多简单的问题都能快速得到解决，这为学生课堂学习做了很好的铺垫。

随着对智慧课堂的深入探索，李玮老师发现越来越多的信息技术给教学带来的便利，它减轻了老师的负担，提升了教学效率，并在成绩提高方面效果显著。在 2019 年 11 月份的期中考试中，李玮老师所教授的 2019 级 04 班历史平均分为 66.39，位列年级第一，高于年级两个重点班。04 班李悦冉、张梦研同学更是以 85 分、82 分的好成绩位列年级历史第一和第二。

扫一扫看视频

★ ★ ★

**溯源·延展**

2019 年，国务院颁布《关于减轻中小学教师负担　进一步营造教育教学良好环境的若干意见》，要求把宁静还给学校，把时间还给教师。中国教育学会副会长朱永新说："所谓'减负'，绝不是简单地少布置作业或减少课时，其实质应该是让学生变被动学习为主动学习，减少教育中师生的无效劳动，增加学生发展的目标。"在大数据时代，信息技术的发展使教师的减负增效成为可能。

郑州市第二十九中学、东莞市低涌中学、四川省都江堰中学巧妙利用答题卡、在线测评、在线讨论、学生互相答题等功能，不仅精准地收集了学情，还为教师高效减负。

# 第四节 | 师生线上交流 加强互动协同

及时有效的师生交流互动可以提高教学效率，建立和谐的师生关系。信息技术为及时有效的师生交流保驾护航，而随时随地的线上交流加强了师生的互动协同。

## 1. 利用平台及时了解学情，加强交流互动

成都市大弯中学雷三勇老师作为智慧课班的班主任，既在教学过程中使用平台提高教学效率，又在班级管理中借助信息技术，创新与学生、家长的沟通和指导。“要随时关注学生网络教学平台上的各种反馈，包括学生的作业表现、回复任务的语言和态度等，一旦发现异常，及时沟通。”

面对人数众多的班级，既要及时解决学习问题，又要及时解决行为能力问题，还得对需要帮助的学生及时进行指导，教师会明显感到力不从心。令人可喜的是，利用网络教学平台能适当解决这些问题。

在班级学科教学中，很多作业和任务，雷老师都是在北京四中网校教学平台上发送的。针对不同学生的个性化问题，雷老师先在平台上及时进行有针对性的指导：对于基础较好的学生，雷老师一般会直接在平台输入文字，对错误题目进行简单的点拨指导，然后一对一推送一道类似的题目。如果再次出错，雷老师会要求学生第二天找小组长讲解过关；对于基础较差的学生，雷老师会通过平台一对一推送对应的微课，并要求学生正确完成微课后面的三道检测题。

在学生学习行为和习惯管理方面，雷老师和各科老师商量，要对学生在学习平台上的学习行为及时监督和提醒。比如在一个论坛学习任务里，曾同学提交给老师的不是作业答案，而是周末在家里看的小说。科任老师立即在平台里进行了提醒，并反馈给雷老师。雷老师找到曾同学沟通，在肯定课外阅读的同时，对他不按老师要求完成学习任务的行为提出了批评。随后，雷老师还建议语文老师单独给曾同学发布学习资源——高中拓展阅读书目的电子稿，要求他在正常完成学习任务后阅读，这样，既保护了孩子的阅读兴趣，又能及时纠正学生的错误。

线上交流为老师和学生提供了便利。首先，线上交流打破了时间和空间的限制，是教师和学生、家长和学生、学生与学生良性交流的渠道之一。其次，老师可以通过线上交流平台具有很强的交互性这一特点把文字、图像、声音等同时传给学生，实现对学生的个性化指导。

在海南临高第二思源实验学校王生林老师讲授“用高锰酸钾制取氧气”一课的课后线上交流活动中，不同层面的学生根据教师发布的不同交流主题，在北京四中网校教学平台上围绕自己的主题先复习，自己无法解决的问题在小组内生生交流，生生交流还不能解决的问题，通过微信交流群向老师求助，老师通过语音或视频进行线上个性化指导。

王生林老师发现，本节课生生之间的线上交流次数达 36 次。林子欣同学提出气体收集方法如何选择，同学们从气体的密度、溶解性的角度进行了解答；甘玉康同学提出加热前为什么要先预热试管，同学们从防止试管炸裂的角度进行了解答；陈海道同学提出实验结束时先停止加热还是先从水槽中取出导管，同学们从温度与气体压强的关系的角度进行了解答。针对以上问题，共有 8 位同学参与了线上交流，大家相互帮助，问题很快就解决了。

张清源同学通过教学平台提出如何选择制取氧气的发生装置，依据是什么。王老师说：“在以往的教学中，这样的问题都要在班级上课时集中解决，张清源同学即便有问题也很少举手发言，在平台上，张清源同学没有空间和时间的束缚，把自己的想法大胆地表达了出来。”围绕他的问题，有 4 位同学参与了交流，就药品的状态和反应是否加热进行讨论，圆满地解决了问题。

以气体发生装置气密性检验为主题的小组向老师发起了求助，王老师参与到他们的小组交流中，从微观角度入手，通过微课展示气体受热时构成气体的微粒运动速度加快、微粒之间的距离增大，致使装置内压强增大的动画演示，让学生直观地体会了从微观变化引起的宏观变化。期间王老师还利用语音进行了 4 次解说，使参与这一主题交流的同学掌握了气体发生装置气密性检查的具体原理，有效地突破了这一学习难点。

### 2. 通过平台数据分析，设计更高效的家校协同

雷三勇老师要求家长下载和使用北京四中网校的家长 App，协助老师及时提醒和督促学生学习。在平台数据的支撑下，老师和家长可以直观地看到学生每个阶段的学习行为数据和学习结果的数据分析，家长还能就学生的具体数据分析提出学生的问题，和老师一起探讨有效的解决办法。

高一上学期，很多学生不能很快适应高中生的学习方法和习惯，在个性学习和自主学习能力方面还有很大的进步空间。开学后一段时间的学习数据分析表明学生大范围出现了类似问题。雷老师决定由北京四中网校驻校教研员邹老师进行家校的统一沟通：一方面在群里公布平台统计的学生学习行为数据，另一方面要求家长查阅。在家长反馈个性问题和需求后，针对问题比较严重的学生，雷老师组织家长在周末进行了专门的强化训练，以帮助学生更好地适应高中学习生活。

在大家的共同努力下，学生的自主学习能力明显提升。由此可见，用好网络教学平台的数据分析，通过平台对学生及时指导，通过多样化的家长沟通方式，家校之间的合作更加密切，能使师生间、家长与学生间的互动更为高效。

★ ★ ★

**溯源·延展**

韩愈说："古之学者必有师。师者，所以传道授业解惑也。人非生而知之者，孰能无惑？惑而不从师，其为惑也，终不解矣。生乎吾前，其闻道也固先乎吾，吾从而师之；生乎吾后，其闻道也亦先乎吾，吾从而师之。吾师道也，夫庸知其年之先后生于吾乎？是故无贵无贱，无长无少，道之所存，师之所存也。"打破时空限制的网络交流，自定节奏、平等宽松的学习氛围，能使师生间的交流更加高效。

成都市大弯中学既在教学中使用平台，提高教学效率，又在班级管理中借助信息技术，创新与家长的沟通和对学生的指导。海南临高第二思源实验学校通过教学平台开展生生、师生互相交流，使高效的答疑解惑成为可能。

## 第五节　分层次布置课后作业　满足多样化学习需求

著名教育家朱熹曾说过："圣贤施教，各因其材，小以小成，大以大成，无弃人也。"教学是一个双向的过程，在此过程中，每个学生都应该获得必需的知识，不同个体在教与学的过程中得到不同的发展。在传统的教学活动中，受限于有限的教学资源，教师难以做到分层次、个性化教学，更谈不上尊重每个孩子的独特性，兼顾个体差异，"因材施教"只能成为一句空话。而信息技术让分层教学、因材施教成为可能。

### 1. 基于数据分析布置分层作业，真正实现因材施教

从一开始的怀疑观望，到后来的摸索尝试，山东省烟台第八中学孙同玉老师在北京四中网校老师们的热情指导和全力帮助下，对网络教学平台各项功能的使用已经得心应手，还慢慢总结出了一套自己的教学方式。尤其是对于分层次课后

作业，孙老师感慨颇深："课后依据学生的分析数据，在平台组建新的小组，分层次布置针对性的课后作业，能够充分满足不同学生的个性化需求，让老师的精细化管理成为现实。分层次辅导，个性化反馈和点评，良好有效的师生互动，可以说为每一堂课画上了圆满的句号。"

在孙老师看来，无论是学生课前预习时通过平台提交的预习测试的分数，还是课中学生的抢答结果，这些数据的收集，都可以作为分层次作业布置时老师对学生进行分组的一个重要依据。

为了既照顾学生的个体差异性，又尽可能兼顾教育公平，一般情况下，孙同玉老师在分层次作业划分小组时，不会超过三个组。也就是说，孙老师只对学生进行最多三个层次的区分。这样做的目的，一方面是尽量不人为扩大学生之间的差距；另一方面是考虑到实际教学过程中老师的精力有限，要保证对课后作业及时有效的反馈和点评，就要适当控制划分的层次数量。

以"济南的冬天"一课为例，通过平台的数据收集和分析，并参考课中自己的主观感受，孙同玉老师把全班同学划分成 3 个不同的小组。

第一个小组是积分的前 30%，老师推送的课后作业任务是：(1) 自主梳理本堂课所学习的景物描写的方法，并以思维导图的方式呈现出来，拍照上传平台。(2) 参考本节课所学习的写景抒情方式，完成小作文《八中的秋天》(300 字)，在组内以随机模式进行互批及点评，然后二次修改并重新提交。

第二个小组是积分的中间 50%，老师推送的课后作业任务是：(1) 观看资源库中的微课视频"写景散文中的写作技巧运用"，进行课下二次巩固学习，并记录学习笔记，拍照上传。(2) 运用一种写景的写作技巧，进行作文片段练习，完成《八中的秋天》(200) 字，拍照上传。

第三个小组是积分的后 20%，老师推送的课后作业任务是：(1) 观看资源库中的微课视频"写景散文中的写作技巧运用"，进行课下二次巩固学习，并记录学习笔记，拍照上传。(2) 参考本堂课的学习笔记和平台推送的微课视频，总结《济南的冬天》一文中运用了哪些写作技巧，至少罗列 4 点。

"虽然 3 个组的课后作业任务数量没有区别，都是 2 个，但我对作业的难度和题量进行了区分。"孙老师解释说：一组和二组对应的是班级的学优生和中等生，尤其是学优生，具备一定的自主学习能力，因此要求他们对课堂内容进行自主概括和重新生成，并训练思维导图的绘制，培养条理性和逻辑思维。虽然前两个组都有"学以致用"环节——小作文创作，但还是有细微的区别，首先是字数不同，其次要求一组进行组内随机互批和修改，以便观察他们是否真正掌握了本堂课所学习的写作技巧的精髓，而二组省略了互批环节，之所以这样设置，是因为中等小组学生上课当天能够灵活准确地运用所学技巧就已经达成了他们这堂课的学习目标。

第三个小组是班级的待优生，应用技巧完成写作对他们来说是有难度的，而这样的难度以及在此过程中可能暴露出来的与前面小组的差异性，可能会极大地打击他们的自信心和学习热情，因此课后作业布置本着“立足课本，回归原文”的原则，以把握课本知识为最主要的学习目标。

对于孙同玉老师这种每堂课后都重新划分小组分层次布置作业的行为，同学们戏称为“铁打的班级，流水的小组”。也常常会有同学骄傲地跟孙同玉老师讲：“老师，我这一次从第三小组进到第二小组了哦!”可见，分层次的课后作业布置方式，无形中也激起同学们的好胜之心，他们从预习阶段就开始发力，课堂上积极踊跃地参与，时刻关注自己在小组中的动态变化。还有的同学在完成了本小组的课后作业任务后，主动找老师要求增加任务，学习劲头高涨。

在教学活动中，老师要更多地发挥引导者的角色，真正突出学生的主体地位。这样能引发他们学习的积极性和主动性，并且帮助他们产生实际有效的学习成果，这也是教师的职责和使命所在，是“互联网＋”课堂的魅力所在。

## 2　基于数据分析布置作业，让不同层次的学生都达到自己的最佳写作水平

“描写，给人物以生命”是七年级下册的一堂作文课。课前，大连博伦中学王芬老师布置了两个学习任务：一是观看微课，学习人物细节描写的方法及作用；二是认真完成学案上的 2 个习题，总结人物细节描写的方法，并将答案拍照上传至平台讨论区。

“之所以布置这样的课前学习任务，是希望学生通过课前自主学习完成本节课的低阶目标——总结细节描写的方法，能运用至少两种方法进行作文修改。”王芬老师说，通过平台反馈的任务，她发现部分同学对细节描写方法的总结不够到位。因此，王老师在课堂教学中着重突出两大环节——总结方法和练笔。

课上公布课前平台任务完成情况后，王老师以小组合作的形式组织同学们共同研究人物细节描写的方法。最终，同学们总结出四大关键点，即抓住特点、准确用词、分解动作和神态、景物烘托。之后王老师组织学生观看《宝莲灯》片段，并要求学生运用所学方法描写沉香见到阔别多年的母亲时的状态，再进行小组合作评价欣赏。

“通过以上环节的教学，本节课的高阶目标基本完成了。但课堂上同学们表现出的学习层次差异很大，有的同学接受得非常好，能够灵活运用所学方法进行写作，甚至达到了得心应手的程度，但有一部分同学呈现的作品，方法运用比较单一、死板。”基于这样的实际情况，在接下来的布置作业环节，王芬老师把全

班同学分成 A、B 两个层次，分层推送作业。她要求 A 层同学运用所学方法观察生活中见到的某一场景，对人物进行细节描写，并上传至讨论区；要求 B 层同学修改课堂完成的片段作文，将作品上传至讨论区，并围绕所学方法至少评价一位同学的作品。

平台上，A 层同学围绕作业互相评论，有的描写讲台上的老师，有的描写研究难题的同学，有的描写风中等待自己的母亲，有的描写路边守摊的摊主……学生们由校园生活延伸到家庭生活，甚至是社会生活，思维开放，写作热情也空前高涨，并在无意中学会了用心感悟生活。B 层同学认真修改自己的作品，争取达到自己的最佳水平。在平台上，王芬老师既关注 A 层同学的作品，更注意鼓励 B 层同学的修改，让不同层次的学生都能有美好的写作体验。

### 3. 基于数据分析分层布置作业，实践差异化英语教学

“He was invited to competitions around the world”是外研社九年级上册的一节阅读课。大连博伦中学高慧儒老师在讲授这节课前，布置了两项学习任务：其一，观看微课预习课文。其二，通过预习了解体育明星刘翔，认真完成学案上一般过去时、被动语态的练习；阅读文本，回答关于刘翔的问题。高慧儒老师希望学生通过任务的引领，完成智慧课堂的课前预习和测试题，掌握本课的单词、短语、句型及一般过去式的被动语态，并了解文本，知道体育明星刘翔的成长经历。

通过平台反馈的结果来看，学生对一般过去时、被动语态的掌握不理想，主动语态与被动语态混乱，对时态的判断也出现了错误。为此，高慧儒老师在课堂上先让学生围绕测试题进行小组讨论，讲解原因，答疑解惑，然后对学生有疑问的知识点进行再次测试，了解学生的掌握程度。最后通过文章的阅读获取关于刘翔的重要信息，回答问题，并进行知识的建构，形成思维导图，再小组合作对文本进行复述。

“由输入到输出，这样的教学设计在培养学生阅读能力的同时，训练了学生的语言表达能力。但还是有一部分同学在语言的输出和知识的运用方面有所欠缺。”高慧儒老师说，在分层布置作业环节，她要求这部分同学完善思维导图，拍照上传，并借助思维导图完整讲述刘翔的经历。“这样做的目的是巩固基础知识，让 B 层同学继续练习本课的重点单词、句型，以及通过完成语法练习能够掌握并正确运用语法，这有助于增强学生学好英语的信心。”

在山东省烟台第八中学和大连博伦中学，老师们越来越深刻地体会到分层布置作业的优势：分层布置作业符合学生的个性差异和整体发展，使不同层次的学生都能得到相应的发展和提升。分层布置作业后，学生的学习热情比以前高涨了

很多。有畏难情绪的学生，在完成分层布置的作业中重新找回了自信，慢慢从 B 层升到 A 层。

真正的教育是做因材施教的教育，做切实有效的教育。而网络教学平台的分层布置作业能助力真正的因材施教。

★ ★ ★

### 溯源·延展

孔子“因材施教”的教育思想备受全球教育工作者推崇，但受客观条件限制，一直未能在实践中得到应用。在填鸭式的传统教学中，学生很难得到有针对性的学习辅导。美国心理学家布卢姆认为：“世界上任何一个人能够学会的东西，几乎所有人都能学会，只要为他们提供适当的前期和当时的学习条件。”因此，确保教学活动与各层次的学生相适应至关重要。

山东省烟台第八中学课后依据学生的数据分析，在平台上组建新的小组，分层次地布置有针对性的课后作业，充分满足了不同学生的个性化需求。大连博伦中学语文与英语教学实践了分层布置作业，让不同层次的学生都达到了自己的最佳状态，取得了很好的教学效果。

## 第六节 | 良好的习惯　让学习事半功倍

良好的习惯对于一个人的学习成长有着重要的作用，尤其是中小学生，养成良好的学习习惯不仅可以让学习事半功倍，还将终身受益。叶圣陶老先生曾说过：“教育是什么，往简单方面说，只需一句话，就是养成良好的习惯。”

日常学习中，哪些习惯可以让学生的学习更加有效呢？特别是在信息技术大力发展的时代，教师可以在哪些方面更好地引导学生养成良好的行为习惯呢？在教学过程中，教师需要开拓新的教学形式，为学生提供科学有效的指引。

### 1. 运用思维导图梳理学科知识点，简单明了

英语学科相对分散的知识点、容易混淆的单词及词组，都需要学生花大量的时间背诵，而采用死记硬背这种枯燥的学习方式，只会导致学生慢慢地失去学习的兴趣。山东省烟台第十三中学的徐晓丽老师在英语教学过程中借助思维导图，

将知识点整合，使其变得系统、科学，有助于学生理解记忆。

“墨守成规的教学模式已经无法契合现今高标准的教育需要，思维导图起着其他教学方法不可替代的作用。”徐晓丽老师以最简单的动词为例说明了思维导图的效果。

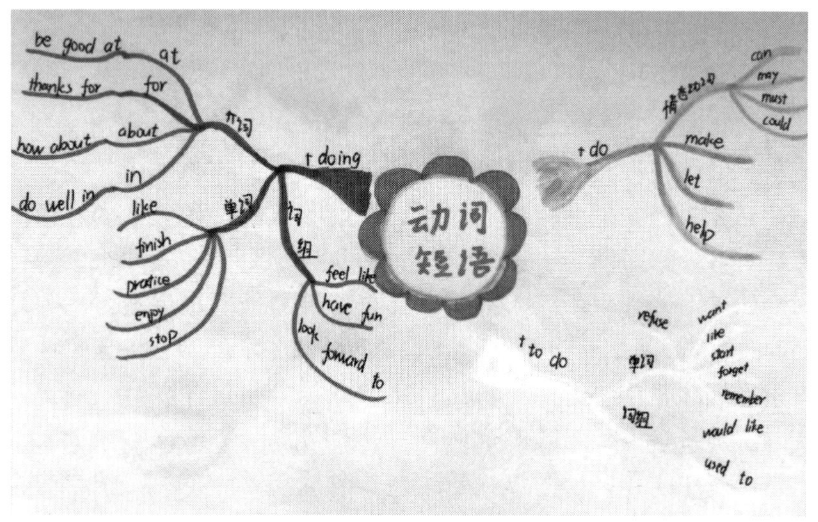


思维导图动词搭配

学生刚接触语法，非常容易混淆动词不定式 to do 及 doing 的用法。用思维导图把动词搭配分成三个主干，简单明了。徐老师说：“通过制作思维导图，动词的固定搭配和分类记忆清晰可见，以后接触到更多的动词，在原有的知识网络图上继续添加即可，大大地提高了学习效率。学生们把各自的思维导图拍照上传到教学平台，在互相寻找闪光点与小瑕疵的过程中，进一步强化了记忆。”

## 2. 运用思维导图分类汇总，提高记忆效果

学生对记忆性内容的掌握，持久性差，遗忘率高。在思维导图的帮助下，学生可以将知识点进行分类及拓展，找出其内在联系和规律，从而轻松掌握。在徐老师看来，思维导图可以帮助学生更好地梳理知识架构和锻炼思维，将新知识整合到已有的知识体系中。这不仅可以节省时间，提高学习效率，还促进了学生学习的能动性，增强了学习兴趣。

在新授词汇时，徐老师通过借助图文并茂的思维导图来吸引学生的注意力。例如：在学习六年级下学期第一单元“When is your birthday”和第二单元“My favorite subject is science”时，她将表示时间的单词分类汇总。徐老师说，将之前学习的词汇和当下学习的词汇联系起来，适当扩充，发现它们之间的关联，从

而让学生在学习过程中主动建构新的知识体系。

### 3. 运用思维导图进行专题教学，打开学生思维

口语和作文教学一直是英语教学的难点，具体表现为：很多学生羞于开口，平日不练习，说不出来；写作时普遍存在审题不仔细的问题；词汇量小及体裁知识匮乏，写作无话可说；句式单一、语料积累不足，作品缺乏个性等。徐老师表示，把思维导图引入英语课堂教学中，可以激发学生开口的欲望，也能培养他们良好的思维，使学生“会说”。借助思维导图审题、构思段落框架、套用连接词等，思维可以变得更加开阔。

课前，徐老师会围绕学生关心和熟悉的话题，如“friend/animals/holiday/sports/school day”等，利用思维导图引导学生进行“free talk”，师生共同创设情景，开展活动。

运用思维导图开展口语课

背诵课文之前，徐老师引导学生以文章的中心为线索，对课文进行理解和分析，确定课文的类型和结构，抓住关键词及关键句；借助思维导图，寻找文中的关键知识点及其内在联系，围绕主题，展开联想，进行发散性思考。在完成这一训练的过程中，若能背诵课文会更加快捷有效。

“口语和写作原来还可以这样练习！”徐老师班上的同学见证了思维导图之于英语口语和作文写作的效果后一致感慨。

### 4. 运用思维导图复习，省时高效

莞城英文实验学校戚思琴老师通过深入研究和实践，探索出小学六年级数学复习课的“三环节”教学模式。即课前准备生成思维导图，课中互动完善思维导

图，课后延伸再创思维导图。

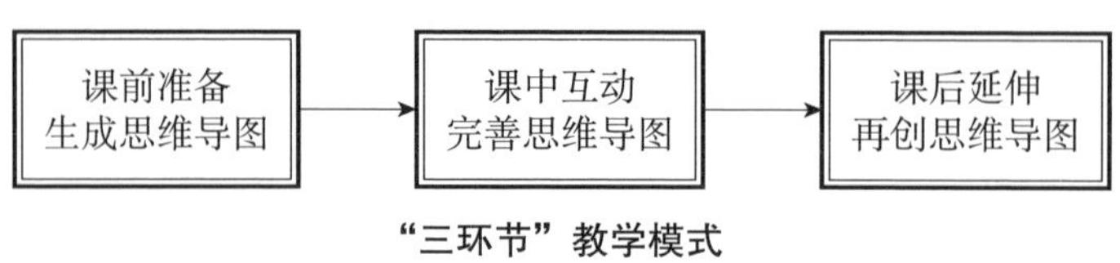


**“三环节”教学模式**

“利用思维导图复习，既快捷，又容易抓住重点。”据戚老师介绍，每学完一个单元，在单元复习课前，她会指导学生绘制本单元的思维导图。课上，小组内讨论并补充知识点。随后通过师生共同评图后，学生进一步补充、优化思维导图，从而使学生的知识体系更加完善。老师把思维导图层层展开，写在黑板上，这样，一张内容紧凑、图像丰富的单元知识思维导图在师生的共同努力下就生成了。

在实践中，戚老师发现，在思维导图的引导下，学生通过发散思维、相互交流、相互启发，很好地完成了内容的梳理。课下，学生可以再次利用思维导图整理个性化重点内容。课上通过对学生再次提问，老师可以了解学生对知识的掌握程度。期中及期末考试前的复习，学生借助绘制的单元思维导图梳理知识，既省时又高效。另外，这种复习模式极大地增强了学生的参与度，使学生的自主学习能力得到了有效的培养，也提高了学生的学习效率。

徐老师也把思维导图应用在复习课程中：在单词复习教学中，她利用思维导图引导学生发散思维，建立联想，对所学单词进行归类总结，形成层次化的知识网络，提高学生记忆速度，巩固复习成果。例如，在复习食物、水果等单词时，她让学生根据“food”这一词汇，通过发散联想，梳理出更多与食物相关的词汇。这种利用概念联系记忆法，把属于同一类的单词放在一起来识记，学生既感到轻松，又感知了事物之间的联系。

徐老师还尝试按照词汇本身的特点，一词多义、一义多词、近义词、反义词或词汇搭配等，对词汇进行分类整理，在各个词汇之间建立起一个“互联网络”，以巩固学生的记忆。如“Act”这个单词，可以演化成名词“actor”“actress”“action”，演化成形容词“active”，以及自身的第三人称单数、过去式等。学生们很享受这样的学习方式，感叹道：“直观的一张图，很形象地看到了整个‘单词家族’的全貌。”

### 5. 运用错题本，查漏补缺，精准高效

北京四中原校长刘长铭说：“错题是个宝。”复习时，错题重做是重要的学习方法。北京四中网校教学平台会把学生的所有错题集中保存在平台的错题本中。

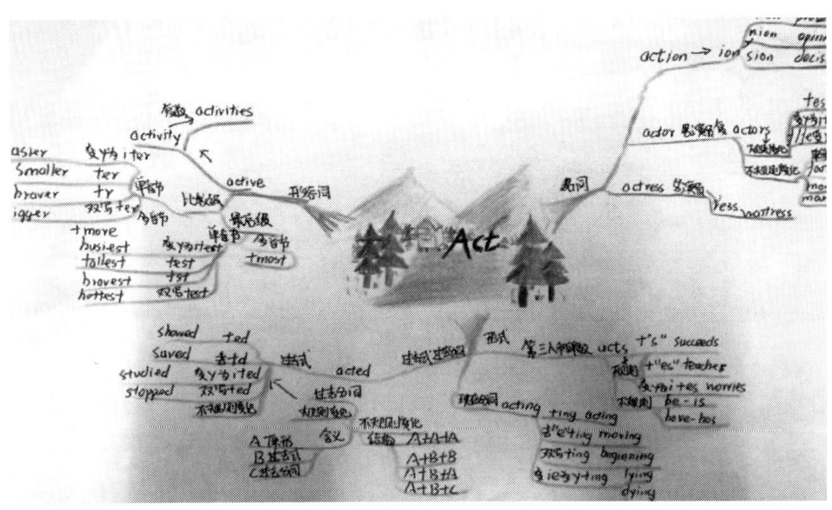


思维导图“Act”单词家族全貌

广州市荔湾区立贤学校罗慧老师给班上每名学生建了一个文件夹，之前她每周都会要求学生把本周的错题拍照私信给老师，然后将错题分别存到对应的文件夹里。随后，罗老师会阶段性地将学生的个性错题打印出来发给学生重做，并要求学生的正确率达到100%。长期坚持下来，效果非常不错。使用北京四中网校教学平台后，罗老师惊喜地发现，所有学生在平台上答错的题都分门别类地保存在学生的错题本中，不用拍照、传图、整理、打印，罗老师明确提出“处理某个知识点的错题本”，学生就可以自行在平台的错题本中消灭某个知识死角。

错题本中消灭知识死角

长此以往，学生养成了完成每次任务作业后主动看错题解析、主动消除错题的习惯。“学生做任务时更认真了，正确率也越来越高。”罗慧老师说。她还要求学生把自己的练习册和试卷上的错题记录到错题本上。

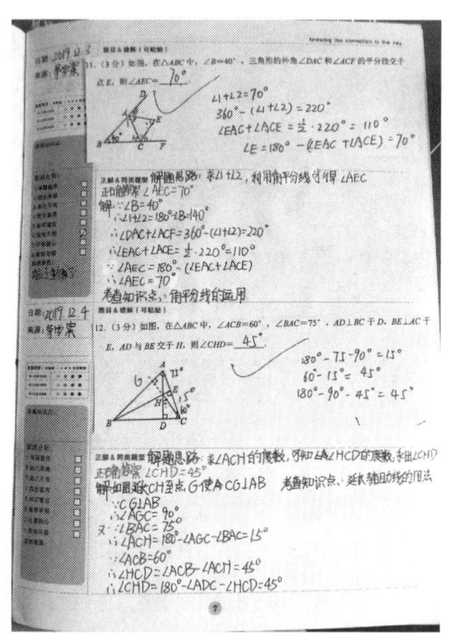


罗慧老师班上学生的数学错题本

★　★　★

## 溯源・延展

中宣部原常务副部长徐惟诚认为：在人的全面成长过程中，良好行为习惯的养成必须渗透到各种教育中去，否则就不可能很好地完成教孩子怎样做人的任务，所以，养成教育是每一位教师和家长都应掌握的教育艺术。教育专家孙云晓指出：习惯是人生之基，而基础水平决定人的发展水平。大量事实证明，习惯决定一个人的成败，而最根本的教育就是养成教育。因此，要通过有计划、有步骤的培养、训练，帮助学生养成良好的学习习惯，促进学生学会学习，为终身发展奠定基础。

山东省烟台第十三中学在英语教学过程中借助思维导图，梳理学科知识点、将单词分类汇总并进行专题教学，帮助学生理解记忆。莞城英文实验学校探索出小学六年级数学复习课“课前准备生成思维导图，课中互动完善思维导图，课后延伸再创思维导图”的“三环节”教学模式。广州市荔湾区立贤学校充分利用平台的错题本功能，消灭知识死角。

## 第七节 | AI 技术提高个性化学习效率

教育正处于一个巨大变革的时代，变革的核心问题是如何从适应工业化时代大规模、标准化教育转向根据个人需求和学习偏好定制的个性化教育，即“为每个学生提供合适的教育”的转变。随着信息技术尤其是人工智能的飞速发展，在教学过程中充分应用大数据满足学生个性化学习需求的时代已经到来。

### 1. 根据学生实际情况制订个性化自主学习计划

2017 年 9 月，石嘴山市第一中学借助北京四中网校教学平台，在高一年级成立了数字班，开始智慧课堂的教学实践。2019 年 1 月，为进一步强化假期学生时间管理、提升学生自主学习能力，在北京四中网校的支持下，学校开展了以“个性自主，互助共进”为主题的寒假研学活动。其中，线上个性化自主学习深受学生欢迎。

个性化学习基于大数据引擎和体现学科内知识点之间结构关系的知识图谱，并根据学生在平台中的学习数据，经过 AI 智能大数据分析，智能地为学生推送个性化学习路径与学习内容。石嘴山市第一中学重点针对高中学习过程中难度较高、梯度较大的数学、物理、化学三门学科，通过对学生日常训练的大数据进行分析，帮助学生逐一梳理和巩固所学知识点，实现精准施教。

学习计划书的制订分为教师指定或学生自定两种。“教师指定”由教师根据知识点难易程度和学生实际情况，将知识点细化、均衡安排到指定时间，帮助学生制订假期线上自主研学计划。这种方式便于班级统一管理、集体作业，适用于个性化自主学习的起始阶段。“学生自定”则具有更大的自由度，有利于学生根据自身学情自主学习，对学生的要求更高。

为便于统一管理，结合学生实际情况，在假期研学活动中，石嘴山市第一中学胡占晨老师采取了“教师指定”的方式进行教学。在老师指定的学习计划框架内，学生可进行适当的调整，以便协调其他科目内容的学习计划安排。

### 2. 以 AI 大数据分析为基础落实计划

学习计划制订好后，胡占晨老师根据计划内容，随时关注平台数据，在规定的时间节点内，及时引导、督促、激励学生按照计划完成个性化自主学习任务。在完成课前推送的自主学习和第一个课时的讲授之后，胡老师引导学生进行自适

**2019 2月**

| 星期一 | 星期二 | 星期三 | 星期四 | 星期五 | 星期六 | 星期日 |
|---|---|---|---|---|---|---|
| 28 | 29 | 30 | 31 | 01<br>二元酸与碱反应的离子浓度大小比较 | 02<br>水的电离和水的离子积、影响水电离的因素 | 03<br>溶液的PH与溶液的酸碱性、关于PH的简单计算 |
| 04<br>休息 | 05<br>休息 | 06<br>休息 | 07<br>休息 | 08<br>休息 | 09<br>休息 | 10<br>休息 |
| 11<br>酸碱中和滴定的原理与指示剂的选择、中和滴定的一起使用和操作步骤 | 12<br>中和滴定的误差分析 | 13<br>强弱电解质与非电解质的比较、电离平衡及其特征 | 14<br>影响电离平衡的因素、电离平衡常数和电离度 | 15<br>化学反应速率概念、影响化学反应速率的外界因素 | 16<br>化学平衡状态及特征、判断化学平衡状态的标志 | 17<br>化学平衡常数与平衡转化率、化学平衡移动的含义、标志及方向 |
| 18<br>影响化学平衡的因素（浓度、压强、温度和催化剂3节） | 19<br>等效平衡的解决思路 | 20<br>化学平衡计算的一般思路和方法 | 21<br>分析图像的一般思路、化学反应方向的判断方法 | 22<br>焓变 反应热、热化学方程式 | 23<br>中和热及其测定 燃烧热 能源 | 24<br>盖斯定律 反应热的计算 |
| 25 | 26 | 27 | 28 | 01 | 02 | 03 |

**自主研学计划书**

应学习。以高二选修“化学反应原理”的电化学基础为例，除 3 名同学因故未参加外，参与的 37 名学中，满分占 10%，优秀以上占 47.5%。

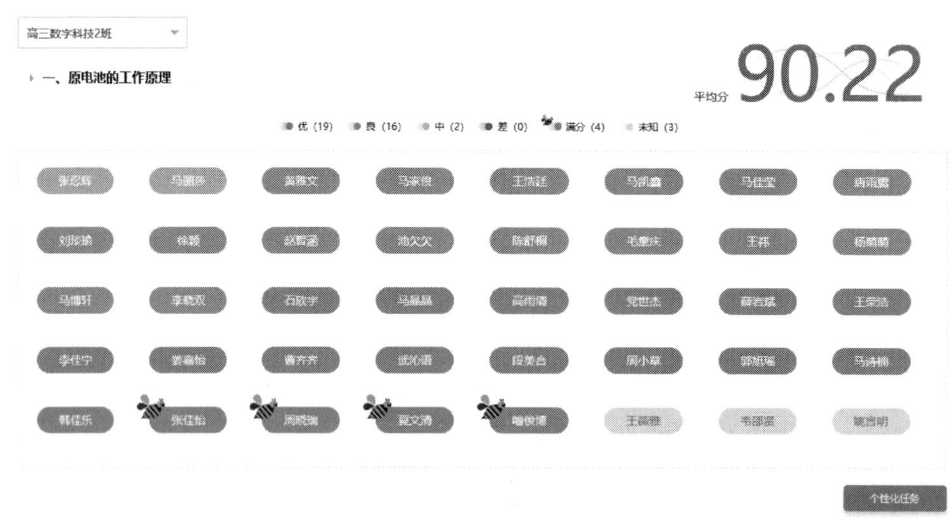


**高二选修 4“化学反应原理”电化学基础自适应学习反馈情况**

### 3. 合理干预，即时反馈

胡占晨老师实时监控平台反馈的数据，针对不理想的学情，及时予以合理干预，即时反馈，必要时酌情实施强化推送。针对大面积出现的知识点薄弱反馈，胡老师采取重复强化推送或调整任务强度，分等级、分批次推送；针对个别学生出现的薄弱的地方，采用点对点推送；针对因故尚未完成计划的，及时了解情况，及时予以提醒、干预。

安排学生按照计划实施的结果

完成数据分析后，胡老师对标志为红色的 2 名同学、黄色的 4 名同学、橙色的 9 名同学进行干预，甄别情况后进行个性化推送。

基础薄弱生，低强度推送

基础较好，高强度推送

基础一般，中等强度推送

经过干预后的二次推送，情况得到了很大改善。优秀以上的学生占总数的90%，满分人数比例增加到27.5%。个别学生的等级发生了变化，此时，胡老师根据实际情况进行个别谈话，激励学生进行再次自主学习。

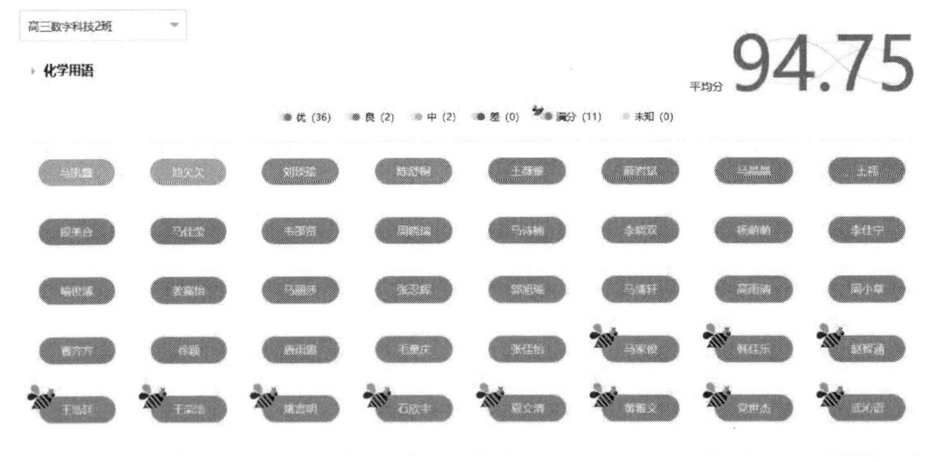


二次推送学生作业完成情况

## 4. 调动和保障学生积极性

以人为本，尊重学生个性差异。学生的学习习惯存在很大的差异，因此需要教师在引导学生进行个性化自主学习过程中以人为本，多准备几把尺子来衡量学生，站在学生的立场看问题，帮助学生树立信心，克服困难，逐渐提高团队的协调性和一致性。石嘴山市第一中学的经验是：

**奖优罚劣，建立健全的奖惩机制。**建立健全的奖惩机制，通过物质激励、精神激励和奖优罚劣等来调动学生的主观能动性，激发学生的内在动力。充分发挥学生的聪明才智，使学生在学习过程中提升认同感和成就感。

**因势利导，形成良好的学习氛围。**戴尔学习理论研究发现，以讨论、实践、教授给他人为形式的主动学习的知识留存率均在50%以上，尤其是教授给他人的知识留存率达到90%以上。因此，要因势利导开展学生间各种形式的互帮互助，开展广泛的组间合作和组内合作，实施小组协作交流，鼓励学生将自己掌握的内容讲授给他人，形成你追我赶、比学帮超的良好学习氛围。

**家校协作，形成教育合力。**以“落地式家长学校”的建设为契机，积极引导家长正确参与学生学业的监督；拓宽家长参与班级乃至学校教学工作的渠道，推进家校协作，形成教育合力。

自2019年石嘴山市第一中学借助北京四中网校教学平台开展个性化自主学习以来，效果良好。实施个性化自主学习的班级不仅学生成绩有明显的变化，学生的学习习惯也随之发生改变，积极性变得更强，学习氛围日益浓厚。

### 5. 在智能学习中建立学生数学思维

四川省成都市龙泉中学的老师们在教学中发现，高中数学知识点相互关联，要求学生充分理解每个基础知识点，能对典型题型举一反三，在应用分析中建立自己的数学思维和模型。但由于每个分层班学生掌握程度不一致，个性的知识漏洞不能及时解决，导致部分学生在基础知识应用或数学学科素养成长上跟不上统一的教学进度。在使用了北京四中网校教学平台的“诊学练测”模块后，这样的情况有了非常大的改观。

数学学科组长牟林老师制定了较为完善的个性学习模式，他利用“诊学练测”模块，让学生们先选择知识点做检测，然后系统会根据学生测试结果推送其知识点漏洞的要点梳理，同时推送典型例题和举一反三的知识总结，最后针对基础较差的学生，牟老师推送高清课堂或微课的讲解，通过微课帮助学生反复理解和加强数学素养。

四川省成都市龙泉中学的王炯、陈晓华等数学老师惊讶于“诊学练测”模块的智能，于是采取了一系列智能学习的教学措施，包括学科组分层选择习题和知识点任务：根据学生智能学习任务的评分，指导学生学习行为；晚自习辅导学生统一完成“诊学练测”任务，并进行个体答疑；根据班级学生特点及数据统计，实施个性激励等。

网络平台的智能教学实践让四川省成都市龙泉中学的学生在举一反三、应用分析中建立了自己的数学思维。

### 6. AI 技术辅助英语单词记忆

高中英语学习要求学生单词、短语、句型、语法、阅读等方面的知识积累和相关能力在每个单元的学习中掌握、巩固、提高。但从基础的单词掌握上看，学生个体存在很大差别。有的学生学完一个单元只掌握了基本的单词，没有关联语境和语法短语的使用，有的学生只是单纯记忆单词的字形字义，对发音和阅读的结合不够紧密，甚至还有学生在基本单词的记忆上没能跟上进度。

四川省成都市龙泉中学高一英语组使用北京四中网校的“天天单词”的 AI 学习模块，很好地解决了上述问题。“天天单词”是根据自适应学习需要匹配的英语单词学习的 AI 学习模块，其单词记忆过程充分结合了短语、句型、语法学习。系统能自动选择单词，随机从读音、字义、短语等角度考查学生，并根据学生的个人测试结果，有针对性地推送接下来学习的单词。

针对四川省成都市龙泉中学高一开展个性化学习的 6 个班，年级组石小强主任每周统一在教学平台发布单元“天天单词”学习任务，学生每天根据自己的课外学习时间，使用平板完成 10 分钟左右的单词训练。通过 AI 推送的单词，每个学生学习的单词都具有很强的针对性，教师也能结合教学要求更好地把握每个学生的学习情况。

学生完成后会有星级评价，由学校个性学习指导中心进行数据统计分析，然后由英语老师进行督导。个性学习指导中心发现，开展 2 个月左右，学生单词记忆明显得到加强，基础好的学生大部分能满星通过任务，并且可以提前超额完成后面单元的记忆；基础较差的学生也能在老师的督促下跟随任务进度完成相应单元的记忆。

使用“天天单词”的 AI 学习模块后，变化的是学生，开心的是老师。四川省成都市龙泉中学白虹老师和蒋衍老师表示：“每天的单词记忆，声形义，讲解之后，可对每日单词记忆进行个人测试，且每个单词的检测方式不同，直到每日单词全部掌握为止。除了课本词汇，每日记忆的单词中还有 1～2 个超书本扩展词汇，且每周有周测，可以智能地对已掌握和未掌握的单词进行分类。”陈元彬老师表示：“AI 自适应学习对学生的学习行为也有所帮助，如在单词和短语学习中，即时纠正学生的语音语调，如检测过关达到相应单词数和正确率才会有相应的星级评价，让学生养成每天背单词的习惯。有了 AI 自适应学习，学生可以对自己的掌握情况了如指掌，对应该加强学习的单词有很好的判断。”

★ ★ ★

扫一扫看视频

**溯源·延展**

教育技术专家、北京师范大学教授何克抗在讲到“21 世纪以来新兴信息技术对教育深化改革的重大影响”时说道：“不同类型的新兴信息技术对于各级各类教育深化改革所起的作用并不相同，例如大数据在支持适应性教学、个性化学习、基于大量数据的科学评估和精确管理等方面，具有其他技术无法替代的优势。”全球学术界都公认：AI 是实现教育创新的最为重要且有效的技术手段。在教育教学中广泛而深入地应用信息技术，可以提升学习效率，人们曾经幻想的未来，现在已然成为现实。

石嘴山市第一中学通过制订个性化自主学习计划合理干预，充分利用“个性化学习”精准施教。四川省成都市龙泉中学则通过“诊学练测”“天天单词”帮助学生建立数学思维、辅助记忆英语单词。尽管两所学校的教学方法有所不同，但都是在 AI 的助力下，提高学生学习效率。

## 第八节 | 丰富的课后拓展学习　打开认知视野

“学校犹水也，师生犹鱼也，其行动犹游泳也，大鱼前导，小鱼尾随，是从游也。”清华大学原校长梅贻琦先生如是说。各学科教育不应只停留在课本中，应该向生命中的真、善、美延伸。换言之，学科教学要求师生之间的链接不应局限于课本、局限于课堂，应该延伸到更宽阔的生活空间。尤其是高考改革后，综合素质评价越来越受到重视，成绩不再是考核一个学生的唯一标准，信息技术让这一切有了载体，有了可以实施的具体途径，可以更多形式支持学生的拓展学习。

### 1. 网络读写天地，创建精神家园

“处处是创造之地，天天是创造之时，人人是创造之人。”山东省莱山一中的语文教师在网络学习这一舞台上，发挥自己的创造性，为语文教学开辟了广阔的天地；开展丰富的课后拓展，把语文学习拓展到生活中，提高了学生的语文素养，更好地接轨新高考。

读写能力是学生语文素养的关键，为了让学生养成自觉阅读、写作的好习惯，莱山一中的李霞老师跟学生商量后，在北京四中网校教学平台上专门开辟了一个读写专栏，不设置时间，师生都可以随时上传自己的文章，或者推荐自己读到的好文章、好段落。

为此，她还特意在平板上发布了“为‘读写天地，精神家园’写序”的作业：“于千千万万人中，我们走到一起，这是一个奇迹！我想造一方舞台，让同学们展现自己；我想跟大家一起构筑一个精神家园，收藏我们共同的岁月。如果你愿意，请拿起笔，写几句序言，力求感情真挚，语言精美。”学生纷纷响应，他们的热情似火，文字温润如玉。

写作能力相对薄弱的俊杰写道：“冷冰冰的建筑在无痕的岁月里变得温柔，人便有了家园；精神的寄托在交流互通中变得饱满，人便有了魂魄。交于一点的悠悠纹路，这是我们的岁月；溢满半边书卷的月光，这是我们的共鸣。让我们一起用词语丰满我们的精神世界，让奇迹般的相遇诠释生命的真谛！”

喜欢舞文弄墨的梦蝶写道：“时间洗涤了旧迹，但留下的是回忆，是树的年轮，一圈一圈地刻在心上。而我们在这里，所有一班的每位同学，用笔在一张张洁白的纸上写满思绪，用温暖的文字把思想的荒芜浅陋填补成一片绿洲。人生在世，不仅仅要有现实中的一个家，更要有属于自己的精神家园，用它来为思想展开另一片辽远的天地。世事无常，唯青春不改；人生百变，唯思想永存。几十年前，鲁迅先生用他的文字，作为思想的火炬，带领全民族走向真实的大希望；而今天，我们也一起，所有一班的每一位同学，一起用文字带领青春走向思想的绿洲，用文字认真刻画高中时光的年轮，那不仅仅是文字，更是永存心底的记忆。”

爱读书的方茹立即上传了自己喜欢的《巴黎圣母院》的精彩段落，还有一位同学提交了自己创作的诗歌……阅读着这些令人感动的文字，触摸着这些澎湃着的年轻的心，李霞老师总是被感动着。

今年四月，为了进一步提高学生的阅读兴趣，李老师在平台上开辟了一个“花开四月，书香春天”的栏目，向学生推荐好书，如《巴黎圣母院》《牛虻》《平凡的世界》《人生》等。这些书像春天的花朵开在学生生命的春天里，点燃了学生的热情，他们纷纷展示自己的阅读书籍。

另一方天地“作文广场”则像一个琳琅满目的文字市场，不仅有丰富多彩的作文素材，如习近平总书记的知青岁月、袁隆平的梦想、屠呦呦与青蒿素等，还有各种报刊上的时评美文，更有各种作文审题、构思题目。写作时，学生们爱到这里淘宝，寻找好的资料。喜欢写作的学生争先恐后地来这里大显身手，认真完成老师列出的写作题目。

李霞老师借助网络读写天地，为同学们创建了一个精神家园。

### 2. 让语文课堂链接大千世界，点燃师生热情

语文学习不只是眼前的课本、题海，还有诗和远方。李霞老师从网络上收集各种有助于语文学习的视频，开阔学生的视野。“朗读者”“世界听我说”“辩论大赛”等都是深受学生喜欢的大餐。

《朗读者》栏目：朗读嘉宾的事迹材料是学生需要的作文素材，嘉宾朗读的书籍也会激发学生的阅读兴趣，是非常有益的语文学习资源。看完《朗读者》中的秦玥飞这一期，有同学立即留言：一个年轻人就要为了自己从小种下的梦想而奋斗，不能只在乎这份梦想能够给自己带来多少财富，而要为国家和社会做出自己的贡献，像秦玥飞这样的年轻人已经不多了……

在学习古代诗歌单元时，为了激发学生对优秀传统文化的热爱，李霞老师上网找到《中国诗词大会》的资料，录制下来，发到教学平台上。看到武亦姝夺冠的那一场，学生留言：16 岁的小姑娘能有这样高雅的兴趣爱好是真的不容易，反正我是挺惭愧的。

学完课文《赤壁赋》，为了让学生更好地了解苏轼，老师录制了纪录片《苏轼》，发布到平板上，一位学生评论道：“‘一蓑烟雨任平生，也无风雨也无晴’，看到这个真的让我们了解了一个不一样的苏东坡。”

### 3. 校内学习连接假期学习，拓宽学生认知视野

李老师还充分利用平台，把语文课堂延展到假期。她通过自己的阅读，带动学生假期阅读。整本书阅读成为语文新课改的重头戏，莱山一中早在 2017 年就借助数字平台开展《红楼梦》阅读，而且是师生共读。假期里，李老师把相关资料发到平台上，同时，发布阅读要求，引领学生阅读、讨论。假期整本书阅读的方式引导学生养成了坚持阅读的良好习惯，让学生终身受益。开学后，教师们梳理、研究学生假期阅读情况，再进行二次备课，有的放矢地组织讨论，取得了意想不到的阅读效果。

一位学生在写给李老师的一封信中说：上高中学写议论文后，我感觉自己好像升华了，这要感谢您的带领与指导。我会时不时找几篇《人民日报》上的文章读读，尤其是四月份的读书月，我认识了余华，爱上了鲁迅的语言，更是买了王开岭的书回来读，我也把这些作品和作家介绍给父母，我们一起在读书中成长！感谢您让我爱上了读书这件优雅的事！

“我们要树立大阅读观，把语文课堂跟课下联系起来，把校内与校外阅读联系起来，把语文阅读与传统文化结合起来，把语文阅读与生活联系起来，培养学生的核心素养。”现实中，网络学习平台教学实现了莱山一中李瑞福校长这一美

好的设想。它使学校的语文教学如虎添翼，学生在这里遇见了语文学习的星辰大海，视野无限开阔。在网络学习这方广阔的天地里，语文的综合性、实践性、丰富性和鲜活性得以充分实现，学生的整体语文素养、公民意识、生命价值得以提升，并由此焕发出对彼岸理想世界的向往、生命的激情与活力、永不停息的精神探索。这不仅是语文学习之路，更是生命茁壮成长之路。

★ ★ ★

**溯源·延展**

美国著名教育家杜威说过：所谓学习“使用书中材料的方法”就是提出种种问题，启发学生兴趣，使他们无论在校内还是离开学校以后，都能够自己在历史、科学、传记、文学中间发现种种有价值的材料，不把时间枉费在那些“多而无用”的废纸上。课后的拓展延伸性学习，是“大课堂”的重要组成部分。著名教育家叶圣陶先生也说过：语文课的课文只是几个例子，要提高语文素养，仅仅读几个例子是不够的。课外阅读是课堂阅读的延伸，有效的“拓展延伸”环节能扩大学科教学的内涵与外延，拓宽学生的视野范围，引导学生往纵深方向思考问题，探索未知的领域。

山东省莱山第一中学通过开展丰富的课后拓展活动，如创建“网络读写天地”、网上收集共享各种语文学习素材、假期“师生共读”等方式，把语文学习拓展到生活中，提高学生的语文素养，从而更好地接轨新高考。

## 顶层设计视角

**成都市金牛区教育局**

### 智慧课堂促进学生智慧生成

智慧课堂应该以促进学生的智慧生成为导向，以学生为中心，充分利用互联网、大数据、人工智能等技术构建灵活、开放、人性化的学习环境，尊重学生的自主性与话语权，提供丰富而优质的教与学工具，发展学生高阶思维能力，让学生可以根据自身的认知风格、学习节奏和方式进行个性化学习；为教师提供基于大数据的教与学评测工具，准确捕捉不同学生的认知动向，实现对教学的有效调控。

正是基于这样的认知，成都市金牛区教育局在进行智慧课堂教学改革布局时，特别强调以学生应用为中心，围绕学生学习过程中产生的学习轨迹和学习数据，教师进行精准的学情收集与分析，进而开展精准的个性化教学。这样的智慧教学改变的不仅仅是学生的“学”、老师的“教”，同时还改变了教师的教研活动。

有了学生精准的个性化学习数据，如何将这些数据有效地应用到课堂教学中，实现高效教学？这就涉及教研队伍研究的方向和研究内容，从原来的研究考试大纲、教研教材、研究课堂，一定要拓展到教研学生、研究学情、研究数据，从而真正做到以学生为中心的教学生态。

近年来，金牛区在全区范围内积极开展智慧课堂教学建设与实践探索，建立以教育局行政部门牵头，各学校落地实践的专项小组，引导多方参与，充分利用信息技术构建智慧学习环境，创新教学模式，从而推动全区教育信息化融合创新发展，目前已基本实现教育理念与模式、教学内容与方法的改革创新，全区范围内大量探索积累可推广的先进经验与优秀案例，已初步形成了具有金牛区教育特色的教育现代化新途径和新模式。

# 第四章

## 数据驱动下的管理机制创新

◎ 课改领导小组的职责与作用？

◎ 如何基于应用数据评价教学行为？

◎ 如何组织教师信息化教学能力提升培训？

◎ 如何组织小组合作学习培训？

◎ 如何用课题研究指导课改实践？

## 第一节 | 管理团队掌舵 课改扬帆起航

信息化课堂教学改革，涉及软件平台的应用、适恰资源的构建、新型教学模式与教学理念的调整，涉及教师、家长观念的转变，还涉及学生学习方式的改变，是一个复杂的系统工程，需要强有力的组织领导。如何在校级管理层面建立工作机制、如何组织教师培训、如何设计恰当的激励机制，是所有启动课堂教学改革的学校都面临的问题。

### 1. 建立层次化的管理机制，明确分工

成都市树德协进中学以“红色文化、协进精神”引领下的文化育人为背景，引导每位教师树立牢固的课改意识。2016 年 9 月，学校将平板教学模式引进课堂，2019 年推广到每一个班级，探索出一条教育教学与信息化深度融合的课改之路。课改之路上，成都市树德协进中学杨书文校长认为，建立层次化的管理机制，明确分工，是有效推进课改的重要保障措施。

**建立校级常设领导组。**确定将平板教学模式引进课堂后，开学前 3 个月，成都市树德协进中学就成立了智慧课堂教学改革领导小组，专项研究、推进、落实课堂改革。领导小组组长由校长亲自挂帅，分管教学副校长、分管教师发展副校长担任副组长，教导处主任、副主任与教师发展研究室主任、信息中心主任担任组员。

智慧课堂教学改革领导小组的职责是负责智慧课堂建设和实施工作的决策与总体规划；协调基础设施、教学资源和网络环境建设；制定教师考评激励方案；日常推门听课并参与重要教研活动；重大活动的组织与协调。

**建立年级推进与管理工作组。**为了高效、快速落实领导小组的决策，成都市树德协进中学成立了以年级为单位的智慧课堂推进与管理工作组。总负责人由分管教学副校长担任，3 个年级分为 3 个小组，每个小组的组长由负责年级的中层干部担任，小组成员包括所有智慧课堂班级的班主任。

智慧课堂推进与管理工作组的职责是在总负责人统筹协调下，分组确定本年级智慧课堂常规管理，制定常态化应用的具体措施与推进方案，促进智慧课堂教学改革常态、有效实施。

**建立年级教学与研究工作组。**学校成立了智慧课堂教学与研究工作组，组长由负责年级工作的中层干部担任，成员为所在年级的所有学科备课组长。

智慧课堂教学与研究工作组的职责是负责智慧课堂学科教学常规性工作；负责教师研训、教研共同体建设和维护；负责智慧课堂学科教学模式研讨与实践；承担教科研活动中的诊断、指导和评价工作；负责智慧课堂经验总结、成果提炼与宣传推广。

## 2. 引入项目制管理方式，实现高效低损

柳州市德润中学 2016 年建校之初就提出建立以小组合作学习为课堂教学模式的“润课堂”，岑思校长认为，高品质的学校，不能对信息技术与教育的融合视而不见。2017 年，民盟中央远程教育“烛光行动·千校计划”向柳州市德润中学捐赠了北京四中网校教学平台，以此为契机，学校开始实施“信息化＋润课堂”。课堂变革必然涉及学校管理模式的变革，基于以德润人敢于创新、勇于拼搏和超前的信息技术思维，岑思校长引入了项目制管理这种现代企业常用的管理方式。

传统的学校管理通常是层级管理。层级管理的优势是令行禁止，强调规则和标准化、一致性，弊端是效率相对比较低下。特别是对于柳州市德润中学这样一所新建校而言，管理的效能提升是重中之重。“与此同时，学校的常规课‘润课堂’还处于摸索阶段，教科研部门的精力主要放在课堂品质的提升及教师队伍的建设上，缺乏时间与精力开辟新战场。但‘润课堂’的信息化却不能慢，怎么办？最好的办法莫过于项目制管理。”对于当时引入项目制管理的迫切性，时至今日，岑思校长仍历历在目。

项目制管理是柳州市德润中学根据校情，借鉴现代管理经验而进行的创新。这种扁平化的管理以任务结果为导向，项目负责人具有独立决策权，能跨层级、跨部门调遣资源。学校根据战略目标将每个学年的工作任务转化为项目，并依据项目的重要性分为 A、B、C 三级。A 级是校级项目，指的是学校层面持续性的项目，或者是临时而重大的项目。B 级是团队项目，即比较重要的科研、教学、安全等管理领域项目。C 级是个体项目，主要是由个人自主开展的一些综合性的工作。学校根据干部、教师的特长及能力的大小分配相应的项目，以此提高效率，培养人才。

“信息化＋润课堂”项目是学校的 A 级项目，由信息处叶晓云主任负责，教务处、科研处、年级组及各学科教研组等多部门协同联动，项目确立了“一年建模、二年成熟、三年弯道超车”的目标。

柳州市德润中学赋权叶晓云主任可以跨部门组建团队，可以挑选任课教师，可以支配专项资金。她不仅仅是项目执行者，更是项目的决策者。她负责该项目的方案、计划直至收尾的全过程，并在时间、成本、质量、人事安排等各个方面对项目进行全方位的管理。与该项目有关的决策由她全权把控。“在这个项目里，

包括我在内的所有人员都得服从叶主任调遣安排。”岑思校长认为，这种以项目负责人为中心的管理机制，是推动“信息化＋润课堂”成功的关键。项目负责人跨部门组建团队，跨部门、跨年级、跨学科联动组织教研，有效解决了层级管理带来的低效高损。

项目组在联动管理机制上，借助“构建基于移动智能终端的高效‘润课堂’教学模式”课题研究任务，以混学段翻转的教研方式，聚焦问题，聚集人力，解决问题，不断转变教师的教学理念和方法，持续推动课堂教学改革，促进教学转型，加速“信息化＋润课堂”快速成型、成熟。2018 年，学校“构建基于移动智能终端的高效‘润课堂’教学模式”的课题荣获柳州市教育创新成果奖一等奖，学校多位教师获奖。

### 3. 形成系统性的培训机制，提升教学能力

为了切实推进智慧课堂教学改革，成都市树德协进中学形成了系统的培训机制，包括封闭式的系统培训、灵活性的日常培训和“以赛代培”“以赛促用”培训等，培训无处不在。

**封闭式的系统培训。**学校每年都组织即将从事智慧课堂教学的老师提前进行封闭式的系统培训，培训内容包括智慧课堂教学理念、智慧课堂教学设计、软件平台相关操作、小组合作学习等，主要讲师来自北京四中网校和学校上一届智慧班教师，同时也会聘请兄弟学校有经验的教师到校分享。培训过程中，北京四中网校驻校教研员会对老师们开展一对一的备课教学指导。系统培训过程中，同时安排师徒结对的拜师仪式，由校领导为师父颁发证书，徒弟为师父送鲜花，现场气氛热烈。参与培训后，执教智慧课堂班级的教师都对下一步的改革充满期待，形成师徒协进、研教协同的氛围。

**灵活性的日常培训。**针对高中教师教学工作繁重、时间不统一的特点，教学与研究工作组协助北京四中网校驻校教研员创新性地设计了灵活性的培训方案，该方案将智慧课堂软件平台应用和录课软件、剪辑软件的使用说明等录制成一个个短小精悍的微视频，制作成便于手机操作的流程图和小视频，并把这些视频通过 QQ、微信工作群分享给每一位参与智慧课堂教学的老师，由老师自己把握时间，灵活学习。

学习结束后，北京四中网校老师也会定期组织专题培训和答疑，以确保每一位老师都能消化吸收所有的培训内容，真正发挥时间管理的优势，以翻转的理念创造性地培训智慧课堂的老师，潜移默化地带动教师教学观念的转变。

**“以赛代培”“以赛促用”培训。**在成都市树德协进中学，“推门听课”是所有老师都必须通晓的传统项目，学校确定“以赛代培”“以赛促用”八字方针为

智慧班教师的专业发展措施，每年 10 月开展新教师“成长课”赛课活动。

每次赛课前，每位青年教师都进行认真的磨课准备。赛课后，学校教师发展研究室和北京四中网校将每位老师的优缺点和改进意见都汇总、分享给青年教师，从多层面、多维度促进教师的专业发展。学校传统班的老师也在智慧班老师的带动下情绪高涨，并在日常教学中转变教学方法。2019 年，成都市树德协进中学全部采用平板翻转模式教学。

### 4. 阶段性评价激励机制，助力教师成长成熟

成都市树德协进中学杨书文校长为教师的成长发展设立了三个必经的阶梯——入门成长、熟悉展示、成熟示范，每个阶梯都与说课、赛课、教研、科研有关。智慧课堂教学改革领导小组在征集全校教师意见的基础上，为智慧课堂拟定了目标评价模式的课堂评价标准，为教师树立了努力的目标。

（1）入门成长期。为了确保每一位执教智慧课堂的教师都能快速入门、迅速成长，学校为处于入门成长期的教师制定了相应的评价激励机制，入门成长期一般为一年。在入门初期，领导小组成员会对每一位教师进行不定时地推门听课，按照成都市树德协进中学智慧课堂评价标准进行课堂评价，及时与执教老师交流、反馈。对暂时与评价标准差距较大的老师会进行一对一跟踪培训和听课，以确保每位老师都能熟练地运用智慧课堂教学模式开展学科教学，追求入门成长期的标准化和模式化。每学期期末，学校组织智慧课堂学期工作总结，分析平台资源的使用情况和教学资源的开发情况，对教师和学生颁奖，以此鞭策和鼓励大家。

（2）熟悉展示期。经过一年入门期的沉淀，教师迎来智慧课堂教师的熟悉展示期。学校将基于第一年的课堂评价情况，利用承担大型教学研讨会、学术年会、教研活动的机会，择优选派智慧班教师在大型会议中展示智慧课堂教学模式下的学科精品课堂，从而推动更多的教师了解、参与到教学改革中去。熟悉展示期的教师掌握了智慧课堂的教学理论、方法和平板使用技术，将红色文化和协进精神融入教学理念中，打造了一系列成体系的新授课和高三复习课，并涌现出大量市、区级优质课，教育教学质量不断迈向新的台阶。

（3）成熟示范期。经过熟悉展示期的积累，成熟示范期的教师已经具备了完整开发智慧课堂系列课程的能力，具备了对外输出教学经验、传播教学思想的能力。因此，成都市树德协进中学大力鼓励教师“走出去”，积极推广具有协进特色的智慧课堂教学经验，并录制了一大批智慧课堂特色教学视频进行推广传播，从而发挥了四川省二级示范性普通高中的引领、辐射示范作用，将学校教师的工作价值发挥到最大，使其对新课程改革体现出应有的担当，承担起排头兵的使命。

★ ★ ★

扫一扫看视频

**溯源·延展**

教育部《教育信息化2.0行动计划》指出，各级各类学校应普遍施行由校领导担任首席信息官（CIO）的制度，并明确责任部门，全面统筹本校信息化的规划与发展。教育部《关于实施全国中小学教师信息技术应用能力提升工程2.0的意见》指出，提升教师全员信息技术应用能力，校长是第一责任人。信息化教学的顺利推进，需要强有力的管理团队和管理制度引领和护航。

成都市树德协进中学建立了校级常设领导组、年级推进与管理工作组、年级教学与研究工作组的管理机制，明确分工，并形成了封闭式的系统培训、灵活性的日常培训和“以赛代培”“以赛促用”等培训机制。柳州市德润中学引入项目制管理这种现代企业的管理方式，项目负责人具有独立决策权，能跨层级、跨部门调配资源，加快了“信息化+润课堂”的建设速度。

## 第二节 | 数据提升管理智慧　评价改善教学行为

在传统的教学环境下，教师更倾向于某种单一的教学模式，如常见的“讲、练、考、评”模式，相应的教学评价也比较简单。而在大数据环境下，师生在平台应用、资源建设、工具应用、教学效果等方面可以积累大量数据，而学校需要创新性地建立与之相匹配的具有科学性、公平性、精准性、及时性的教学评价方案，以“精准数据+绩效考核”的评价方式激发教师持续课改的热情，“用数据说话”引导教师转变教学行为，推动课改平稳健康地发展。

### 1. 构建管理机制是智慧课堂建设的基本保障

为实现以科学的教学管理机制、“精准数据+绩效考核”的评价方式激发教师持续课改热情的目标，四川省成都市龙泉中学首先构建了科学的教学管理机制，并建立了智慧课堂领导小组、教学教研工作推进小组和个性学习指导中心。

（1）智慧课堂领导小组。在原有行政职能部门的基础上成立以校长为组长，教学副校长为副组长，教导主任、科研室主任、信息中心主任、年级主任为成员的智慧课堂领导小组。该小组为综合性常设机构，每两周召开一次工作例会，专题研究解决智慧课堂的相关问题。校长办公室牵头领导小组的日常工作，负责制定工作规划、指导并督导。

（2）教学教研工作推进小组。成立以教学副校长为组长，教导主任为副组长，年级主任、年级组长为成员的教学教研工作推进小组。该小组根据学校总体部署，分年级制定方案措施，并指导培训、带领教师落实到位。

（3）个性学习指导中心。分年级成立以年级主任为组长、北京四中网校驻校教研员为副组长、班主任为成员的个性学习指导中心。个性学习指导中心负责研究制定教师课前任务布置、学生课前自主学习、课后 AI 自适应学习等方面的指导意见，并分班培训落实。

### 2. 制定教学平台操作规程，明确应用步骤和内容

四川省成都市龙泉中学制定了教学平台操作规程，从课前集体备课、课中平板应用、学生自适应学习任务布置等方面，对教师和学生的平台应用做出明确引导。

（1）课前集体备课。由各年级学科备课组长负责统筹分解备课任务，并完成优化整合；教学课件、学案和课堂测试上传，并校内共享；课后作业、个性化 AI 学习任务布置，并校内共享；校本教学资源选定及答题卡制作，并校内共享。

（2）课中平板应用。充分利用教学平台和移动设备推送课前学习情况；推送当堂教学目标；推送客观题、主观题，并分析数据，展示学情；推送课堂检测，抓取学生问题，针对性教学；拍照上传主观题互批，获取学情；根据教学实际现场出题，实时精准地掌握学情；其他师生互动、生生互动工具的应用。

（3）学生自适应学习任务布置。运用北京四中网校“诊学练测”学习模块：第一步，系统推送“诊断测试一”学习任务，完成知识点检测——“诊”；第二步，学生根据测试结果暴露的知识漏洞，学习“知识导学”——“学”；第三步，“典型例题”练习，实现举一反三和巩固内化——“练”；第四步，进入“诊断测试二”再次检测——“测”。针对基础较差的学生，要求其观看高清课堂或微课的视频，完成教师规定的基本学习目标。

### 3. 量化教学应用指标，提升管理效力

为了保证智慧课堂的教学效果，四川省成都市龙泉中学的智慧课堂领导小组对教与学提出明确的应用指标，要求每位智慧班教师做到：

（1）学习任务推送。每个学科一周至少布置 2～3 次学习任务，包括微课、试卷、讨论、课件、学资源等。

（2）课堂平板教学。一周至少 2～3 次使用平板进行课堂教学，把课堂从传统的教师预设转向由数据支撑的精准教学，实现课堂教学信息化。

(3) 体现教学模式。固化“先学后教，以学定教”的教学模式——教师查看学生“课前自主学习任务”反馈数据，并根据课前学情调整课堂教学重难点，调整教学活动。

(4) 数据管理和绩效评价。

1) 教务处负责每月教学数据统计，包括统计各班级、各学科、各位教师的课程备课、教学任务推送、学生作业完成率等数据。

| 教师姓名 | 创建课程数 | 任务数 | 已结束任务数 | 任务完成率 |
|---|---|---|---|---|
| 王炯 | 104 | 199 | 172 | 82.03% |
| 陈元彬 | 2 | 2 | 2 | 77.78% |
| 余元肖 | 5 | 1 | 1 | 73.17% |
| 汤溢华 | 13 | 37 | 7 | 68.97% |
| 车林 | 2 | 2 | 2 | 53.45% |
| 陈晓华 | 30 | 78 | 54 | 52.42% |
| 白虹 | 31 | 51 | 48 | 49.94% |
| 揭蕾 | 7 | 27 | 27 | 45.01% |
| 张晓敏 | 53 | 86 | 41 | 43.93% |

教师教学数据统计

2) 学科备课组长统计上传的集体教研数据，年级主任汇总，报教学副校长审查公布。

我的任务统计　积分　教学统计　资源统计　期末报告

月份：2019-09-01 - 2019-11-30　统计　导出

| 教师姓名 | 浏览量↑ | 上传试题数↑ | 上传资源数↓ | 分享资源数↑ | 评论资源次数↑ | 赞次数↑ | 收藏次数↑ | 下载次数↑ |
|---|---|---|---|---|---|---|---|---|
| 杨铁 | 800 | 31 | 359 | 360 | 0 | 0 | 2 | 46 |
| 蔡方平 | 59 | 155 | 232 | 214 | 0 | 0 | 0 | 4 |
| 王炯 | 59 | 0 | 119 | 118 | 0 | 0 | 0 | 0 |
| 王海 | 129 | 0 | 97 | 97 | 0 | 0 | 0 | 7 |
| 张小美 | 4 | 0 | 76 | 76 | 0 | 0 | 0 | 0 |
| 张志 | 40 | 0 | 62 | 61 | 0 | 0 | 0 | 0 |
| 黄伟 | 0 | 0 | 56 | 56 | 0 | 0 | 0 | 0 |
| 张晓敏 | 46 | 0 | 46 | 40 | 0 | 0 | 16 | 0 |
| 邹江 | 68 | 6 | 39 | 40 | 0 | 0 | 3 | 0 |
| 陈晓华 | 24 | 0 | 38 | 36 | 0 | 0 | 0 | 0 |
| 李国民 | 25 | 0 | 38 | 31 | 0 | 0 | 0 | 2 |
| 白虹 | 113 | 0 | 33 | 32 | 0 | 0 | 1 | 5 |
| 汤溢华 | 24 | 2 | 33 | 32 | 0 | 0 | 2 | 2 |

教师资源使用情况统计

3）年级主任统计本年级教师应用数据与评价积分，从微课、任务推送、学生测试、公开课、评教 5 个维度给教师智慧课堂教学评分。

智慧课堂教师积分统计

| 年级 | 姓名 | 学科 | 微课 | 任务数 | 测试数 | 公开课 | 常规考核分 | 学生和家长评教 | 学校评教 | 总分 |
|---|---|---|---|---|---|---|---|---|---|---|
| 高一 | 李海燕 | 语文 | 13 | 20 | 19 | 1 | 114 | 5 | 5 | 124 |
| | 龙波 | 数学 | 15 | 19 | 3 | | 74 | 5 | 5 | 84 |
| | 罗森 | 英语 | 0 | 6 | 0 | | 12 | 5 | 5 | 22 |
| | 杨晓宇 | 物理 | 0 | 0 | 0 | | 0 | 5 | 5 | 10 |
| | 冯玲 | 化学 | 7 | 20 | 7 | 1 | 78 | 5 | 5 | 88 |
| | 陈燕英 | 生物 | 20 | 20 | 20 | | 120 | 5 | 5 | 130 |
| | 谢丹 | 历史 | 20 | 20 | 20 | | 120 | 5 | 5 | 130 |
| | 许绍芬 | 地理 | 20 | 20 | 20 | 2 | 130 | 5 | 5 | 140 |
| | 常艳 | 政治 | 20 | 20 | 20 | | 120 | 5 | 5 | 130 |

## 4. 以教学平台应用数据为支撑，改革教师评价方式

为了落实智慧课堂精准教学，山东省烟台第三中学进一步改变传统的教师评价方式，建立新的评价量规，实现教师评价方式改革。山东省烟台第三中学根据学科性质及课时差异，将所有学科分为语数英、物化生、政史地三大类，新的评价量规以两周为周期，对教师从课前学习资源的推送、课堂上教学平台的使用和课后作业的推送三个项目进行考核，每项满分 10 分。

以课堂教学平台使用为例。语文、数学、英语，每两周每班完成课堂应用 4 次，得 10 分；物理、化学、生物，每两周每班完成课堂应用 3 次，得 10 分；政治、历史、地理，每两周每班完成课堂应用 2 次，得 10 分。在此基础上，每个统计周期内每多应用一次，加 0.2 分，总加分不超过 2 分。应用次数为零者，本项目得零分。应用次数大于零，但小于或等于满分数量的 50%者，得 5 分。应用次数大于 50%、小于 100%者，得 7 分。

学校信息中心每两周统计发布所有教师教学平台的应用数据简报，进行专项工作总结；每学期汇总个人、班级和学科组数据，学期结束根据过程数据并结合学生成绩变化，评出 30%的优秀教师，评出一定数量的优秀班集体和优秀学科组，进行专项表彰和奖励；考核数据同时纳入全校优秀学科组、教师绩效考核、评优晋级评比方案。

在课改实践中，山东省烟台第三中学发现，班级学生和教师个人平台应用数据与学生学习成绩变化呈明显的正相关。2019—2020 学年度第一学期，高三（1）班

创建课程总数、创建任务总数、已结束任务总数、任务完成率均位列全年级第一。而该班级期中检测成绩进步幅度也位居第一。数学组王晓妮老师的平台应用数据最好，创建课程数 28，任务数 97，已结束任务数 68，任务完成率 96.43%，她所带班级的数学成绩也遥遥领先。

两所学校开展智慧课堂教学以来，通过管理机制的创新，实施基于教学平台应用数据为支撑的考核评价，引导教师精准施教，推动课堂教学改革，效果显著：学生的课堂参与度明显提高，学习兴趣大大提升；学生语言表达能力提高，质疑和拓展能力、团队合作意识、学习效率与学科素养明显提升；学生自主学习的能力和习惯逐渐形成，成绩明显提升；教师信息技术应用和教学技能大幅提升；学校教学管理更智慧、更精准、更高效。

扫一扫看视频

★　★　★

**溯源 · 延展**

《教育信息化 2.0 行动计划》提出：人工智能、大数据、区块链等技术迅猛发展，将深刻改变人才需求和教育形态。提高教育管理信息化水平，深化教育大数据应用，构建全方位、全过程、全天候的支撑体系，可以助力教育教学、管理和服务的改革发展。在“互联网 + 教育”大环境下，智慧课堂推进过程中形成了大量实时、准确的学生成长数据和教师教学数据，学校教学教研管理部门可以通过信息手段，很好地应用大量的过程数据，把它们作为课堂教学过程管理、教学教研效果评估、教学质量风险预警以及绩效考核的重要参考。

四川省成都市龙泉中学从创新教学管理机制入手，制定平台操作规程，量化教学应用指标，促进信息技术的常态应用。山东省烟台第三中学以教学平台应用数据为基础，改革教师评价方式。两所学校“精准数据 + 绩效考核”推动课堂教学改革平稳健康发展的实践经验值得品读。

## 第三节　高效的教研活动　课改之润滑剂

信息技术支撑的课堂教学改革需要高效的教研作支撑。从传统的集体备课、课堂教学听评课活动，到学科微信平台建设、专题研讨、网络教研等，教研活动在数据驱动下形式愈加多样；从教学内容整合、教学感悟、资源再造，到平台使用、数据分析，教研活动在数据驱动下内容愈加丰富，全方位开展教研成为深入开展数字化课堂教学改革的润滑剂。

### 1. 信息技术支撑下的学科组集体备课具有独特优势

与其他学校在课改过程中量化对教师的考核不同，山东省莱山第一中学更多的是基于教师本身的责任感，通过精神引导来激发智慧课堂教师的积极性和创造性。通过高效的教研活动、持之以恒的教学实践，教师在课改过程中看到了学生的进步，收获了个人成长，课改积极性也随之高涨。

莱山第一中学实行每周 1 次的学科组集体备课，通过集体备课构建学科教学资源优秀案例库。学科组集体备课是校本教研的重要形式，在信息技术支撑下的集体备课又有其独特的优势：集体备课前，每位教师根据分工将各自负责的内容上传至北京四中网校教学平台，包括制作的微课、教学设计、优选的资源、课堂检测题等。集体备课时，由备课组长主持，共同逐课审阅每一项内容，并进行资源的修订、补充、再造，使其更加完善。

“这种形式的教研，一方面使个人资源得到最大限度的优化，使网络资源和教学素材校本化，形成高质量的校本资源库；另一方面，通过倡导学科教师在教学案例上相互研讨，尤其是同科、同课教师的思维碰撞，使教学智慧交汇，从而擦亮教师专业成长的灵感火花。”山东省莱山第一中学教导主任曾庆山表示。

### 2. 多种形式的定期教研活动加速课改实施

在莱山第一中学，教务部定期组织由教学领导、北京四中网校烟台分校驻校教研员、数字化教学全体教师参加的数字化教学专题研讨会。每次研讨会都会根据教学实际定主题、定发言人，在发现问题的基础上，寻求解决问题的措施，提出工作要求，同时，推广教学实践中成功的经验。研讨主题包括平台使用技能、微课有效性研讨、任务单设计研讨、课堂问题设计研讨、学生预习效果反馈研讨、基于假期作业有效性的平台应用研讨、讲评课中平台有效性应用研讨、学习小组下的针对性辅导研讨、导师制与平台的融合、“读写天地，精神家园”经验分享等。

例如，针对课堂中存在的课堂教学问题过于碎片化，缺乏整体性，不能承载思维的严密性、深刻性和整体性，问题过于浅显，缺乏思维含量等问题，2019 年 3 月，“提高课堂教学问题的设计质量”专题研讨会在山东省莱山第一中学第二会议室召开。

专题研讨会首先由曾庆山主任分析当前课堂教学问题质量不高的原因，提出从哪几方面入手提高课堂问题的设计和实施质量。学科组长和骨干教师随后围绕如何设计问题、课堂如何实施、问题的层次性等方面提出建议，最后达成共识、形成"'提高课堂教学问题设计质量'展示活动方案"，推行问题化教学设计，逐步淘汰知识呈现型教学设计。

展示活动提出了非常具体的要求：基础年级教师将任教学段的教学内容按课时进行问题化设计，形成高质量的教学设计案例。各学科利用学科组教研时间每次安排两节展示课，学科全体教师都参加听评课。评课环节，授课教师先"说课"，说课重点是结合"问题设计"与课堂实施情况，反思问题设计的实效性。听课教师要认真填写《"问题设计"课堂观察记录量表》，树立求实的学术风气，提出的意见和建议要中肯，有深度，有新意，不说套话。

曾庆山主任介绍："学期末，我们对学科组、备课组关于'提高课堂教学问题设计质量'课题的研究与教学实践成果进行汇总，作为对学科组、备课组年终评优的依据之一。经过这样一个研究问题、分析问题、解决问题的过程，我们攻克了智慧课堂课改中的一个个难题。"

与山东省莱山第一中学定期组织数字化教学专题研讨会的做法不同，东莞市沙田镇实验中学定期开展课堂调研，由教学副校长、教导处主任、科研组长、年级组长、备课组长组成教学管理团队，每周对课堂教学进行督评，实行推门听课、即时督评；每周召开教学研讨会议，统一思想，交流课堂中存在的问题，商讨解决方案。

通过一段时间的实践，东莞市沙田镇实验中学发现，定期召开教研会议的针对性、实用性强，有效提高了教师信息技术的应用能力，促进了教师教学理念的转变，推动了学校数字化教学的进程。

**第十三周"提高课堂教学问题设计的质量"展示课安排表**

2019 年 11 月 25 日—2019 年 11 月 30 日

| 学科 | 讲课教师 | 讲课时间 | 星期 | 节次 | 授课内容 | 讲课地点 | 评课地点 |
|---|---|---|---|---|---|---|---|
| 政治 | 石学友 | 11 月 25 日 | 星期一 | 第二节 | 坚持新发展理念（PAD） | 19 级 2 班 | 5 楼第二会议室 |
| 英语 | 孔晓慧 | 11 月 27 日 | 星期三 | 第二节 | be at one with nather | 19 级 1 班 | 5 楼第二会议室 |
|  | 都云云 | 11 月 28 日 | 星期四 | 第一节 | be at one with nather | 19 级 4 班 | 5 楼第二会议室 |

### 3. 公开课赛课提升教学能力

天津市西青区王稳庄中学阶段性开展"校内优质课"教研赛课活动。在教研赛课活动中，教师展示公开课后，由校领导和学科组长组织老师们进行教研，每位赛课的老师从教学设计到教学手段等方面，对自己的课程进行自评，随后，由听课教师评课。通过这样的教研活动，不同年龄段教师都收获颇多：青年教师精心准备比赛，亲身感受自身的转变，在骨干教师的点评和指导下，快速成长；年长老师在听评青年教师教学实践过程中，开拓了自己的思维。

山东省莱山第一中学则是分年级安排数字化教学展示课活动。授课教师精心准备课程，学校领导亲临听课，课后组织集体评课，老师们相互交流，落实智慧课堂理念。

数字化实验班示范课安排表

| 学科 | 讲课教师 | 讲课时间 | 星期 | 节次 | 讲课地点 |
|---|---|---|---|---|---|
| 数学 | 王娜 | 11月26日 | 星期二 | 第四节 | 18级2班 |
| 化学 | 柳敬美 | 11月27日 | 星期三 | 第二节 | 19级3班 |
| 地理 | 刘华 | 11月27日 | 星期三 | 第三节 | 211 |
| 数学 | 王玉莲 | 11月28日 | 星期四 | 第六节 | 17级2班 |
| 历史 | 宋眉淑 | 11月28日 | 星期四 | 第八节 | 17级3班 |

山东省莱山第一中学发现，通过案例分析，教师在横向向同伴学习、研讨的过程中敞开了心扉，思想进行了深度碰撞。与此同时，教学领导、教研员对课堂教学中焦点问题的及时点评、深度分析、思路点拨，使教师的教学理念得以转变，教学能力得到提高。

### 4. 网络教研实现同行能手跨域交流

除校本研修外，校际研修是提高教师教学能力的重要方式之一。山东省莱山第一中学经常组织老师开展校际网络教研，参加北京四中网校组织的远程教研，同一学科的教师参与教学、教法、专题、专业发展的研讨和交流。网络教研由学科的核心骨干成员主讲，聚焦收集到的学科焦点问题，教研目标从“学科教学”转向基于学科素养的“学科教育”，教研重点从“知识传授”转向“学科素养、核心价值”，教研内容从“教师的教”转向“学生的学”，教研改进从“基于经验”转向“基于体验”。

天津市西青区王稳庄中学认为，网络教研跨越了时空距离，各学科的教师可以和专家、学者在网络上平等对话，和同行进行多角度的交流，实现了他们与同行能手在线交流、探讨、合作、学习的愿望，实现了信息快捷传递、资源共享、共同提高的目标。每位教师都成了网络教研的参与者和实践者，网络教研有效地促进了校本教研，使教师的能力切实得到提高。

微信是一个非常便捷的交流平台，对教师来说，它既是网络交流的窗口，也是资源分享的平台。山东省莱山第一中学建立了各学科教师微信群，老师们充分利用微信群，分享教学中个性的发现、实时的感悟。学校教研活动举办过程中，学校定期在微信群发布教研活动相关的日志，促使学科组定期进行教研工作的总结反思。尤其是公开课结束后，学校组织在微信群中评课，倡导每位教师都在微信群中阐述自己的观点，以便执教教师事后整体梳理，也便于各位参与教师多方借鉴。不得不说，通过对微信群的搭设、经营和有效利用，教师可以随时、随地交流学习，促进了教师个体与群体间的协调发展。

### 5. 听评课活动提高教师教研能力

听评课制度是肇庆市端州中学于 2017 年 9 月启动智慧课堂建设、进行课堂教学改革的一大亮点。端州中学的听评课制度详细规定了每学期学校领导、中层、课改教师的听课节数、听课类型、听课要求、检查反馈，以及具体的评课要求，并要求从教学理念、习惯落实、课堂活动设计、激励机制 4 个方面、9 个细节分别评课。学期结束前一周，每位老师向学科组长提交本学期的听课记录，再由学科组长汇总提交学校教研室，由教研室安排专人复检。为切实落实评课要求，领导小组还研讨了《肇庆市端州中学“翻转课堂”展示课教学评价表》明细。值得一提的是，老师的听评课情况最终列入教学评价和绩效考核中。

在规范而明确的听评课制度引领下，经过半年多的尝试、探索、内化、提升，端州中学智慧课堂教学模式日渐成熟。

一个冬日的早上，太阳慵懒地照着地面。端州中学七年（4）班教室里热火朝天，廖妮媚老师的历史翻转课正在进行中。学生们的热情燃烧着、迸发着，小手举得高高的，生怕老师看不到。而教室后面坐满了老师，不仅有历史老师，还有语文、数学、生物老师。因为肇庆市端州中学组织智慧课堂公开课时，要求所有参加智慧课堂的老师和各学科老师共同观评课，并由学科组长担任主持人。

下课后，听课老师先提交评分表，再去会议室评课。他们时而激烈地讨论，时而竖耳倾听，时而沙沙地记着笔记，不同的思维在碰撞，不同的观点在交织……肇庆市端州中学听评课围绕着“信息化与学科教学融合”目标而进行。教无定法，虽然科目不同，但目标一致。

作为一所城郊初中学校，东莞市沙田镇实验中学面临师资不均、生源层次差异大的问题，学校在集体备课、定期举办公开课、网络教研等活动之外，还创新性地提出了邀请听课教研活动。

每个学期，学校鼓励教师之间开展邀请听课活动，培养教师独立发现问题、研究问题、解决问题的能力。授课教师有针对性地展示自己的课堂研究成果，听课教师则针对上课教师提出的问题，进行有针对性的课堂教学观察。教师变被动为主动，实时解决课堂教学中遇到的问题。

### 6. 信息技术丰富听评课方式

虽然听评课已经成为一种常见的教师教研组织形式，但实践过程中还存在着听评课形式单一、课堂观察不够严谨规范、听评课信息分散、听课者的听课本无法有效保存与分析、评价反馈缺乏规范性等问题。基于听评课中存在的这些问题，烟台港城中学借助互联网＋电子听评课系统，在移动终端上完成听评课的各个环节。

利用互联网＋电子听评课系统，教师不需要亲临现场，只需远程观看教学过程、在线提交听课意见、互相浏览评论、在线参与听评课即可。系统汇聚同一节课听课教师提交的听课意见后，会整体呈献给执教教师，帮助执教教师改进教学。同时，系统还持续更新教师提交的听课记录，实现对教师个体的跟踪和管理。

教师通过移动听评课工具在线提交听课意见，规避了传统听评课中由意见领袖主导、部分教师不参与或边缘性参与的情况，增加了产生不同意见的可能性，有助于后续面对面讨论过程中开展针对性的讨论，实现深入研讨。

构建基于教师学习的共同体，依托信息技术手段，创新教研活动方式，拓展教研活动内容，提升教研活动质量，是促使教师走向自主学习、反思学习、深度合作学习的专业化发展的必由之路，也是推动课堂教学改革的有效途径。

★ ★ ★

扫一扫看视频

**溯源·延展**

智慧课堂加入信息技术的应用，改变了原有的运用学科知识与教学方法结合的教学模式与学习方式，形成了“知识—方法—技术”三者融合的应用。这对教者或学者而言都增添了一定的难度。在这种情况下，尤其需要学校教学教研和科研管理部门面对课改新形势、新环境，尽快开展校级层面、学科层面关于教研活动形式、内容、管理制度与评价激励机制的研究，以科学的制度建设和高效教研活动支撑引领智慧课堂健康发展。

山东省莱山第一中学、东莞市沙田镇实验中学和天津市西青区王稳庄中学等学校，通过多种形式的教研活动，如创新学科组集体备课、跨域网络教研、微信群远程教研以及有组织、有计划的公开课、赛课等活动，促使教师转变教学理念，重置教学方法。肇庆市端州中学和烟台港城中学通过有效的听评课制度、听评课活动与互联网＋新型听评课系统，让听评课教研步入新高度。这些高效的教研活动，已然成为深入开展数字化课堂教学改革的润滑剂。

## 第四节 教师集中培训 点燃教师职业激情

提高师生信息化应用的能力和水平，提升师生的信息素养，促进教育信息化从融合应用走向创新发展，是教育部倡导的方向，也是学校推进智慧课堂课改的必要条件。如何通过实施有效的教师培训，转变教师教学理念、提高教师技术应用能力，是所有践行智慧课堂学校必须思考的问题。

### 1. 教育局主办教师集中培训，域内教师统一思想、共同提高

2019 年 8 月 5 日—8 日，河南省焦作市城乡一体化示范区组织了一次示范区教师的集中培训。作为示范区第一个智慧课堂实施单位，河南理工大学附属中学联合北京四中网校承办了这次教师培训。

为了呈现理想的培训效果，河南理工大学附属中学李永富校长征集了全校初一、初二年级教师的需求，并与北京四中网校焦作分校两位驻校教研员、北京四中网校总校培训负责人多次协商沟通，最终确定了为期 4 天的培训方案。

“此次培训最重要的内容是转变教师们的思想意识，使其产生将信息技术应用于教学的紧迫感。为此，培训主要安排了 3 个不同层面的讲座。”李永富校长说，焦作市城乡一体化示范区教育局丁让花副局长、北京四中网校教研院总监王伟平老师、北京四中网校教育首席信息官薛丽霞博士分别从政府政策、信息技术发展、信息化对教育教学的深远影响、智慧课堂在全国普及情况及影响等多方面进行了阐述。

智慧课堂是参训的河南理工大学附属中学、文昌市联东中学等学校教师践行的主要教学模式，因此本次集中培训将这种教学模式作为培训核心内容，安排了“什么是智慧课堂”“智慧课堂教学设计”“智慧课堂案例”等培训模块，并在最后一个下午安排了“智慧课堂说课与评课”，让参训教师在了解该教学模式的基础上，能切实产生输出，尽快进入实践状态。

培养学生们乐学、善问、会听、敢议、能评的小组合作学习是很多学校都在探索的教学方式，因此集中培训特别安排了小组合作学习的探索，并邀请了北京四中网校教育首席信息官薛丽霞博士从学生分组、小组文化、小组分工、小组培训、教学设计与小组活动，小组评价与激励等方面分享各学校的做法。

此外，为了提高参训教师的信息技术实际操作能力，集中培训安排了“在线

教学平台操作”“课堂平板互动平台操作”“微课设计与制作”等内容。为发挥先行者的示范带头作用，活动还特别邀请了河南省洛阳实验中学刘桂宾校长“现身说法”，分享学校信息化课改的历程，以增强老师们的课改信心。

“这次培训在教师培训方式上还做了创新——所有参训者分小组围坐，变身小组合作的‘学生’，进行了简洁高效的小组文化建设，小组间 PK 氛围浓厚。在培训过程中的互动环节，参训者相互交流与共享，相互激发与碰撞，相互评价与修正，从而对培训的内容有了深层理解。”几个月后的今天，李永富校长还清楚地记得小组合作学习环节的热烈场面。

“采用什么方法让小组的积极性长效保持”是参训教师讨论最激烈的问题。钦丽春老师说：“初中生有着强烈的好奇心和求知欲，兴趣才是他们最好的老师。教学过程中，我们要结合教学大纲，整合优秀资源，把知识以丰富多彩的形式展现给学生，这样才能保持学生学习的积极性。”马欢老师说：“奖惩激励的方式要新颖。”刘喜艳老师说：“课外多开展小组活动竞赛，增强小组的凝聚力和集体荣誉感。”大家各抒己见，提出了诸多有价值的实践方案。

经过 4 天的“思维体操”，老师们切实体会到智慧课堂的魅力。文昌市联东中学董学军老师分享：“智慧课堂这种教学模式给予学生充分的自主学习权，提升学生的自主学习能力，教师可以在北京四中网校教学平台上共享优秀教学设计和优质校本资源，促进教师传、帮、带，提升整体教学水平。简直太棒了!”董老师希望尽快把这样的教学模式与教学资源引进到文昌市联东中学的教学实践中。河南理工大学附属中学钦丽春老师说：“这样有合作、有互动、有效果、有深度的培训，让人受益匪浅，老师们的参与度非常高”。

### 2. 学校主办教师集中培训，全校教师碰撞思想、探讨实践

平顶山市实验高中为有效推进信息化教学实践，于 2019 年暑期组织了为期 3 天的信息化教学智慧课堂教师培训，培训内容涉及新时代背景下的教育信息化、信息技术助力课堂教学创新、智慧课堂教学设计与案例分析、小组合作学习探讨、信息技术的常态化应用等。

聚焦信息技术常态化应用的讲座，以头脑风暴＋小组竞争的方式展开，主讲人和参训教师一起碰撞信息技术的日常应用，各个小组激烈 PK、互相启发、互相补充，短短半小时时间就梳理出课前预习、上课、课时复习、作业、复习、假期等数十个不同学习阶段的信息技术应用场景。

最后结训前的说课点评研讨环节更是精彩与热烈。物理、地理、英语、化学、语文、数学老师各展风采，老师们设计的课程逻辑缜密、课前学习任务与课中教学活动紧密衔接、智慧课堂的各个流程清晰呈现。小组内点评的老师们纷纷

感慨：对智慧课堂“早有耳闻，但相见恨晚”；“有知识，有方法，有生活”；“心灵互动，思维碰撞，情感激荡”。

“各学科的老师都捍卫了自己学科的尊严，”平顶山市实验高中赵建敏校长在总体点评时表示，“北京四中网校的平台、资源、教研服务，结合实验高中各位精英老师的学科功底、敬业的付出，智慧课堂一定能在平顶山市‘响当当’”。

### 3. 学校主办教师短期针对性培训，聚焦具体问题、提升培训实效

2019 年 2 月 17 日上午，广州市第二十四中学联合北京四中网校广州分校举办了为期半天的智慧课堂教师培训。

为提升培训的针对性和实效性，学校结合“翻转课堂视角下学生自主学习能力研究”课题和本学期信息化课改安排，在听取学校教师意见的基础上，将培训目标定位为实现“三个提高”，即理念认识提高、课型驾驭提高、技术应用提高。结合具体课例分析，着重培训在智慧课堂的课前和课中各环节，以及如何依托北京四中网校教学平台实现信息技术与学科教学的无缝融合。

广州市第二十四中学蔡铁山校长首先以 2019 年 1 月 18 日全国教育大会的召开作为导入，指出教师们经常“回到本来”、善于“思维解锁”，尝试“组织再造”，就会更加相信“专业自觉”带给个体的能量，为每位教育工作者描绘出价值意义明确的职业成长路径。“互联网时代，育人方式的变革推动着教师队伍的建设与发展，只有用创新的理论武装头脑，才能更好地适应新时代教育发展的需要。”

随后开启新学期的教师培训第一课——翻转课堂视角下学生自主学习能力研究，北京四中网校广州分校熊亮老师介绍了一节优秀课例应该具有的内在特征，即教学目标是否达成，学生是否掌握了重点、突破了难点；备课时是否分析了学生知识储备情况，课堂上是否根据生成性、过程性反馈数据演进；是否通过学生的展示掌握了学生思维的进展；是否培养了综合能力与学科核心素养。熊老师以“一元一次方程组”翻转课堂案例为大家进行了详细的阐述，并分析了技术对教学的支撑作用，让大家茅塞顿开。

培训结束后，广州市第二十四中学结合第一周的授课内容，更新了教学设计，并与北京四中网校广州分校驻校教研员一起说课、研讨，分析课前课上的技术使用是否恰当，分析课堂小组活动是否有效、高效，分析学生们的自主学习能力如何逐步提高等，把培训的知识内化到自己的实际教学中。经过这次培训，老师们融合创新的能力上了一个新台阶。

★ ★ ★

扫一扫看视频

## 溯源·延展

《教育信息化 2.0 行动计划》指出：要将全面提升“人”的能力作为推进教育信息化 2.0 行动计划的核心基础，大力开展各级各类学校教师、校长和管理者培训，扩大培训规模、创新培训模式、增强培训实效。教育部《关于实施全国中小学教师信息技术应用能力提升工程 2.0 的意见》第一条目标任务，即为“整校推进教师应用能力培训，服务教育教学改革”。学习力就是竞争力，培训就是生产力。

河南省焦作市城乡一体化示范区教育局主办教师集中培训，助力域内教师统一思想，共同提升信息技术应用能力。河南理工大学附属中学积极创新培训形式、丰富培训内容，为参训教师呈现了一场为期 4 天的“思维体操”。平顶山市实验高中和广州市第三十四中学为有效推进信息化教学实践，以校为单位，组织或长或短的教师集中培训，让全校教师碰撞思想、探讨实践。有效的教师培训转变了教师的教学理念，提高了教师的技术应用能力。

# 第五节 | 多元绩效评教　促进持续发展

多元化的教师绩效评价，在深化课堂教学改革、转变教师教学理念、提升教师信息化教学能力、提升课堂教学质量等方面发挥着十分重要的作用，是课改的催化剂。

### 1. 快速转变教学理念，深化课堂教学改革

山东省烟台第十四中学的课堂教学改革始于 2007 年，形成了“三制四段五步”教学模式。2013 年 8 月至今，校长李元福带领教师们投身课改的同时，积极探索教师评价改革，实行对教师发展性评价、多元化评价，修订完善了教师绩效考核评价制度，有力提升了办学水平和社会声誉，实现了学校快速发展、和谐发展。其具体做法有以下三点：

一是加强学习提高认识。一方面“走出去”，组织教师积极参加外地各种形

式的课改研讨和公开课观摩活动，参加数校联盟的课堂观摩和教学研讨活动，在观摩学习中吸取经验，探索实用高效的智慧课堂教学模式。另一方面“引进来”，借助互联网聆听专家讲座、开展网络教研、观摩名师授课，提高教师的理论认识和实施课堂改革的能力；利用校本研修，组织校内电教部门和前期实验优秀教师，从理论和实践两个层面对教师们进行培训和指导，使新参加课堂改革的教师能够放下负担，迅速开启课堂教学模式的探索。

二是聚焦课堂深入研讨。学校以“四同”课、研讨课、展示课、示范课等活动为载体，以不同层面的研讨会为平台，引导教师投身于课堂改革中，相互观课、评课，并就课堂中存在的问题共同探讨，提出对策。全体教师齐心协力，攻坚克难，在交流中改进，在改进中提高。

三是大胆“亮课”促提高。学校充分利用市区教研员到校听课机会，全面展示课改成果，邀请教研员为学校课堂“问诊把脉”；积极参加或承办学术研讨活动，展示学校的特色课堂，寻求专家的指导和帮助；参加数校联盟的课堂观摩活动，主动展示学校的课堂，与兄弟学校共同探讨。

### 2. 积极探索教师评价改革，建立多元化评价体系

通过加强学习提高认识、聚焦课堂深入研讨、大胆“亮课”促提高等措施，山东省烟台第十四中学的教师们树立了“先学后教”的课堂教学理念，意识到课堂教学改革势在必行。为了更好地发挥北京四中网校教学平台的作用，学校借助平板教学进一步提升教师教学理念、转变教学方式，充分发挥教师们的创造能力和教学平台的优势，并制定了《课改教师绩效评价方案》，由教代会审议通过后开始实施。

方案主要由月评价项目、学期评价项目和相关计算方法构成。其中，月评价项目包括教师平台任务推送数量、学生平台任务完成率、课堂互动平台使用统计。学期评价项目包括教学平台任务的推送及完成情况（月评价项目的累计情况）、教师教绩、教师参加教科研情况（附加分）。每学期，学校都会按照教师绩效评价标准对课改教师的课改情况进行量化打分。

| 2017 级第二学期工作总结 | | | | | | | | | | | | | | | | | |
|---|---|---|---|---|---|---|---|---|---|---|---|---|---|---|---|---|---|
| 学科 | 姓名 | 班级 | 任务数 | 任务推送量评分 | 任务完成率 | 完成率评分 | 爱学派使用次数 | 评分 | 教师教绩 | 最终教绩 | 联盟校听课 | 评分 | 联盟校经验交流 | 评分 | 联盟校公开课 | 评分 | 总分 |

**课改教师绩效评价量化打分表**

同时，山东省烟台第十四中学以“345”（“三制四段五步”教学模式）个性化学习为基础，以“互联网＋智慧课堂”课题研究为导向，经过不断探索，制定

了《“互联网+”教学课堂评价标准》。评价标准由课前设计、课堂活动、技术应用三个大方面、十个小方面构成。

山东省烟台第十四中学积极探索教师评价改革，实行发展性评价、多元化评价，并创建了“明星教师”评价机制，鼓励和引导教师组建了信息技术“e-feng团队”、智慧课堂“e-fan团队”等教师团队，让志趣相同的教师结成发展共同体，促进教师业务水平持续提高。

### 3. 多元化评价体系，师生各有所获

“一系列教师绩效评价制度的建立，使山东省烟台第十四中学学科特色更加鲜明，课堂教学充满活力，真正实现了学生自主、合作、探究的学习方式的变革，实现了教书和育人、成绩与能力的提升、学生个性和全面发展的相互融合。”据李元福校长介绍，学校2016年的中高考成绩令同行和主管部门刮目相看，赢得了社会的广泛赞誉和高度评价。

通过课改，山东省烟台第十四中学的老师们深切体会到，不要只关注课堂容量，而要切实注重学生的“思维容量”；不要只注重课堂气氛，而要切实注重学生的“思维活跃度”；要充分尊重学生的主体性，引导学生主动思考，给每一个学生提供成功的机会。

山东省烟台第十四中学王晓燕老师表示：“新课改提高了学生学习的积极性。我刚送走的学生是完整地经历了新课改的一批，他们确实从新课改中得到了实惠。我教的两个班的成绩一直名列前茅，从学生个体来看，他们也得到了全面发展。”

以高一一班班长李寒雪为例，她一路的成长，老师看在眼里，喜在心里。李寒雪一开始学习成绩平平，但经历新课改的磨炼后，她不断在展示点评中体验到成功的乐趣，不仅表现力增强了，克服困难的勇气也增强了，并形成了勇于探索的精神。“学习中这种精神尤为重要，在教师因故不能上课时，该学生主动担负起教师的角色，为学生们讲题，得到了广泛的好评。并且，该学生在高考中取得了优异成绩，这与新课改是分不开的。”张妍妍老师说。

### 4. 多元化评价体系，提升学校影响力

通过多元化评价体系的实施，学校深入推进“345”课堂模式改革，逐步提高了教师们的学科素养和信息素养。2014年，山东省烟台第十四中学申请了山东省教育科学研究院重大攻关课题——“山东省中小学翻转课堂教学的理论与实践”研究工作，并被确立为“山东省翻转课堂和微课程开发实验基地”。2018年，山东省烟台第十四中学申请了山东省基础教育重点课题——“互联网+活力

新课堂”教学设计与实施策略研究，深入探索“互联网＋”在课堂教学中的应用，推动现代信息技术与高效课堂建设深入融合。

山东省烟台第十四中学课堂改革，吸引了济南平阴、烟台栖霞、广东台山、甘肃白银等地学校的校长和教师前来观摩学习，在省内外产生了重要影响。此外，山东省烟台第十四中学先后承办了芝罘区活力新课堂现场会、中国基础教育信息化论坛烟台分论坛、第六届“核爆英语”课题研讨会等现场会议，展示了学校的课堂特色，编印了《活力新课堂（初中版）》《活力新课堂（高中版）》《班组建设与现代课堂》《学校创新发展与特色建设》4 本内部刊物。

扫一扫看视频

★ ★ ★

**溯源·延展**

2018 年 1 月 20 日，中共中央国务院颁发的《关于全面深化新时代教师队伍建设改革的意见》中明确指出：深化教师管理综合改革，切实理顺体制机制，深化中小学教师职称和考核评价制度改革，进一步完善职称评价标准，建立符合中小学教师岗位特点的考核评价指标体系，坚持德才兼备、全面考核，突出教育教学实绩，引导教师潜心教书育人。在《教育信息化 2.0 行动计划》背景下，多元化的教师绩效评价，能有效体现教师工作量和工作绩效，在推进课堂教学改革、转变教师教学理念、提升教师信息化教学能力等方面，具有十分重要的作用。

山东省烟台第十四中学积极探索教师评价改革，形成了“三制四段五步”教学模式，实行对教师发展性评价、多元化评价，创建了“明星教师”评价机制，修订完善了教师绩效考核评价制度，让师生各有所获，提升了办学水平和社会声誉，实现了学校快速发展、和谐发展。

## 第六节　小组合作学习管理　提升学生凝聚力

“小组合作学习”是智慧课堂建设的重要组成部分。教育部印发的《基础教育课程改革纲要（试行）》要求把培养学生的交流与合作能力作为新课程改革的重要目标。只有将合理分组、组内恰当分工、提升凝聚力、培训小组长、培养学生的合作技能等落实到位，教师才能实现对合作学习的有效调控，学生才能达到最佳的合作状态，“小组合作学习”才能真正成为有效的教学策略。

### 1. 教学模式变革是小组合作学习的根基

2016 年以来，海口市第九中学积极推进智慧课堂教学模式改革，经过不断探索，在北京四中网校“三翻二段十环节”教学模式基础上，逐渐形成了“三翻三步五环节”的海口市第九中学智慧课堂教学模式。

“三翻”即教学形式的翻转，由“课堂讲解＋课后作业”翻转为“课前学习＋课堂探究”；师生角色的翻转，教师由“知识传授者”翻转为“学习的促进者”，学生由“被动接受者”翻转为“主动探究者”；教学评价的翻转，由“传统纸质测试”评价方式翻转为“多角度、多元化”评价方式。三步是指课前学生观看微课、完成导学案，教师分析学情；五环节是指课中学情反馈（先学后教）、聚焦问题（问题导学）、合作释疑（合作学习）、展示交流（积极展示）、检测提升（及时矫正）。海口市第九中学吴芳蕾老师说：“这些转变凸显了课堂上学生主体地位的重要性，让学生由被动学习、接受学习、输入式学习转为主动学习、合作学习、输出式学习，成熟而明确的教学模式是小组合作学习的根基”。

### 2. 合理分组，打造合作学习的脊梁

分组是开展“小组合作学习”的第一步。在海口市第九中学智慧班学习小组组建之前，班主任会协同科任老师一起对学生的情况进行全面分析。

具体来说，分析学生各个学科的知识基础，找出优势和不足；分析学生的各项能力，包括学习能力、表达能力、组织能力、思维能力、书写能力、实践能力等；分析学生的性格、家庭背景、兴趣特长等。然后根据同组异质、异组同质的原则对学生进行分组。吴芳蕾老师表示，这样既能让学生的个性得到充分发展，也有利于学生之间相互帮助、相互促进、共同进步。同时还实现了组际之间的均衡性，有利于组与组之间的交流与竞争，保证课堂活动的参与度。

### 3. 通过拓展提升团队凝聚力，打造合作学习的魂魄

有了小组，要想实现良好的合作学习，小组成员之间的配合和小组的凝聚力是关键。为此，班主任组织学生参加团体心理拓展游戏，例如“坐地起身”，即三人一组背对背、臀部贴地坐在地上，相互挽着胳膊一起站起来，之后每组增加人数，体验如何协同一致行动；又如“信任背摔”，即每名学生依次从较高处直身向后倒下背摔，其他学生在背摔台下伸出双臂保护，体验相互信任的感受；此外还有“达·芬奇密码”“两人三足”“空当接龙”等。学生在参与游戏的过程中体验到合作的重要性，小组成员对小组产生了归属感，增强了小组凝聚力。为了

强化体验，海口市第九中学还在部分拓展活动中邀请家长参与，这让场面更加热闹，拓展效果也更好。

“空当接龙”游戏

#### 4. 小组成员角色培训是合作学习的小脑

如果说科学合理的分组是小组合作学习的脊梁、团队凝聚力是小组合作学习的魂魄，那么小组中每一岗位的分工培训则是合作学习的小脑。小组成员必须清楚各自的任务，并充分发挥自身优势完成任务。只有这样，才能有效地开展合作学习。

小组成立初期，在班主任的组织下，每个小组选出常务组长、汇报人、记录员等，明确分工，并制定适合自己小组的组名、组规和学习目标。常务组长负责本组学习活动的组织、分工、监督等，使小组学习有序开展。值日组长负责协助常务组长管理小组日常事务，实行轮换制，让每位成员都有参与本组管理的机会。此外还实行小组角色互换制度，增进生生互动的有效性。

据吴芳蕾老师介绍，明确各成员任务方面的培训主要以小组讨论形式进行，学生可根据个性特点选择角色，并承担每个角色的具体任务，使得人人有事可做，积极参与小组活动。若小组成员对分工有不同意见，组长可以根据小组实情统筹安排。另外，班主任也可以参与小组讨论，给予指导性的建议。

#### 5. 小组长管理技能培训是合作学习的大脑

每个合作学习小组必须有一个优秀的组织者、领导者和协调者，因此，对小组长的培训至关重要。在海口市第九中学，资深教师会专门对全体小组长开展专题培训，培训内容包括组织有效的学习活动、协调组员之间的关系、管理小组的方法、评价反馈语言等。

班主任每月召开一次全体小组长会议，点评各小组本月的表现，对表现突出的小组进行表扬，对进步明显的小组表示肯定，指出表现不佳的小组的不足。同时，班主任倾听组长日常管理中遇到的困难，并及时予以指导和帮助，不断优化小组合作学习模式。此外，智慧班按照小组评价量化管理制度，每周对小组表现进行量化评分，每周公布一次评比结果，每月根据各小组综合表现进行奖励。

### 6. 合作学习技能培训是合作学习的前提

学生并非天生就会合作，要实现高效的小组合作学习就需要培养学生的合作学习技能，其内容包括如何讨论、如何发言、如何点评、如何 PK、如何赞美等。

小组讨论基本要求：

(1) 讨论前，每个组员先进行充分的独立思考，之后再小组合作。

(2) 讨论时，围绕讨论中心，不跑题。

(3) 讨论过程中要倾听：认真听取他人意见；要交流：发表自己的看法并对别人的意见进行评价和补充；要协作：用不同形式展示问题的解决过程；要互相欣赏：有新颖的观点，要及时赞美。

(4) 讨论时，全体参与，大胆地提出自己的设想或看法，小组内达到对知识的充分交流与共享，相互反复激发、评价与修正；提问时尽量问开放性的问题。

(5) 讨论时，勇于承认自己的错误，肯定与自己不同甚至相反的正确看法。

(6) 小伙伴遇到困难时，要给予积极的帮助，要鼓励所有人参与。

(7) 组内集体讨论时，音量适度，让小组内成员听到即可，不影响其他组讨论。

(8) 服从组内大多数人的意见，个人意见可保留，最后呈现的是凝练后小组集思广益的成果。

小组 PK 基本规则：

(1) 其他小组发言时，注意聆听、补充、质疑。

(2) 专心聆听其他小组的发言，边听边思考，凝练并记录他人观点。

(3) 他人发言时不随便插嘴打断，有不同意见，听别人说完后再提出来。

(4) 学会站在对方的立场考虑问题，体会别人的看法和感受。

(5) 尊重对手，可以不同意他人观点，但不能批评人。

(6) 不把对观点的批评看成是对人的攻击。

(7) 有礼貌地打断他人发言，有礼貌地表示不赞同。

(8) 尝试理解争论双方的观点，尝试理解立场之间的差异。

（9）专注于获得最好的产出，而不是获得胜利。

### 7. 持续落实是合作学习的造血干细胞

结合各学科的特点，各科科任老师课上开展小组合作学习，安排具体的合作任务，由小组共同探究完成，并进行小组展示。各小组展示后，进行生生互评和教师点评，评选出表现最佳的小组。通过教师和学生的评价反馈，课上，培养学生倾听的耐心，不断练习表达技巧，不断提高合作技能；课下，组长对组员的课堂表现进行客观点评和总结，班主任对小组长进行持续的培训与指导。吴老师表示："通过持续的磨合，小组成员的配合越来越默契，形成一个良好的合作学习氛围。而良好的合作学习状态，反过来激励着教师设计出更加贴切的课前任务和更有深度的小组活动，师生关系渐入佳境，小组合作学习因此越来越有效、生动、热烈。"

### 8. 精细化管理制度是小组合作学习的保障

智慧课堂的高效性、互动性落实，以及学科核心素养的落实，离不开科学的小组建设和班级管理。小组活动越有序，自我管理能力越强，智慧课堂开展就越高效。2017 年上半年，海口市第七中学初一年级开展了"三化六环节"课堂教学模式改革，新教学模式由"自学、导入、交流、展示、检测和总结"六个环节组成。"这样的教学模式适合以小组合作学习开展，因此，成立学习小组并制定小组管理制度是课堂改革的首要任务。"海口市第七中学林志德老师认为，小组管理制度可以为课改保驾护航。

按照异质和自由的原则，结合学生成绩、性别、性格等实际情况，海口市第七中学将全班学生分成若干个学习小组，每个学习小组以 4 人为宜：（1）小组组员分别从 A、B、C、D 等级各选一人。前 13 名为 A 组，为 1 号组员；14～27 名为 B 组，为 2 号组员；28～40 名为 C 组，为 3 号组员；最后 13 名为 D 组，为 4 号组员。（2）确定组长一名。先从 A 组或 B 组抽出 1 位学生作为组长，由责任心强、组织能力好、合作意识强的学生担任，以便于组织组员开展互助学习。（3）由班主任确定好组长。各等级学生先自己挑选组长，组长也可以自由挑选组员，自由组合成小组。班主任再根据情况适当调整，尽量把有不同的强项和弱项的 4 位同学放在一起。（4）分别结成两个帮扶对子，开展组内帮扶活动，原则上 1 号与 4 号结对，2 号与 3 号结对。（5）小组重组。学习小组一般要求按以上步骤每学期开学时进行重新组合（也可每半个学期组合一次），并对上学期（半个学期）学习小组的工作进行总结和表彰，提出新成立小组的奋斗目标和措施。

海口市第七中学要求，学习小组成立后，各组在最短的时间内，商讨出本组的名称、目标和措施并张贴在教室的指定位置。小组名称要恰当，有激励性，代表本组同学的意愿；目标要具体、恰当、有激励性，应经过全组学生的共同努力可以达到，并设计《学科成绩期望表》。

组长的职责为组织督促小组同学一起完成学习任务；给小组同学分配具体的学习任务并帮助小组同学确定知识展示的方式；负责本组的上课纪律；评价本小组同学的上课表现，该结论不纳入班级小组考核，只作为班主任了解学生学习状况的参考。组员的职责为在组长和班委带领下做好本职工作，认真学习、遵守纪律；自觉维护本组、本班、本校的荣誉；积极提高自身能力，做到智商、情商并重，积极讨论、展示自己、建言献策；做好组长安排的其他任务；对全组同学的一天表现进行定性或定量记录，包括课堂表现（发言、展示次数）、纪律等，并在放学后进行汇总。

“精细化管理的小组合作学习制度，能够使人人积极参与，人人的能力得到发展，进而实现精准教学。”林志德老师说。

### 9. 培养优秀小组长是合作学习成功的关键

成都市龙泉驿区第七中学在几年的课堂改革实践中，充分认识到小组长管理所发挥的至关重要的作用。韩爱华老师坦言：“小组长是小组合作过程中最重要的角色，是小组学习过程的组织者、示范者、协调者，因此，小组长的选拔、培训、履职锻炼和评价激励，对于智慧课堂建设具有重要意义。”成都市龙泉驿区第七中学的智慧课堂班从初一开始就有一套培养优秀小组长的科学方法。

据韩爱华老师介绍，新生报到第一天，班主任就组织召开学生和家长共同参加的班会，宣传学校的信息化课改、智慧课堂和小组合作学习，并面向全班公布合作学习小组长职责和选拔条件，让学生们根据自己的愿望、兴趣和能力进行自主选择，且通过岗位竞聘产生小组长。

新生报到至第一学月结束，根据“组间同质、组内异质、男女均衡”的原则、参考小学毕业考试成绩，划分临时的 4 人小组。组长通过自我推荐、组内推荐、教师推荐三种方式产生。一个学月后或最多到期中，班主任和学科老师根据观察，及时对临时小组进行调整，新建小组。此时，根据选拔程序确定正式的小组长。

先是根据小组长职责，学生自主选择申报竞聘小组长、做好竞聘演讲准备，班委登记好名单并公示竞聘演讲规则；举行竞聘小组长演讲，竞聘候选人演讲时需要发表自己当选小组长后对小组管理的思考，同学当场用平板投票表决；班主任在投票结果和全班岗位设置的基础上征求相关学科教师的意见，确立正式小组长，并利用第二天早读课时间，严肃而庄重地为所有小组长颁发聘书。

对小组长的培训主要集中在规范行为和技能培养两方面。具体的职责培训包括按班级要求在适当的时间收发 Pad，平板统一充电、耳机和充电线的管理，及时提醒、督促组员做好课前各项准备；组织组员及时完成北京四中网校教学平台课前学习任务；组织好课堂的合作学习，课中合作学习的分工，包括笔记、平板拍照、上台展示等方面；组织好课后的小组学习活动。小组长还需要掌握基本的平板操作技能以帮助组员解决问题。

小组长的成长过程是一个历练、主动进取的过程。因此，成都市龙泉驿区第七中学赋予小组长十足的权力，组长可以组织组员订立组规、组内调位、文明教育组员、组间协商交换组员等。小组结构在一段时间内尽量保持稳定，方便每一位小组长明白自己的工作和重点关注的同学。在日常学习、活动中，教师要及时帮助组长解决“难题”，特别是一些比较“薄弱”小组的组长，要让小组长树立威信，获得成就感。

根据初中学生的学段特点和成长需求，成都市龙泉驿区第七中学设计了智慧课堂学习小组组长评价方案，对评价内容、形式和要求做了明确具体的规范：短长结合，形成序列。每日有小组长简评，每周五下午有小组长小评，每月评选 3 个优秀小组长和一个进步小组长，每个学期评选 3 个先进小组长、3 个进步小组长。方式多样，重在激励。对小组长的评价既有描述性的语言评价，也有直观的量化分数评价；既有自评，也有互评；既有生评，也有师评。

### 10. 丰富的小组表彰活动，树立学习标杆

树典型立标杆，是教学工作中经常使用且行之有效的一种方法。通过树立标杆等一系列表彰活动，可以发挥榜样示范作用，以点带面，从而实现教育引导，促进学生的全面发展。

海口市第十中学在课改过程中积极探索丰富多彩的树立标杆活动，助力智慧班学生健康成长。每次活动目标各不相同，活动形式也有所差异。

**班会表彰形式：**在丰富多彩的树立标杆活动中，最值得一提的是海口市第十中学校长范高彬亲笔题词以鼓励学习优秀的学生。比如，年级第一名符艺馨同学，学习认真专注，不张扬，静静地汲取知识，范校长题词“静生慧”；年级第三名梁娜同学，在学习上有明确的目标，并为之奋勇前进，范校长题词“目标勇士”；姚山呈同学，无论在学习上还是活动中，都积极进取，学习成绩保持年级前十，范校长题词“严谨治学”……2019 年 3 月 11 日，范高彬校长到初二（8）班进行颁奖，激励 8 班同学共同进步，并合影记录了这一时刻。

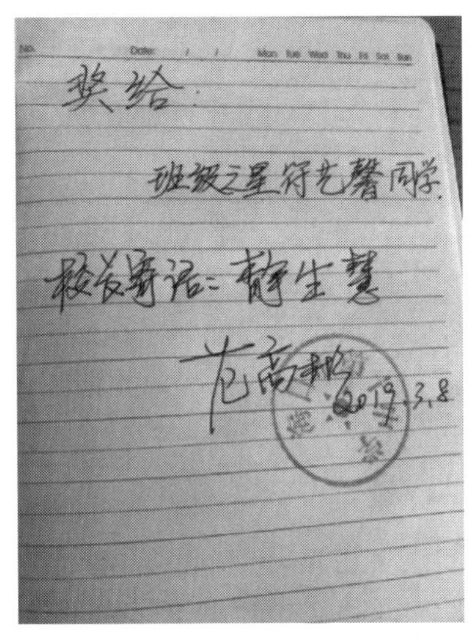


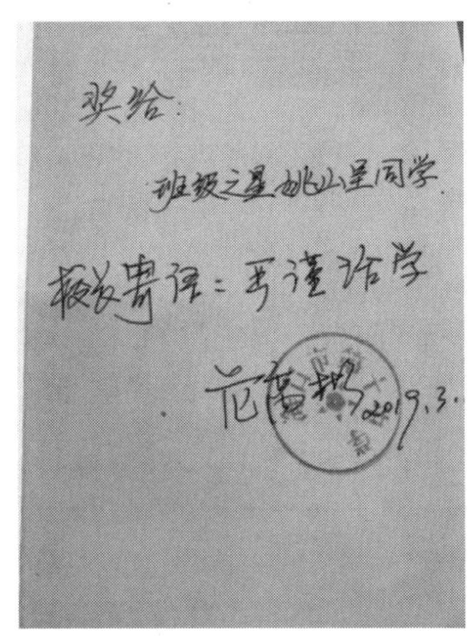


范高彬校长为获奖学生亲笔题词

范高彬校长为获奖学生颁奖

**家长会表彰形式：** 老师的帮助，学生的努力，但好成绩的取得还离不开家长的督促和配合。2019 年期中考试后，智慧班为优秀小组的学生家长颁奖，并由小组积分第一名的学生梁娜带领小组家长们领奖。

**校级表彰形式：** 2019 年开学，根据学生 3 个学期以来的学习成绩和平台学习情况，学校组织了一次表彰会，分别评出“班级之星”“刷题王”“进步生”三类奖项：根据学生的学习成绩，名列年级前十的学生被评选为“班级之星”；根据平台学习情况，做题最多的 5 位同学被评为“刷题王”；成绩进步大，年级排名提升 50 名以上的学生，被评“进步之星”。全体校领导出席大会，并为获奖学生颁发奖状、奖品、奖金。

家长领奖

有获奖学生在日记中写道：“原来成长如此快乐！和小伙伴们一起向前冲，向着目标冲刺，如此充实！”学生们在得到奖励后学习更加努力，在小组合作中更加主动，在平台上学习更加自觉，为小组挣得积分。学期结束时，两个智慧班学生的成绩更上一层楼，分别获得年级学科总分第一名和第二名，班级学习氛围越来越好，在期末考试中越来越多的学生考入年级前 100 名。

扫一扫看视频

★ ★ ★

## 溯源·延展

全国知名校长郑杰校长在《为了学习的合作》一书中写道：只有平时注重小组合作训练，小组活动的效能才会更高。他认为，小组合作学习就是要把孩子们联结起来，让他们构成相互合作的关系，因此小组建设很重要。好的小组要像一个“团伙”那样有战斗力，组员们相互依赖，他们能感受到什么是“荣辱与共”，他们会有较强的“认同意识”“归属意识”“整体意识”“排外意识”。而小组荣誉感、小组合作技能、小组长的组织协调能力，需要在持续不断地贯彻落实各种培训与日常小组活动中获得。

如何让小组合作学习有根基、有活力、有灵魂？海口市第九中学通过开展由“自学、导入、交流、展示、检测和总结”六个环节组成的课堂教学模式改革，以及合理分组、小组文化建设、小组培训、小组长管理技能培训，使小组合作学习真实有效。此外，海口市第七中学制定了完备的小组管理制度。成都市龙泉驿区第七中学充分发挥小组长的重要作用，注重优秀小组长的培养，而海口市第十中学则通过开展一系列小组表彰活动，树立学习标杆。

# 第七节 | 通过课改课题研究 提高教学理论与实践能力

“The mediocre teacher tells, the good teacher explains, the superior teacher demonstrates, the great teacher inspires（普通老师照本宣科，好老师答疑解惑，优秀的老师躬亲示范，伟大的老师点拨引路）”，这是美国学者兼作家威廉·亚瑟·沃德的观点。

如何从一名照本宣科的教师向科研型教师转变？如何解决教学实践中遇到的问题？如何在各学科的教学中更好地应用信息技术？在教育信息化重构教学生态中，如何更好地提升教学质量？诸多问题的解决都有赖于教师对教学过程的研究与反思，这是教师成长的必由之路，而教学实践中的问题恰恰是教师课题研究的源头和起点。

## 1. 用课题研究指导课改实践

当前，语文学科的专题化教学正在慢慢被提上日程，“互联网＋专题化语文教学”越来越多地出现在语文教师的视野中，教师思维观念的转变因此变得迫在眉睫。与此同时，技术手段的智能化使得语文教学的教学结构面临重组。一方面，师生关系趋于平等；另一方面，面对互联网上海量、繁复的信息，学生的认知能力、道德判断能力、信息提取能力还有待进一步提升，教师不仅要对涌入课堂的大量信息进行有效整合，还要对学生进行正确的价值观和人生观引导。

“正是基于对语文教学这样的认识，我们申请了“平板辅助教学在语文专题化上的应用研究”课题，试图从知识教育向思维教育转变，使学校在语文教学实践中删繁就简，更好地促进语文课堂教学。”作为课题牵头人的烟台港城中学初三语文组王迪老师如是说，与她一起从事该课题研究的还有宋媛媛、乔成芳、张陆露三位老师。

石嘴山市光明中学是石嘴山市的一所相对薄弱的学校，为了在新一轮教育变革中实现“弯道超车”，石嘴山市光明中学利用信息技术对课堂教学进行“翻转”，以促进学校教学水平的提升。深度参与了学校课改实践的王建林老师边实践边思考，牵头启动了“利用北京四中网校平台助推数字化教学改革”课题研究。“目前，这个课题已经顺利结题，课题研究的成果在学校的课改中发挥了引领作用，我非常有成就感。”

### 2. 聚焦实际教学问题，确定课题研究的目标与内容

“以探究平板对语文课堂专题化教学的改变，实现资源有效整合，促进学生语文学科思维的养成，利用平板实现点对点、一对一教学为目标，‘平板辅助教学在语文专题化上的应用研究’课题是初中语文专题教学一次新的尝试和突破。”据王迪老师介绍，基于实践，四位老师经过多次探讨，把课题研究的主要内容聚焦在专题阅读教学和专题专项教学上。

专题阅读教学主张先“阅读”后讨论讲解，专题专项教学则将零散的语文知识系统化。先学后教，学生唱“主角”，而老师是以“引导者”的身份参与其中。在整个课堂教学过程中，一切以学生为主体。具体实践主要分为四个阶段：第一阶段，课堂上，教师以一个目标为抓手，设计多篇文本的阅读，实现随堂拓展阅读，开阔阅读视野。第二阶段，在授课过程中，与学生的平板实现适时同步互动，与学生共同探讨学习方法，实现一课一得。第三阶段，微课资源的合理利用。第四阶段，激发学生阅读兴趣，选取一些经典名家作品片段章节，在赏析之余，激发学生对这些“大部头”的阅读兴趣。

与烟台港城中学聚焦语文专题化教学的课题相比，石嘴山市光明中学“利用北京四中网校平台助推数字化教学改革”课题更宏观，要实现的也是对各学科都具有普适性的目标：第一，利用现代信息技术实现课堂教学由“PPT”型向“互联网+”型转变。第二，借助“北京四中网校教学平台”实现课堂教学由教师管控型向师生互动型转变。第三，利用学生平板电脑终端实现教师、学生和家长之间的跨时空互动，将课堂由教室向室外延伸。第四，利用数字化教育技术实现教师教学信息反馈及时化、科学化，从而促进教师教学行为不断优化。第五，通过数字化教学改革促进学校教师将信息技术与学科教学深度融合，从而全面提升广大教师的教育教学能力。

### 3. 过程研究是课题研究的实质性环节

烟台港城中学的王迪等四位老师经历了这样的课堂实践：首先，利用互联网资源、教师的个人积累，以及学生的力量，搜集整理适合同一主题的多文本，以实现群文阅读。无论是纸质书籍，还是电子文档，抑或是音频或视频文件，都可以通过北京四中网校教学平台方便快捷地分享给每一位学生。其次，课前推送任务，利用微课或课件，教师围绕主题设计问题，让学生主动去阅读，带着问题和兴趣去阅读。课上，同一主题可以利用资源共享激发学生学习兴趣，从而实现高效课堂。再次，在专题化阅读教学过程中，运用平板对难点问题进行有突破的深入探讨，增进实践研究的深度和厚度。最后，将课题实践

应用到课堂。中学生语文课外阅读有两个明显的不足——阅读量不够、目的性不强，且因为缺乏正确方法的引领，容易导致情绪化阅读、快餐化浏览、欠缺分析和思考的无意识阅读。课题组充分利用“互联网＋”课堂，合理使用课堂45分钟，对学生进行引导，并通过学生自我展示、小组合作等形式，激发学生的学习兴趣。

### 4. 课题研究提升教师教学和研究能力

2017年，烟台港城中学启动了“基于‘互联网＋’大环境下如何在语文课堂上高效开展平板教学的研究”课题，另外，“平板辅助教学在语文专题化上的应用研究”课题也是学校课改研究的延续。烟台港城中学相关负责人表示，课题研究提升了教师的专业成长，秉承“大语文观”的教育理念，课题也在一定程度上推动了烟台市推进中小学语文单元拓展整合阅读工程的步伐，为推动“全民阅读”和加快“书香烟台”建设贡献了学校的力量。

经过一年多的课题研究和实践，石嘴山市光明中学基本形成了“预习、检测、讲授、练习、形成能力”相对固定的模式，形成了动态灵活的班级管理模式，形成了以动态评价督促学生自主、合作学习的教学闭环，构建了教师、学生、北京四中网校资源和家长“四位一体”的网状教育教学生态，学生也基本完成了“互联网＋”学习模式的转变。

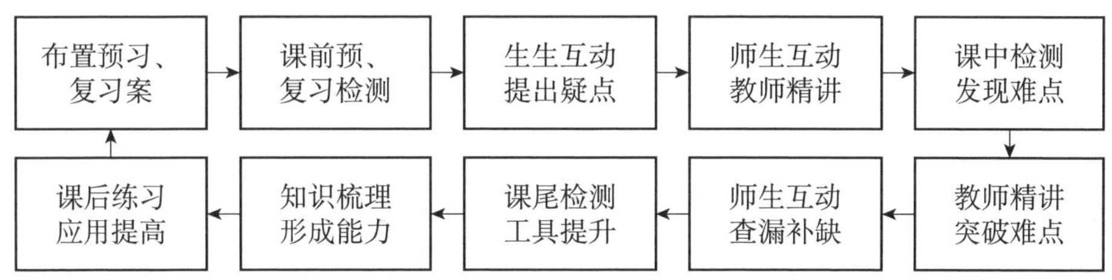


石嘴山市光明中学智慧课堂教学模式

与此同时，和平行班相比，翻转实验班成绩也有较大提升，数字化教学成绩效果更为明显，尤其是数学、物理、化学。同时，教师数字化教学能力也得到极大的提升。物理学科陈爱华老师于2019年5月在“全国‘互联网＋’教育暨人工智能助推教师队伍建设高级研修会”上展示了“动能和动能定理”公开课，得到了专家好评。王建林老师于2019年11月在学校做主题为“北京四中网校教学平台对我校教学的促进”的专题报告，引起了全校师生的共鸣和思考。

★ ★ ★

**溯源·延展**

英国课程专家斯腾豪斯提出“教师即研究者”的理念，他认为，教师仅仅作为被研究者是不够的，教师要亲自参与到研究当中去，在自己的岗位上担负起研究的职责，而且研究反过来还能促进教师教学质量和水平的提高。在他看来，课程需要教师个人的研究和开发。新课程重点要求教师要成为学生学习的组织者、引导者和合作者，成为一名研究型的教师。通过课题研究带动学校教育科研，促进教师专业发展，解决信息化教学实际问题，提升学校教学能力，是学校推进课堂教学改革的最佳路径。

烟台港城中学申请了“平板辅助教学在语文专题化上的应用研究”课题，聚焦专题阅读教学与专题专项教学，从知识教育向思维教育转变；而石嘴山市光明中学的“利用北京四中网校平台助推数字化教学改革”课题研究，引领着学校的翻转课堂教学实践。

## 第八节 | 课改引发校园文化标签的形成

苏霍姆林斯基说：“对周围世界的美感能陶冶学生的情操，使他们变得高尚文雅。”校园文化体现的是学校的办学思想和教育理念，校园文化所营造的学校环境和氛围潜移默化地影响着学生价值观和思维品质的形成。课堂作为学校教育的主战场，课堂文化是校园文化的重要组成部分。如今，课堂教学改革倡导“以生为本”，突出学生的主体地位，把课堂还给学生，发挥学生的主观能动性。在这种教育理念的引导下，校园必将焕发出生机和活力，形成不一样的学风。

### 1.“问学 AI 课堂”让校园充满自信与信任

要实现课堂的人性化、高效化、务实化、精准化，就需要把互联网以及信息技术应用到教学过程中。太原市第十一中学校长樊晓东提出“办理想的学校，做温暖的教育”的办学理念，并提出以“问学 AI”课堂为核心的“三精教育”，即精品课堂、精心陪伴和精细管理，以此支撑办学理念的落地实施。樊晓东校长表示，北京四中网校教学平台的“问学 AI”课堂教学改革对太原市第十一中学课堂文化及校园文化产生了积极影响。

据悉，“问学 AI”课堂的具体要求是“三问”“两学”“一 AI（爱）”。“三问”要求教师从两个层面三个环节来实践：第一个层面是立足于事物发生发展的角度，从开始、过程及结果进行提问，明白“是什么、为什么、怎么办”，知其然还要知其所以然；第二个层面是立足关心学生的角度，从学生的过去、现在和未来进行提问，可以是师生间、生生间的互动。

“两学”包含被动学和主动学。在智慧课堂上，教师会提前推送微课给学生，在看似被动学的表象下，学生已经在独立思考、主动学习。“两学”既有“匹夫而为天下法，一言而成天下师”的传承，又有“学生是课堂主人”的观念创新。“问学 AI”课堂真正让“以学生为主体、以教师为主导”的教学思想得到了有效落实。如在“问学 AI”课堂上，有更多小组进行合作探究，有更多学生积极自我展示并勇敢提出质疑，从而培养了学生各方面的能力与自信、包容等品格。

“一 AI（爱）”有两层含义：一层含义是人工智能，即先学后教，以学定教，实现学生的个性化学习；另一层含义是爱心和关心，即“问学 AI”课堂用大数据手段教学，从学生的实际出发，线上线下实现混合式学习，时刻关注学生的学习兴趣和学生内心对学习的体验和感受。

樊晓东校长说：“经过一段时间的课堂教学改革实践，太原市第十一中学的课堂有了两方面变化——自信和信任。”课堂上，教师和学生处处展现着自信，教师教得自信，学生答得自信。一些专家在听完学校的“问学 AI”课后对学生课堂上展现出的精神面貌和良好的师生关系感慨连连；由于信任，教师在课堂上敢于“放手”，敢于让学生参与展示，真正实现了“师生”“生生”间高效互动。樊晓东校长认为，教师对学生的信任是一种“爱”的体现，有这种“爱”才能做“温暖”的教育。

### 2. 班级文化建设增强凝聚力

在“班改”“课改”的道路上，成都市蜀西实验学校提出“以人性的光芒引导学生走向幸福之路”“多元育人，用艺术的力量挺直学生的脊梁”等理念，大力发展学生的综合素质。在这样的环境中，学生开阔了眼界，增强了信心。结合学生的学情，在智慧课堂探索过程中，学校开始了基于合作成长小组的班级文化建设。

余秋雨先生在《秋雨时分》中提到，文化是一种包含精神价值和生活方式的生态共同体，它通过积累和引导，创建集体人格。据此可引申出，班级文化即班级所有成员共有的价值和信念体系。班级文化分为三个层面：一是美化班集体文化的浅层面，即班集体物质文化建设，包括班级的卫生、教室的布置等；二是班集体文化的中层面，即班集体制度建设，包括小组课堂评价、课外以小组捆绑形式开展的操行综合评价；三是强化班集体文化的深层面，即班集体精神文化的挖掘。班级文化建设就是要以小组合作为载体，凝聚、开发个人潜力。

在这些理念的引领下，成都市蜀西实验学校各班组织开展定班名、探索班级梦想、讨论班级精神、制定班级公约、设计班徽等一系列活动。这一系列活动，以学生为主体，由教师引导、网校教师提供协助支持。例如，2020 级初 1 班班名为“初澄”，寓意为“初心不忘，澄心进取”。该班学生自发地将课前课后对教师的问候改为“初心不忘，澄心进取，老师您好/请休息”。共同的文化探索过程增强了班级凝聚力，增强了学生的团队意识，同时也增强了家长对班级的认同感和参与度，更为小组文化建设打下了坚实的基础，小组建设不再只是形式。

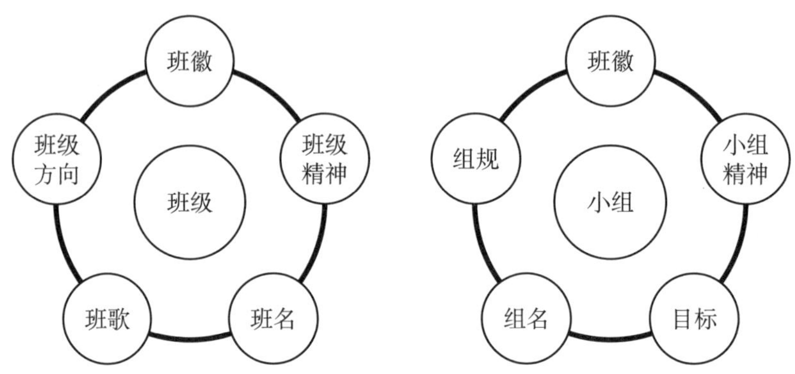


班级建设与小组建设

### 3. 小组文化建设让合作互助成为学生日常

以班级建设为基础，成都市蜀西实验学校的小组建设同样经历了开学初建、组长选培、确立组长、培训组长等一系列前期的探索过程。小组成立后要进行探组名、拟组徽、书写小组格言、制定小组约定等小组文化建设活动。多数小组组名均源自班名的其中一个字，在这一过程中，小组成员合作互助，不需要老师讲什么，学生就可以体会许多。

小组文化建设活动结束后，同学们得出结论：小组的建立主要在于小组合作。以“思琅”小组为例，该小组初建时，矛盾、争执较多。就组徽而言，该组有人保持中立，有人我行我素，有人事不关已。直到最后一天，该小组成员才结束慌乱状态，在组长的组织下，一人负责画边框，一人负责写标语……开始了正常工作。不到一个小时，该小组就完成了组徽的创作、修改。经历了这样一个过程，“思琅”小组的组员们明白了一个道理——小组的建设与井然有序的分工、合作是密不可分的。

小组成立后要制定操行评定方案让班级与小组管理“有法可依”，要设计有班级特色的小组合作记录表，并在班级文化墙的布置中体现班级及小组建设特色，如PK台中的小组PK、积分银行中的小组积分等。因为个人的表现决定着小组表现，学生和家长都非常重视，有位家长感慨，“自家孩子一定不能拖其他小组成员的后腿”。

### 4. 智慧课堂让学生精神面貌焕然一新

因为采用智慧课堂教学模式，郑州市第五十三中学张萌萌老师的班级一直是年级乃至整个学校不一样的存在，所以，开学初，她就向学生传达了“我们不一样”的思想观念，教育学生团结向上，让周围的人因自己的存在而感到幸福。

“理想很丰满，现实很骨感”，由于班级人数较多，学生学习程度和个人素质参差不齐，因此，班级成立之初，学生犹如“散沙”，缺乏向心力和凝聚力：各人只管各人的事，不关心班级事务，班委管理班级也是战战兢兢。

张萌萌老师在班里组织了一系列促进小组凝聚力的活动，如拔河比赛、跳绳比赛、作业评比、素质拓展活动等。学生慢慢有了竞争与合作的意识，张老师抓住这个契机，将其发展成为班级意识。慢慢地，学生对班级事务也变得热衷起来，进而形成了班级“团结、稳定、向上”和“班级人人管、人人管班级”的班级风貌。

社团和课外活动丰富多样是郑州市第五十三中学的一大特色，经过小组合作的熏陶，学生对课外活动的态度也由“要我参与”变为“我要参与”。时至今日，张萌萌老师还清楚地记得高一上学期号召学生参加运动会的情景：她在班里鼓励学生报名参与，可收效甚微，最终也只是勉强凑够了参赛人数，更别提比赛结果了。高三上学期的运动会却完全是另一幅景象：学生们在班长和体育委员的带领下，自发报名、自己组织，比赛结果出奇的好，4名同学破学校运动会纪录，班级也取得了全校总分第四的好成绩。比赛结束后，班长李晓宇找到因特殊情况全程缺席运动会的张萌萌老师并激动地告诉她，别的班连人数都凑不齐，他们班却因为报名人数太多，光筛选运动员就用了整整一节自习课，班长的言语中透露着骄傲。截止到高二下学期期末，该班的第一学习小组被评为“郑州市优秀学习小组”，班级被评为“优秀班级”“郑州市书香班级”。

智慧课堂进入该班已近三年，张萌萌老师从学生身上真切地感受到他们更加善于展示、善于交流，更加自信，班级洋溢着欢乐与热情。而作为学校第一届智慧课堂班的班主任，她也收益颇大、感慨良多，她很感谢这一平台不仅让她成长，遇到更好的自己，更让她遇到最美的学生和最阳光的校园。

教育技术的引入改变了传统的教学模式，不仅大大提高了教学效率和教学质量，还对校园文化产生了积极的影响。太原市第十一中学校、成都市蜀西实验学校、郑州市第五十三中学三所学校学生的精神面貌都发生了令人欣喜的变化，而这些变化，是对课堂教学改革效果的生动诠释。

扫一扫看视频

★ ★ ★

**溯源·延展**

陶行知说："要把教育和知识变成空气一样，弥漫于宇宙，洗荡于乾坤，普及众生，人人有得呼吸"。中国教育学会名誉会长顾明远教授说："一所学校要有一个文化的蕴涵、文化的底蕴。文化的蕴涵越深厚，学校的基础越深厚。优秀的学校文化不是自然生成的，是要全校师生用心营造的。"刘长铭说："我所理解的成功的学校教育，一所真正的'好学校'，我们评价它的一定不仅仅是培养了多少中高考状元，多少名师。实际上，好学校与校长、教师的教育价值观、校园文化和氛围、师生的精神面貌都是分不开的。"

太原市第十一中学校探索出"问学 AI"课堂模式，让校园充满自信与信任；成都市蜀西实验学校通过班级和小组文化建设，使班级凝心聚力得到增强，让合作互助成为学生的日常。郑州市第五十三中学通过智慧课堂课改，让学生精神面貌焕然一新。智慧教育的核心是聚焦人的发展，真正把课堂还给学生，把学习还给学生，让学生更加自信、综合能力变得更强。

## 第九节 特色校本资源库建设

校本资源库的建设、管理和使用，是目前每个学校都亟须解决的问题。学校如何给教师们提供一个高效、便捷的建设资源、获取资源、分享资源的教学环境，以满足教师们在教学过程中的需求呢？对此，成都市树德协进中学与秦皇岛树人中学，通过整体规划设计、分层分类建设、广泛共享使用等措施，将北京四中网校的优质资源进行校本化改造，融入当地和本校的教学资源中，建设了校本资源库。

### 1. 整体规划、分步实施，建设校本资源库

2016 年，成都市树德协进中学决定与北京四中网校合作，开展课堂教学改

革，实施智慧教学实验，同时将校本资源库建设纳入学校工作计划同步实施。

一是宣传动员，提高认识。学校首先成立组织机构，由教学副校长担任组长，信息中心主任担任副组长，信息学教师、智慧教学班的学科教师以及积极投身信息化课改的青年骨干教师为组员。组长和副组长撰写实施方案、制定相应的规章制度，并召开专题动员会，由校长亲自主持，信息中心主任宣讲实施细则，为校本资源库建设营造氛围。

二是学校管理与研究团队根据学校实际，提出“建网、建库、建队”校本资源库建设的总体目标。建网即建设结构性、校本化、相对完整的网络资源体系；建库即按照统一制定的规划、部署、技术标准建设应用型校本资源库，为师生、教育教学、学校管理服务；建队即建成一支信息素养高、能力强的信息化课改骨干教师队伍。

三是设定校本资源库的功能目标。包括：方便、快捷的信息检索；资源分类齐全、科学；可设置不同学科、不同年级教师添加资源、删减资源、修改资源、下载资源的权限；系统维护简单等。

四是选择平台。由于资源库建设是一个数据库结构不断完善和各种资源逐渐增加的过程，必然要经常对资源库进行修改和维护，因此，选择一个合适的服务平台和数据库系统尤为重要。经过多方考察，学校最终决定与拥有科学合理、已有完备的教学资源库的北京四中网校共建校本资源库。学校的想法是：采用北京四中网校资源库的架构模式，建设一个供全校师生共建共享的校本资源库，并与北京四中网校资源库实现无缝对接；教师登录北京四中网校资源库既能调用网校资源，也能调用校本资源库的资源，既能上传也可下载资源。

五是硬件及技术保障。学校在硬件建设方面进行了较大提升，配置了专门的服务器和路由器、交换机。信息中心技术人员全程跟踪，解决问题。北京四中网校也派出驻点技术员和教研人员，全力协助，助力资源库建设。

六是建立合理的评价和激励机制。一个信息资源库的信息量大小，质量高低，除与学校的决策有关外，还与参与建设的各类人员（学科教师、技术员等）的积极性、责任心和操作技能有着直接关系。因此，学校定期对参与人员的工作进行评估。此外，学校还聘请各学科特级教师和网校教研员一起，定期对其所承担部门的信息资源的数量和质量进行定量评估。评价结果与其年终考核挂钩，实行奖优罚劣，以促使大家提高认识，把这项工作落到实处。

### 2. 以应用为主导，分步逐层建设校本资源库

信息资源自身的特性决定了校本资源库不是资源的简单集合，而是以一定的教育教学理论为指导，遵循国家颁布的标准化规范，经过周密设计的复杂性

系统。

从概念上来说，构建资源中心的目标是资源共享和分布协同，即对数字化教学资源统一规划、部署、整合和共享，提升系统的规划、运行和管理机制。从技术上来说，资源中心要实现多种类型资源共享和协作，解决多个层次的资源共享，综合运用相关技术标准。

成都市树德协进中学采用对校本资源库进行分层分类、逐步推进的建设模式，对学科知识实现“有效聚合”。所谓“有效聚合”，是指将分散的教学资源通过资源中心集成起来（通过资源管理、资源制作与知识整合等），产生综合效能，以满足学校的教学需求。

校本资源库建设采取自建、共建和引进相结合的方式，以应用为主导。内容设置涵盖高中教育各年级、各学科课程教学资源、高考辅导资源、德育教育等各类专题教育资源，以及图片库、视频库（宣传片、活动视频）。

在校本资源库的建设过程中，成都市树德协进中学的做法是分步逐层推进。

首先，在校本资源库建设过程中，重点抓好信息采集层面的工作。信息的采集是资源库建设的基础，是建设过程中涉及人员和部门最多的环节，也是最重要、最艰巨的环节，在整个资源库建设过程中应引起高度重视。同时，从采集工作开始，整个建设过程都应体现以教师为中心和自主学习的原则，充分发挥全体教师的作用，采取自制或对下载、购买的资源根据教学实际进行改编、剪辑等多种办法进行信息的采集。组织全校具有丰富教学经验和多媒体课件制作能力的一线教师，组成教学资源开发队伍，建成包括语文、数学、英语、物理、化学、生物、政治、地理、历史 9 个高考学科资源。

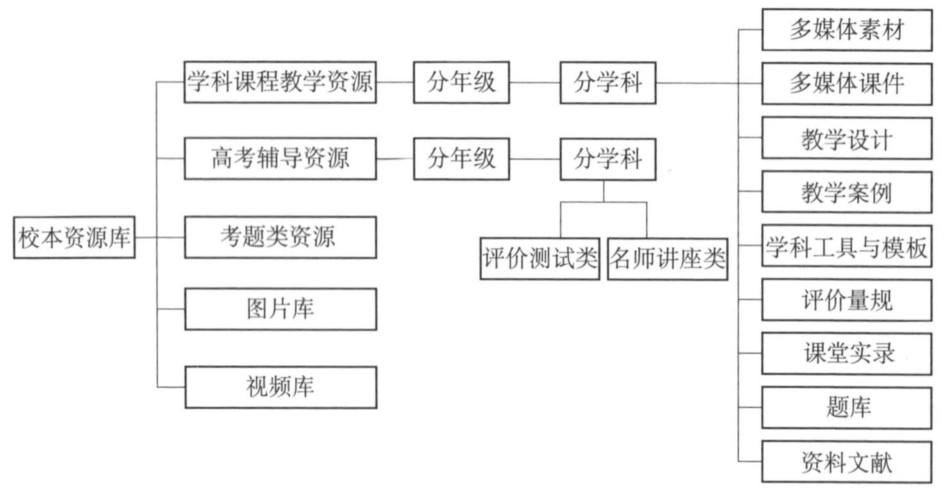


**校本资源库内容设置**

其次，注重抓好资源库“云”储存的审批、建设、发布和维护工作。建立资源库内容“云端”的严格审批制度，是保障信息安全的一种有力措施。由于资源库的内容庞大、制作周期长，不能等全部制作完成后一次性发布，应完成一批发布一批。这样分期发布，有助于扩大影响，及时共享。此外，日常维护是资源库建设中的一项重要工作，要根据教师的意愿对资源设定使用权限，最终实现对资源的有效利用和管理。

### 3. 充分利用核心活动，建设实用校本资源库

为了使校本资源紧扣课堂教学，秦皇岛树人中学正逐步建设、改造、完善资源库，其目的是使之成为规范、开放、共享、实用的校本教学资源库。

秦皇岛树人中学校本资源库的教学资源主要包括导学案、配套新授课微课、限时训练以及配套的重难点题精讲微课、拓展资料等，学校充分利用学校优秀教师们参加的“每周一课”活动，构建校本资源库。据悉，“每周一课”是秦皇岛树人中学的特色教研活动，活动要求各个学科的高一高二年级每周上一节展示研讨课，这是学校现阶段最鲜活、准备最充分的课堂，且活动过程中能实时生产出最贴合学校情况、最体现教师集体智慧、最吻合学校“3×3+1”教学模式的教学设计、课件、导学案、拓展资料，以及课堂实录与微课。这些教学资源，是秦皇岛树人中学校本资源库最重要的组成部分。

**树人中学“每周一课”的实施方案**

为了进一步强化高效课堂的内涵，深入推动我校Pad教学及“3×3+1”课堂模式的建设，进一步推进备课组和教研组建设，强化教学研讨氛围，促进教师专业成长，提高课堂教学水平和教学质量，特制定“每周一课”的实施方案。

1、高一高二年级每周一科一节，每周二教务处确定下一周进行“每周一课”的学科和教师，参与的教师在周五上午将下周要上课的时间、内容及班级上报教务处，教务处制定周安排。

2、展课教师充分备课，备课组和教研组再在个人备课的基础上研讨交流，研讨与完善教学设计，必须体现Pad教学、翻转课堂的教学理念。

3、上课和观摩，教务处协调好上课时间、课务和场地安排，讲课人上课，校内领导及相关老师参与听课观摩，并撰写听课心得（听课本）。

4、课后评课，活动结束后，讲课人上交课件、教学设计并对本次教学设计思路和课堂展示等进行介绍，听课人积极参与评课并发表意见，听课人可以对课堂教学的某些环节提出自己的见解和建议。

5、讲课人提供文字材料和图片，教技组进行公众号的制作和发布。

**秦皇岛树人中学“每周一课”实施方案**

资源库各模块都制定了详细的标准和要求，如教学设计的内容结构一定要符合“3×3+1”课堂教学模式；导学案不能写成简单的预习提纲和检测练习，而

是引导学生利用课本和导学资源来开展课程的学案；课件不只是教师用，学生也能用于展示；精讲微课只能是突破重点或难点内容的短小视频等。

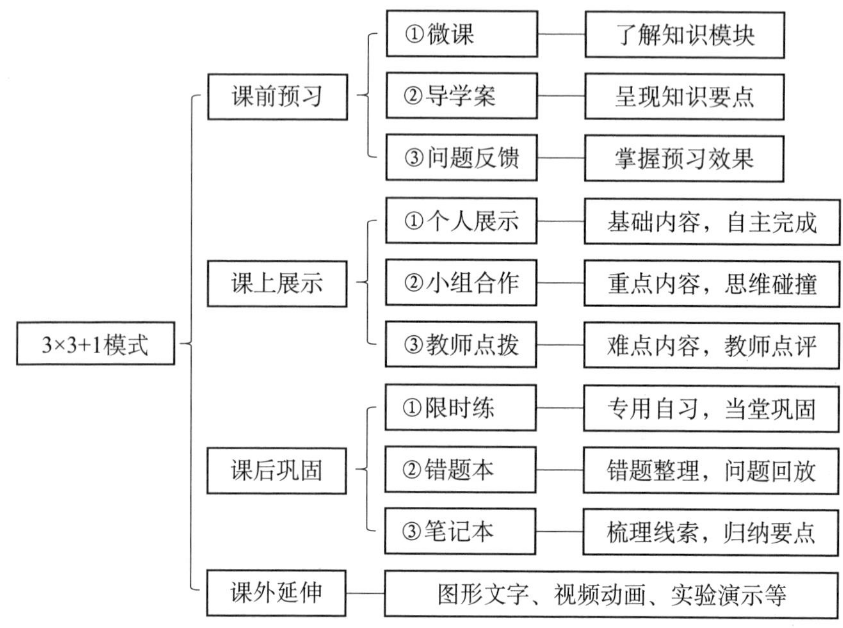


秦皇岛树人中学“3×3+1”课堂教学模式

### 4. 随时检验、修改，校本资源库在使用中不断优化

秦皇岛树人中学校本资源库的最大特色在于将校本资源与 Pad 教学充分结合，全体学科教师是校本资源库建设的主角，且资源建设随教学进度进行，资源的优劣在教学中可随时检验、修改。如导学案投入应用后，暴露出问题设置不合理、知识点不全或者重点不够突出等问题，学校安排在反思总结后，对导学案进行二次修改；又如限时训练的制作，由每个年级组分别出题，但在使用过程中，会根据实际情况加入最新的高考动向试题，做到时时更新。

截至目前，秦皇岛树人中学已经全部实现 Pad 教学。利用 Pad 以推送微课的形式来建设优质的教学资源，使每个学生都能通过优质资源随时随地在线学习。

成都市树德协进中学认为，只有经过充分的共享与使用，校本资源库才能发挥其价值，学校才能在网络备课、网络教学、网络教研、团体协作等方面实现资源库的高效使用。教师们每节课都在使用校本资源库的资源开展教学，在提高学生学习效率的同时，也提高了自身备课的效率，还完善了校本资源库。

成都市树德协进中学还引入校际合作模式以提高资源的价值，提升教师创造更优秀资源的积极性。具体来说，就是通过成都地区各个北京四中网校的合作学校之间的校际展示，开展智慧课堂大赛，实现资源互通，将优质教育资源（如精品课件、优质教案、现场课例等）汇集、展示、分享。学校间借助资源库互通有无、互相借鉴、取长补短，实现信息资源的共享，这有利于转变“单一”“封闭”式的办学模式，推动学校教学改革的深化发展。

★ ★ ★

**溯源·延展**

“办好一所学校必须具备三个要素：一是教师队伍；二是校舍设备；三是信息。过去学校的信息主要指教学大纲和教科书。现代学校信息是多方面的，有课程标准和教科书，还有各种图书资料、声像资料、电子信息等。”中国教育学会名誉会长顾明远教授在《学校要重视教育资源库建设》一文中如是说。教学资源是教与学的基础，是教与学的源泉。校本资源库的建设是教育信息化的重要组成部分，是延伸学校教与学之根基。

成都市树德协进中学通过学校整体规划，按步骤同步实施，以应用为主导，分步逐层建设校本资源库；秦皇岛树人中学充分利用核心活动，建设实用校本资源库，并在使用中不断优化。两校校本资源库的建设与应用，在提升学校教育教学质量中发挥了重要作用。

## 顶层设计视角

**青海西宁市教育局**

### 优质资源全覆盖，促进教育均衡发展

人口少、面积大、交通不便利，部分地区尽管两个学校之间的直线距离不超过2公里，但是需要步行4～5小时，甚至1天才能到达，这是西宁市的实际情况。为缩小城乡间、学校间、教师间的差距，实现教育均衡、公平，在试点校利用北京四中网校资源平台取得较好积累的基础上，2019年3月，西宁市在全国率先通过招商引资、购买服务方式，引进北京四中网校数字化教学平台及优质教育资源，实现133所中学（含县区）全覆盖，3年内免费向全市13余万中学师生开放使用。

“北京四中网校资源平台全覆盖项目”实施以来，西宁市教育局领导高度重视网校资源平台的应用和教学模式的转变，成立了由局长担任组长、副局长担任

副组长、各业务科室负责人为成员的推动领导小组，派专人负责具体实施，制定《北京四中网校资源平台全覆盖项目实施方案》及考核办法，各区（县）、校相应成立领导小组，制定本区域推动方案与考核措施，形成上下联动、多部门配合、各负其责的工作机制。各级教育主管部门通过平台大数据掌握教情、学情，并进行考核、通报；教研部门有针对性地开展教研、教学指导，有效发挥优质资源对教学的促进作用。

市教育局信息中心负责应用培训、资源数据更新、项目推动等保障服务的统筹协调，建立健全科学的考核评估机制，强化监督、指导、反馈；装备科负责项目相关设备采购，提供项目的基础保障；中教科、教科院负责教、学、研指导、评价及优秀做法与案例的总结、梳理、应用推广；学校将网校资源平台应用纳入教师信息技术与学科融合个人考核项，实现教、学、研、管模式变革。

研训一体，注重实效。通过组织种子教师、学科教师、校领导培训，使其充分认识高效、精准、智能的信息技术为教育教学、分析、评价、决策提供的有力支撑，掌握资源平台操作与应用；组织学生培训，让学生利用北京四中网校资源有针对性地进行自主、个性化学习，查漏补缺，提高学习效率；组织家长培训，让家长进一步了解市教育局这一惠民政策带来的效益，解决家长寻找校外培训机构的烦恼，减轻学生的学业负担、减轻家长的经济负担，获得家长对教与学模式变革的支持。

通过北京四中网校教研员驻校指导教师备课、评课、研讨活动，辅助教师更新教育理念，掌握信息技术环境下高效课堂的教与学、研与评的思路和方法，积极参加由北京四中名师承担的远程教研活动、各地同课异构网络教研的论课活动，多种方式提升教学教研水平。

项目实施以来，教师、家长、学生发生了很大变化。教师从一开始的紧张生涩，到后来的游刃有余，深刻体会到优质资源、大数据、人工智能可以有效减少烦琐重复性工作，提升教学质量；家长们说："孩子不再畏惧、逃避学习，喜欢学习了，且学习自觉性比以前有了很大提高，回家第一件事就是登录北京四中网校平台完成老师布置的任务，在讨论区里发表观点，经常投入得连饭都顾不上吃。"家长由原来的不理解、观望到现在积极参加学校组织的家长开放日；学生们说："特别喜欢这种学习方式，我也能成为小老师给同学讲题了，并展示了我的绘画特长。"学生从一开始的不敢发言到后来的质疑提问、互相释疑，其发现问题、分析问题、解答问题的能力以及表达能力等明显提升，无不反映出"教"与"学"方式变革带来的新变化。

# 第五章

## 数据驱动下的教师专业发展

◎ 如何转变教师的教学理念？

◎ 如何营造和谐的师生关系？

◎ 青年教师如何快速成长？

◎ 如何充分发挥集体备课的作用？

◎ 如何从教书匠成为教育家？

## 第一节 | 转变教学理念 提高信息素养

信息化时代高效课堂的达成对于老师的要求有两个必不可少的条件：教学理念的转变和信息素养的提高。理念是实践的指南，理念引领观念，观念指导行动。任何工作的推进，都必须经历从理念到观念，从观念到行动，从行动到效果的过程。而信息素养水平直接影响信息化环境下高效课堂的质量。

### 1. 理念改变，教学才会新颖

王刚是四川省蓬溪中学的一位数学老师，从教 20 余年，他认为在数学课堂中，存在着诸多教学问题，比如教学方法过于单一，评价机制不完善，教学过于贴近教材，教学死板等。这些问题阻碍着教师开展教学，更影响着学生参与学习，所以教师必须敢于打破传统教学方法的束缚，采取多对策、新方法来构建数学课堂，以改变教学现状，实现教学的新发展。同时，王刚老师还意识到信息技术对教育教学的影响。如何将教育信息化融入高效课堂中？这也是王刚老师一直在思考的问题。他对教育领域的信息技术一直都有一种强烈的好奇心。当计算机多媒体出现的时候，他就将其引入到课堂教学中，而且用得比较得心应手，在信息技术与课堂教育融合方面积累了丰富的实践经验，但是对于高效课堂的打造，他还是感到力不从心。

学校与北京四中网校的合作，为他真正打开了一扇通往外界的窗。通过系统了解北京四中网校教学平台的备课、上课、班级管理、资源利用、试卷分析报告等模块，他对信息技术与课堂教学的深度融合有了新的认识，对高效课堂的模式、结构、流程等也有了系统的认识。王刚老师积极思考，努力调整自己的教学方式，并结合自己的经验，将北京四中网校教学平台的课堂模式落实到自己的课堂中。经过一个阶段的努力，不仅课堂有了积极的变化，王老师的信息化水平和素养也有了很大提高。

与有着多年信息技术与课堂教学融合实践经验且乐于尝试的王刚老师相比，长沙市明德华兴中学李蓉老师的信息化教学经历了一个从抗拒到接受的过程。2016 年，初到明德华兴中学，李老师就承担了两个信息化教学班的语文教学工作。李蓉老师坦言当时对信息化教学、智慧课堂等概念一无所知，学校每个星期二晚上都会组织信息班的老师开会学习，还提供机会让老师们去北京学习，渐渐地她明白了什么是信息化教学，如何实现翻转课堂。但是她对信息化教学还是有些抗拒，认为智慧课堂教学虽好，却不可能实现常态化，理由有二：一是设置课前学习任务，老师需要耗费很大的精力，拍微课视频更是难上加难。二是用平板完成课前学习，对学生的自觉性要求极高，如果学生敷衍了事，课前学习将形同虚设。

2019 年，除了智慧课堂教学外，长沙市明德华兴中学要求老师们每个月至少再上两次平板课。刚听到这个任务时，李蓉老师觉得压力很大。一个月的期限眼看就要到了，她只得硬着头皮上了一堂信息化教学课。那是一堂片段作文鉴赏评比课，她用平板制作了一个课件，但没有将它上传到北京四中网校教学平台上，导致上课时课件无法投屏到一体机上，也无法推送给学生。结果一堂课下来，8 个小组中只有 2 个小组上台进行了展示，评比无法完成。这次失败的教训不仅没有打击她的信心，反而激发了她挑战的欲望。通过这堂课她知道了信息技术如何支撑课堂教学，之前因陌生而产生的畏惧感随之消失。一天之后，她再一次申报平板课，将那堂未完成的片段作文鉴赏评比课完成了，而且非常成功。

“原来信息化教学并没有想象得那么难。”自此以后，李蓉老师进行信息化教学的频率越来越高，有时一个星期上 3～4 次。她发现，课前学习任务的设置确实要花些功夫，但只要将时间规划好，是完全可以实现的，如果再加上备课组的力量，事情就变得更简单了。学生的自觉性也比想象中要好，再加上家长的力量，每次任务大部分学生都完成得非常认真。这样的发现让她看到了信息化教学常态化的曙光。

### 2. 方法改进，效率才会提高

在传统教学中，老师一方面让学生预习第二天要讲的内容，另一方面查询大量资料，把重点、难点、知识体系结构和相关的例题、练习题在备课本上体现出来，上课时再为学生讲解。而在实际教学过程中，老师根本不知道学生究竟有没有预习，只能通过对少数同学的抽查提问来了解。

在智慧课堂中，老师可以提前几天给学生推送相关学习内容、相关视频，并附有相关的练习题，让学生在指定的时间内观看视频和完成练习题，然后老师通过平台就可以很轻松地掌握学生的学习情况，知晓存在的问题在哪里。在备课中，老师就能够做到有的放矢，有针对性地去备学生存在问题的知识点，真正做到“以学定教”。例如，在准备上“直线与圆的关系”时，王刚老师就提前把北京四中网校教学平台的“直线与圆的方程的应用”视频推送给学生，并让学生完成后面的小测试。然后通过对测试题的数据分析，王老师知道了学生在直线与圆相切时对圆内直角三角形的应用有一定的困难，于是在二次备课时，他从试题库中专门找了相关的例题上课时重点讲解。

李蓉老师在实践探索中，也发现信息化教学确实有着传统教学所不具备的优势：

首先，课前学习可切实完成并有效反馈。例如教授现代文阅读篇目时，课前学习任务主要是字词学习和文章内容的整体把握。字词是学生可以通过查字典自己掌握的，课前预习了，课上只要抽查学生错得多的几个词就好。文章内容的整体把握是学生通读全文后才能做到的，所以设置一道题目，可以督促学生阅读文章，学生对文章熟悉了，上课的效率自然就提高了。《从百草园到三味书屋》这种篇幅较长、知识点又多的课文，以前至少需要 3 个课时，采取智慧课堂教学模式，2 课时就完成了。文言文教学中，智慧课堂教学的优势更为明显。学生可以通过视频学习翻译、了解文章的表层意思，学习文言知识，积累文言字词。课堂上只需对重点知识进行抽查即可，大大提高了课堂效率。

其次，平板上很多功能有助于激发学生兴趣，更好地为教学服务。在李蓉老师看来，最能激发学生兴趣的是抢答功能，但是她发现有的学生抢到之后站起来回答不出问题。为了尽量避免这种纯粹为了好玩而缺乏思考的情况发生，她定下了两个课堂规矩：（1）抢到机会却答不出来的扣分，因为没思考；（2）回答与前面同学重复的扣分，因为没倾听。

李蓉老师最喜欢的平板功能是课件推送和白板出题。课件推送功能可以让每一个学生，不管坐在教室的哪个位置，都能轻松地看清楚课件。如果上课没来得及做笔记，课后还可以回看课件。白板出题功能可以将学生提交的答案随机分发，全班互评。

### 3. 思维转变，课堂才会精彩

传统课堂是一支粉笔走天下，后来开始运用 PPT，但相比之下，智慧课堂更方便、更不受客观因素制约。因为要讲的内容已经提前推送给学生，学生已经提前预习，而且通过网络在小组内相互探讨交流，找出了学习的实际问题，因此老师只需要对形成的问题进行点拨，对重点的题型进行讲解即可。以前在课堂上，要出一个随堂练习题让学生练习，只能抽几个学生到黑板上来展示，或者把学生的练习用投影仪投影出来。而现在学生做好后，就可以直接拍照上传，同学之间可以互评，教师可以在平板上直接点评，可以将优秀的练习题推送给学生互相借鉴，也可以将存在问题的练习推送给学生，让他们自己进行评阅。这样大大地加强了每一位学生对知识点、易错点的掌握，教师上课也就相对轻松。这样的课堂容量大，学生的训练量也有所增加，实现了以学生为主体、教师为主导的课堂教学模式。

如在上“圆的一般方程”时，四川省蓬溪中学王刚老师将提前准备好的课件推送给学生，在课件中有 5 个选择题，他就利用答题卡功能让学生选出自己的答案：第一、第二和第五题正确率 100%；第四题有 5 人出错，正确率 90%；第三题有 14 人出错，正确率 71%。据此，他对第三题再进行分析讲解，这样就节约了大量的时间，学生的学习效率也大大提高。在第二个圆的大题的处理上，他在黑板上分析后，让学生自己在作业本上做，然后拍照上传。在学生上传的过程中，他在平板上把已经上传的答案过了一遍，了解了学生对该题的掌握程度后，然后让学生进行互评打分，并展示优秀答案，这样学生掌握该题型就容易多了，也对易错的地方更加重视。

| 题号 | 题型 | 正确 | 错误 | 未提交 | 正确率 | 作答记录 | |
|---|---|---|---|---|---|---|---|
| 1 | 单选题 (7 分) | 48 | 0 | 0 | 100% | A(48人): | 陈仁杰、唐梓杰、蒋钰林、展开 >> |
| 2 | 单选题 (7 分) | 48 | 0 | 0 | 100% | D(48人): | 陈仁杰、唐梓杰、蒋钰林、展开 >> |
| 3 | 单选题 (7 分) | 34 | 14 | 0 | 71% | B(34人): | 陈仁杰、唐梓杰、薛林、展开>> |
| | | | | | | C(7人): | 蒋钰林、刘星延、邓玉、展开>> |
| | | | | | | D(7人): | 刘鼎、唐想、唐萍、展开>> |
| 4 | 单选题 (7 分) | 43 | 5 | 0 | 90% | A(1人): | 李诗林 |
| | | | | | | B(3人): | 薛林、程昊楠、王政阳 |
| | | | | | | C(43人): | 陈仁杰、唐梓杰、蒋钰林、展开 >> |
| | | | | | | D(1人): | 李鑫 |
| 5 | 单选题 (7 分) | 48 | 0 | 0 | 100% | D(48人): | 陈仁杰、唐梓杰、蒋钰林、展开 >> |
| | | | | | | A(1人): | 陈仁杰 |

答题卡显示结果

为比较传统教学与智慧课堂的教学效果，山东省牟平第一中学杨斌老师选取两个平行班级——A 班与 B 班，在不同模式下教授地理“中国农业”。

A 班采取传统课堂教学。备课时间为 90 分钟，其中编写教案、熟练基础知识体系 45 分钟，准备习题 45 分钟。

45 分钟的课堂分为两部分，一是必修二知识回顾，包括广义的农业、狭义的农业、农业生产的特点和影响农业的区位因素，用时 15 分钟，其中，教师点拨用时 5 分钟，学生记忆用时 10 分钟。二是讲授中国农业相关知识，包括我国种植业的地域差异及主要农作物的分布、我国农业结构的变化及原因、我国主要的农业地域类型及分布等，用时 30 分钟。

课堂上，杨斌老师把预先准备好的教案中的知识一五一十地讲解给学生，并要求学生认真听讲，做好课堂笔记，大声背诵加深印象。随后将准备的习题下发给学生，当堂检测学习效果。8 个选择题中，正确率最高的一题为 95.7%，最低的为 34%。

**采用传统课堂教学的 A 班课后检测成绩**

“课后检测正确率偏低，学习效果不明显。”杨斌老师对这样的结果进行了认真的反思：传统课堂教学，教师永远是知识的权威，学生只是储备知识的容器，一节课下来，学生机械地记住了一些地理的相关术语，就像是批量生产的产品，千篇一律，毫无特色。传统课堂教学把学生仅仅看作一个被动的知识容器，谈不上关注学生的思维发展、信息素养，教师力图将教材中的每一个知识点都纳入自己的教学设计中，甚至对每一个知识点的讲授时间都进行精密的安排和预设，看似精心，实则背离了学生发展的需求，不了解学情，不知道学生的思维冲突点，缺乏科学依据，很难高效。

B 班采取智慧课堂教学，先学后教，以学定教；充分备课，制作预习导学案、选取预习同步练习、预习反馈并分析学情、针对学情制作并选取微课、制作课件。

课前，学生利用自习时间完成预习导学案，学习中国农业相关基础知识，完成和提交预习题目，杨斌老师结合预习情况的学情反馈在平台上提出在线讨论问题：“请同学们结合个人情况，说出你对不同地区农业发展情况的困惑。”学生提出了疑问和见解。

课上，杨斌老师根据学情反馈，以学定教，确定教学目标、内容、方法等，优化课堂任务清单，课堂教学以学生合作探究、重难点点拨为主，以学生为主体，师生合作，突破重难点，总结农业部分常见问题的分析思路。

杨斌老师完成课堂教学后下发了与 A 班相同的 8 个选择题，其中正确率最低为 77.8%，相比 A 班明显提高，学习效果明显。

**采用智慧课堂教学的 B 班课后检测成绩**

“通过合作探究，思维碰撞，学生参与到知识的形成过程中，思考的机会多了，对知识的理解能力增强了，学以致用的能力也自然提高了。教师虽然在课堂上表现的机会减少了，但是在课前的准备工作中耗费了大量的精力，对学生的学情把握得更精准，教师备课质量的高低决定了‘先学后教，当堂训练’的效果。在备课过程中，PPT 的制作、微课的录制使得教师的信息技术能力得到了很大的提高，现代技术与教学的完美结合是本节课成功的最大保证，而所有这些都源于教师教学理念的转变。”杨斌老师说。

### 4. 数据精准，效果才会提升

以前想命制一套高质量的试卷，需要查阅大量的资料，需要和同事们相互商量和探讨。对成绩的分析和统计则更为麻烦，比如要想知道学生选择题的出错率如何，必须一个一个去数。现在使用北京四中网校教学平台的组卷功能，命制试卷非常方便。每一个知识点都有足够的优质试题，试题的年份、难度、来源一目了然。教师可以手工组卷，也可以自动组卷。试卷的批阅都在平板上完成，极大地提高了教师的工作效率。对于学生成绩的分析，都是试卷改完，系统自动生成，教师可以很方便地掌握班级平均分和每个学生的得分、每题的得分率、试卷的完成记录和学生的作答记录，从而为教师评讲试卷提供详细的数据依据，在评讲试卷的过程中做到有的放矢。以前评讲一份试卷需要两节课，而现在一节课就可以完成了。

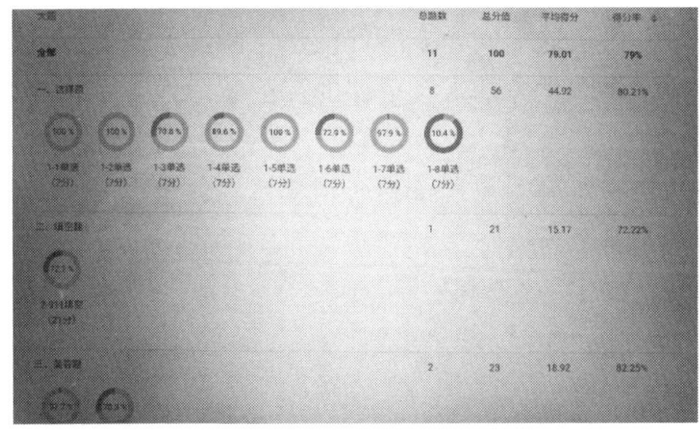

| 大题 | 总题数 | 总分值 | 平均得分 | 得分率 |
|---|---|---|---|---|
| 全部 | 11 | 100 | 79.01 | 79% |
| 一、选择题 | 8 | 56 | 44.92 | 80.21% |
| 二、填空题 | 1 | 21 | 15.17 | 72.22% |
| 三、简答题 | 2 | 23 | 18.92 | 82.25% |



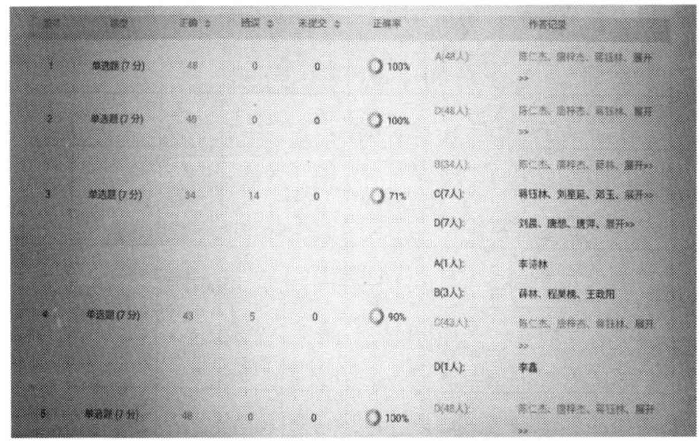

| 题号 | 题型 | 正确 | 错误 | 未提交 | 正确率 | 作答记录 | |
|---|---|---|---|---|---|---|---|
| 1 | 单选题（7分） | 48 | 0 | 0 | 100% | A(48人): | [illegible] |
| 2 | 单选题（7分） | 48 | 0 | 0 | 100% | D(48人): | [illegible] |
| 3 | 单选题（7分） | 34 | 14 | 0 | 71% | B(34人): | [illegible] |
| | | | | | | C(7人): | [illegible] |
| | | | | | | D(7人): | [illegible] |
| 4 | 单选题（7分） | 43 | 5 | 0 | 90% | A(1人): | [illegible] |
| | | | | | | B(3人): | [illegible] |
| | | | | | | C(43人): | [illegible] |
| | | | | | | D(1人): | [illegible] |
| 5 | 单选题（7分） | 48 | 0 | 0 | 100% | D(48人): | [illegible] |

“立体几何”测试题数据分析

北京四中网校教学平台还能让老师助力学生合理安排并执行假期学习计划。以前大多数学生放假前期都是疯玩，临近开学才赶作业，实在来不及了，就抄同学的作业，效果非常差。而现在，老师可以设定每两天布置一套试卷，学生必须在规定的时间内完成，必须在规定的时间内纠错。这样一来，学生就处在一个持续性的学习状态中。通过一学期的学习，王刚老师班的数学成绩有了明显上升。

### 5. 有效融合，“韵味”才能释放

语文老师进行信息化教学最大的顾虑是，现代化元素介入语文课堂可能会冲击到文学经典的韵味，也就是常说的“语文味”。通过探索与实践，李蓉老师发现现代化元素和传统元素其实是可以有效融合的。

“想要不破坏语文课堂的韵味，课前学习任务的设置非常重要。”李蓉老师说，如果将课堂上要提的问题都放在课前学习中让学生作答，课上再针对学生作答中呈现的问题进行讲解，课堂就成了习题讲解课，理性有余而感性不足，很难上出“语文味”。所以，课前学习应以基础知识的学习检测为主，涉及文章内容的问题只需要一个即可。这个问题要能促使学生阅读全文，让他们对文章内容有一个整体感知。在“再塑生命的人”一课的课前学习任务中，李老师设计了这样的题目：

请将能表现海伦·凯勒心理或情感的词填写在括号中。

莎莉文老师来家里之前——（　　）

学会正确拼写“doll”这个词——（　　）

“我”怎么也分不清“杯”和“水”——（　　）

“我”把布娃娃撕碎——（　　）

莎莉文老师带“我”到井房教“我”认识水——（　　）

“我”想把布娃娃拼凑起来却怎么也拼不好——（　　）

“我”学会了很多词，企盼新的一天快些到来——（　　）

这个题目可以帮助学生梳理文章内容，初步了解海伦·凯勒的心路历程。莎莉文老师到来之前，文中直接出现了“愤怒”“苦恼”“疲倦不堪”等词，但仔细品读第四段，还可以感受到海伦·凯勒的紧张、害怕、迷茫，以及对光明的渴望。本堂课便从这个点切入，一方面对学生呈现的问题进行了指正，教他们学会通过品读语言来品悟情感；另一方面让学生对莎莉文老师到来前海伦的内心世界有更充分的认识，以便更好地理解莎莉文老师对海伦生命的再塑。这堂课上完，同组语文老师表示受到了很大的触动，这说明这堂课的“语文味”是很浓的，语文学科与信息化教学的融合是可行的。

### 6. 资源更新，教学才具“特色”

互联网飞速发展的今天，网络中虽有海量的教学资源，但资源良莠不齐，查找并非易事。因此，对教师来说，建设一个具有自身特色的资源库便显得尤为重要。知识管理是教师的一项重要技能，通过对教与学的资源、成果和经验进行系统化的梳理及提炼，教师的专业知识和技能能得到快速的提高。

自 2018 年以来，山东省牟平第一中学的老师们就开始进行本校学科资源库的建设。以地理组为例，在组长杜艳丽老师的引领下，不同年级分工合作，围绕高中地理教与学的主题，从教学实践、教学研究等视角进行资源上传、整理和分享；按高一至高三的必修、选修教材内容进行了分类整理，再逐级细化到教学设计、导学案、教学课件、教学同步测评、教学视频等，科学的分类让知识形成体系，便于存放，易于查找。

其内容主要是平时教学所要涉及的一些资源，包括平时的教学实践，有原创型的，有整合加工的，也有来源于他人的收藏型资源。如今，在北京四中网校教学平台的校内分享中查找一个课题，可以同时找到相应的教学课件、导学案、作业设计，还可以找到微课、名家课堂实录等。资源整理在云端，到哪里都可以访问，电脑端、手机端都可以查看，随时可以上传下载资源，便捷、及时，从而提升了教师们的工作效率。

这样的动态积淀与迭代更新，伴随着每一位教师的教学日常。在学科资源整合的过程中，每一位教师基于自己的思考对通过多种途径获取的信息进行吸收、整合、创造，服务于自身发展与教学，同时大大提升信息创造能力。

扫一扫看视频

★ ★ ★

**溯源 · 延展**

苏联著名心理学家维果茨基说：“只有当教学走在发展前面的时候，才是好的教学。”这种教学很难在传统教学设施和环境下达成，因为课前引导任务布置、前置学习情况收集分析等会导致教师工作繁重，信息化技术很好地解决了这个问题。在信息化课程改革进程中，教师的理念、思维和方法的改变是影响进度的关键因素。

四川省蓬溪中学、长沙市明德华兴中学和山东省牟平第一中学以转变教学理念为起点，改进教学方法、提高教学效率和效果、更新教学资源，激活了课堂。在此过程中，教师的信息化素养不断提高，在专业化发展的道路上不断前行。

## 第二节 | 提升教学能力，实现课改目标

基于学科素养下的“互联网+”课堂革命，教师要适应信息社会发展的要求，具备良好的信息思维，应用信息技术解决教学、学习和生活中的问题，把机器能干的事情交给机器，以便有更多的时间和精力提升专业能力。

### 1. 以学定教，教师备课依据更准

在传统的教学模式中，教学过程注重知识的掌握，教师往往不能及时了解学生的学习情况并进行针对性的训练，从而削弱了个性、差异化教学效果。2016年，烟台港城中学借助北京四中网校教学平台开展智慧课堂，打破了传统的教学模式，实现了“先学后教、以学定教”的教学新理念。

课前，老师要做的是将学习任务推送到教学平台，引导学生自行学习。课前任务包括学习新课所需的知识准备、新课的基本概念和定义、简单的测试题等。学生先学的结果会及时反馈到教学平台。多数学生先学以后会似懂非懂，因此，烟台港城中学的老师会在了解学情的基础上以学定教，进行二次备课，从而更有针对性地设计问题。

课前推送任务的难度、数量都对老师的备课提出了新的要求，经过反复的实践摸索，烟台港城中学的老师发现，课前推送任务的数量和难度都要适中，但应该具有一定的思想深度，能引发学生思考，激发其学习新课的兴趣。针对不同层次的学生，教师推送的任务不同，同一知识点可以推送几个版本，以便学生选择学习。

### 2. 有针对性授课，课堂容量更大

课堂上，老师对学生课前的学习情况进行总结、反馈，并集中讲解错误率较高的问题，然后再有针对性地教授、强化和点拨。这样，教学环节和内容得到优化，教学更有针对性，课堂效率就会得到提高。与此同时，课堂的容量得到扩大，习题的处理效率得到提高，学生的选择范围也更具针对性。

烟台港城中学数学学科 2018 年做过 6 期 12 个课题的班级对照试验（2018 级 1～6 班为实验班级，2018 级 7～12 班为对照班级）。从平均数据分析，一节课教师重点使用、讲析的习题数量约为 11∶6，涉及基础练习的量化比值约为 3∶2，在新章节的重点、难点问题或者需要运用较高学科思维方法的习题上则表现得更

为突出。北京四中网校教学平台的使用让老师、学生如鱼得水——错误率低于30%的习题，学生基本就能自行解决；错误率介于40%～60%的习题，组内同学“兵教兵”也能解决；对于错误率较高的习题，老师重点讲解，指导更具体。

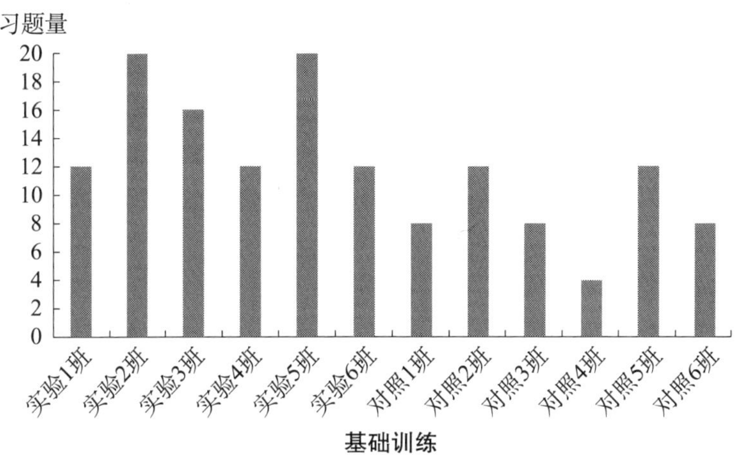


基础训练

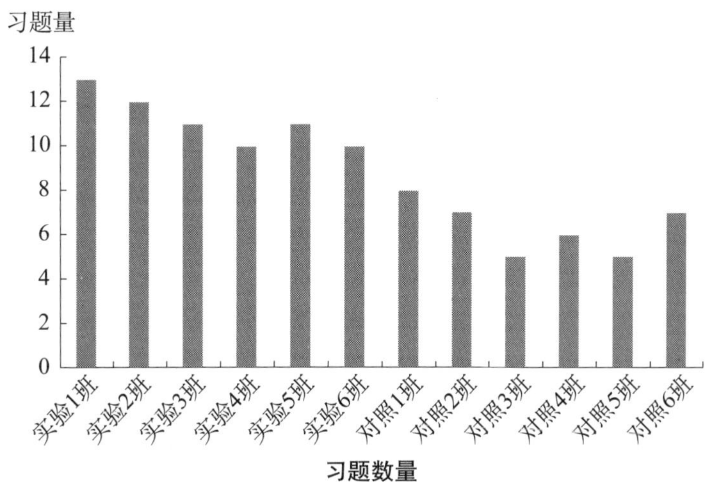


习题数量

### 3. 依据科学的数据分析，教师能力提高更快

对教学平台提供的学生学习数据进行分析、归纳、研究是教师教学的依据。教学平台上及时、个性化的数据为教师的教研教改提供了鲜活的素材。教师的教学不再仅仅依靠既有经验，还有了科学的数据分析。因此，教师将逐渐从经验型教师向研究型教师转变。

同一课题，班级与班级之间的授课会有不同的课程预设，小组与小组之间也会有不同的个性推送，二次备课的针对性也就更强。经统计，平板实验班级32

位参与教师的教案的书写量大约是非实验班教师的 2 倍，课后反思的平均字数也大大超出了非实验班教师。在这一过程中，以往的经验不断受到挑战，甚至否定。烟台港城中学王燕老师直到现在还清楚地记得多年教学经验被否定时的震惊和不适，如今回过头来看，她表示，迈出舒适区，教师在这一过程中只有不断思考、改进自己的教学，自己的教学能力和水平才能得以提升。

### 4. 从机械性的重复工作中解脱，教师生活质量更高

网络平台教学资源的充分、高效使用，大大减少了教师查找资源的时间，优化了教师的教研行为，提升了教研效益。高质量的资源让教师的工作更有效率、更有激情。丰富的平台资源和校本资源，及时高效的习题处理及反馈功能，方便的个人资源推送功能，让教师从机械性的重复工作中解脱出来，有更多的时间去读书、思考、创新、感受生活。回归常态的生活方式，教师的生活质量得以提高，教师能以更充沛的精力、更积极的心态投入教育教学。

烟台港城中学依托信息技术，立足师生发展，推进课堂教学改革，倡导“先学后教、适度翻转、导学互助、小组合作”和“双个性化”教学模式。虽然起步时间不长，但已经显示出强大的生命力，受到师生的一致认可。2017、2018 两个年度，烟台港城中学教师先后荣获区级以上优质课 76 项次，市级以上优质课 39 项次。郝广山、付大岭、王宗芳、李兴梅等老师荣获烟台市第一届“互联网+”优质课奖，郭爱红、王燕等老师在全国信息技术应用能力提升研讨会上执教公开课、示范课，袁泉、孙明霞等老师的信息化应用课例被中央电教馆评为“优秀课例”，获得专家一致好评。

★ ★ ★

#### 溯源·延展

《教育信息化 2.0 行动计划》指出：“开展智慧教育探索与实践，推动教育理念与模式、教学内容与方法的改革创新，提升区域教育水平，探索积累可推广的先进经验与优秀案例，形成引领教育改革发展的新途径、新模式。”对一个区域而言，教学模式的转变可以整体提升区域教学水平。对一所学校而言，亦是如此。

烟台港城中学实施课改后，以学定教，备课依据更精准；教师有针对性授课，课堂容量更大；依据科学的数据分析，教师能力提高更快；从机械性的重复工作中解脱，教师们的生活质量更高，学校整体的教学工作效能得到提升。

# 第三节 | 营造融洽师生关系 享受独有职业幸福

在新时代的教育背景下，建立和谐的师生关系，对于提高教学质量、培育优秀人才，具有十分重要的意义。和谐的师生关系不仅有助于教师教学措施的有效实施，更有助于学生的自我发展和自我成长。

## 1. 利用平台搭建沟通桥梁，增进师生情感

2016年，长治市第五中学开始实施课改，引进北京四中网校智慧课堂教学模式。贺新英老师自学校启动课改就加入了课改团队，转眼间，几个寒暑过去了。面对智慧课堂，从原来的战战兢兢到现在的从容应对，她说，其间有过辛苦付出、失落彷徨，但更多的是满满的收获。她收获了一把迈向成功教育的钥匙，尤其是学生那份沉甸甸的爱和尊重，让她尤为感动。贺新英老师深知要提高课堂教学效率，首先就要有融洽的师生关系。良好的师生关系是建立和谐课堂氛围的基础，而宽松愉悦的课堂气氛，不仅有利于教师很好地传授知识，还能让学生集中精力，激发思维，迅速反应，敢于在课堂上展示自己。因此，贺老师经常待在教室和学生聊天，探知学生喜欢什么样的课堂、什么样的老师。贺老师还利用北京四中网校教学平台把课前和课上很好地融合起来，打造属于她和同学们的专属课堂，搭建起沟通交流的桥梁，师生之间其乐融融，更像是一家人。

贺新英老师会经常买一些小礼物，对课堂上积极思考、主动展示的同学进行奖励。她去外地学习时，会带回有当地特色的明信片和书签，奖励表现优异的孩子。贺老师关心、爱护每一个孩子，有学生感冒了，怕传染给组里其他人，便独自站到窗户边听课，回答问题时还用手捂着嘴，贺老师下课便给感冒的同学买了口罩和水果。慢慢地，学生对贺老师不只是敬畏，还多了一份亲近。

贺老师的数学课堂环境宽松、平等，气氛活跃，孩子都愿意努力地表现自己，师生互动良好。在孩子们的努力下，贺老师所带班级的数学成绩一直是同年级第一名。学生对她很是依赖，在贺老师去渭南学习的几天，同学们借助北京四中网校教学平台的评论功能不停地问："老师，您什么时候回来，我们想您了。"甚至在贺老师回来后，李泽鹏同学给贺老师看他的数学本，说："老师，你走一天，我就用笔在数学本上划一个道，一共划了5个道，你终于回来啦！"

教师节时，同学们会给贺老师送各种各样的小卡片。小卡片上写着"感谢有您"，这大概是对一位老师最高的赞誉了吧！

### 2. 借助数据分析，帮学困生树立自信

贺老师喜欢笑，她说微笑让自己和学生都能感到快乐，这样他们才敢跟老师讲实话、讲心里话。贺老师总能发现学生的闪光点，以此来鼓励同学们继续努力。马哲同学是个容易脸红的小姑娘，学习努力，但数学成绩却很差，慢慢就变得消沉颓废，有次数学考试只得了30多分。贺老师找她谈话，她背着手，耷拉着头，一副认罪的样子。她说："老师，我真的努力过，但就是学不会，我肯定是脑子笨才这样。"面对深受打击的孩子，贺老师说："孩子，你先挺胸抬头，不管什么时候都应该自信勇敢，你要相信每个人都是独一无二的存在。老师看过你的作文，行云流水，妙笔生辉，所以你要对自己有信心，现在你要做的是从失败中总结经验，原谅自己，爱自己，变成更好的自己。老师会帮助你的！"此后，只要马哲在课堂上回答对了问题，贺老师就用赞许的眼光看着她，送给她"大拇指"。

贺老师利用北京四中网校教学平台大数据统计功能分析了马哲每次作业的错答率分布，找到她的薄弱知识点，利用空余时间单独辅导。其实这样的事情又何止是马哲一人？贺老师认真负责的态度感染并打动了很多同学。马哲曾说："老师，我仍然讨厌数学，但我喜欢你，所以我还是要努力学好数学。"王一凡同学在文理分科时对贺老师说："老师，我想学理科，可那样就没有你了，我还是学文科吧。"这些童言童语真挚得让人泪目。

### 3. 精准分层教学，不让每一个孩子掉队

贺新英老师关注每一个学生的发展，始终不愿意让任何一个孩子掉队。有一段时间，班里的数学作业完成情况不太理想，课前作业完成率不及50%。她深入了解情况后才知道有一部分同学觉得作业太难，解决不了，只能空着。贺老师根据教学平台上学生的学习数据以及自己对学生的了解，实行作业分层。之后，学生完成作业的积极性得到了很大的提高，学习也更加努力，坚持一段时间后，甚至有同学要求把自己调到上一层次，想多做一点作业。后进生在不断提高，整个班级的成绩也在不断进步。由于效果突出，贺老师分层教学的方法便在全校推广。

贺老师说，教育的本质应该是让学生意识到自身的价值与尊严，不管什么时候都应该自信勇敢，从而使其能够积极主动地向前发展，朝着美好的方向发展。她相信在茫茫人海中，他们因为缘分相聚，校园里没有什么轰轰烈烈的大事，只有琐碎的点点滴滴记录着爱与被爱，又在爱与被爱的交织中，遇见了更好的自己。

## 4. 全面了解学生，让因材施教真正达成

北京四中网校教学平台的引进，同样让山东省烟台第五中学掉队的学生跟上了老师的步伐。山东省烟台第五中学七年级1班的房婕兴同学说，刚接触地理课时讲的是经纬网，课堂上虽然老师耐心地讲解东西半球的划分，可她的空间想象力不太好，总是转不过弯来，自从学校引进北京四中网校教学平台后，老师会给他们推送许多讲解视频，他们可以反复播放，她的地理成绩变得越来越好，再也不怕上地理课了。唐好老师在期中成绩质量分析会上报告说，整个年级地理平均成绩由月考的70.56分提高到86.14分，学生在线任务的完成率100%，上课的积极性很高，尤其是各班的“待优生”在本次考试中都有很大的进步，北京四中网校教学平台真的给他们的教学带来了春天。

数学老师任华高度赞赏智慧课堂。他说，智慧课堂教学模式非常好，老师不仅可以通过平台及时掌握学生的学习情况，学生还能通过课前的微课预习，提升对知识点的理解和掌握，学生听课效率得到了大幅提高。最关键的是，他还可以针对不同水平的学生，推送不同难度的作业，这样既能培养优秀学生，也能有效地辅导“待优生”，让每一个学生都不会感到畏惧，愿意和老师一起参与到课堂中。

## 5. 角色转变，让赏识教育真正发生

心理学家威廉·杰姆斯说：“人性最深层的需要是渴望别人的赞赏，这是人类区别于动物的地方。”可见，赏识教育就是要充分肯定学生，通过心理暗示，不断强化学生自信心，激发学生的学习兴趣，从而建立良好的师生关系。

山东省烟台第五中学七年级3班的刘同学是一个内向、胆小的女孩，平日里说话都不敢抬头，更不用说遇到问题主动向老师寻求帮助了，所以月考成绩一直不理想。但在智慧课堂的熏陶下，一个学期后，刘同学终于敢于在上课时举手发言，各科成绩也有了大幅提高。

刘同学说，以前不会预习，课本上的知识有时看不懂，即使课堂上没有理解，也不敢问老师，但智慧课堂改变了她，课前她可以反复观看视频，有问题还可以在讨论区留言，老师会及时帮她解答，这样上课时就掌握了很多知识。“原来好多老师并不是我想象的那么严厉，老师甚至会经常表扬我、鼓励我。”有了这样的认知，刘同学慢慢地敢举手发言了。

生物老师周璇也对智慧课堂赞赏有加：智慧课堂让老师和学生的角色发生了变化——老师变成了课堂的组织者，学生真正成了课堂的主体。课前，学生自主学习新知识，掌握学习主动权，课堂上互相解疑，从未知到理解到运用，对知识

做到了内化。“尤其是那些‘待优生’，及时的表扬和鼓励能大大激发他们的学习动力，刘同学就是一个例子。”

在期中家长会上，家长们纷纷表达了自己孩子的变化。有家长说，孩子性格变得开朗了，学习主动了。有的家长则表示，孩子学习的精力集中了，学习态度也认真多了，不懂的地方会反复看，找老师讨论，非得弄明白才行。

可见，智慧课堂给同学们带来了新的突破口，学生变得更加自信，成绩也得到快速提高。与此同时，也减轻了老师的重复性工作，老师们可以静下心来认认真真备课。及时的互动交流，让师生之间的关系变得更加融洽，课堂效率大幅提升。学生的快速成长，教师也收获了职业的幸福。

扫一扫看视频

扫一扫看视频

★ ★ ★

**溯源·延展**

我国古代第一本教育专著《学记》有言：“亲其师，信其道；尊其师，奉其教；敬其师，效其行。”一语道破了良好的师生关系对于学生的重要影响。美国心理学家马斯洛认为：“只有在真诚、理解的师生人际关系中，学生才敢于和勇于发表见解，自由想象和创造，从而热情地吸取知识、发展能力，形成人格。”无数教育实践证明，师生关系越良好，教学效果就越好。

信息化时代的师生关系一定是平等交流、相互学习、共同成长的，长治市第五中学的师生关系就是如此。教师除了以平等的心态融入学生的生活，与他们去交流沟通之外，还要善于借用现有的信息技术，快速了解学生学情，搭建沟通的桥梁。山东省烟台第五中学用数据分析更加客观地了解学生，让因材施教成为可能。

## 第四节 | 创新培养青年教师　促进教师专业发展

智慧课堂是一种全新的教学模式，其核心是强调学生成为课堂主体，将教师掌握决定权的传统教学模式转变为以学生为中心的新型教学模式，把课堂交还给学生。这种新颖的教学模式不仅促使学生更好地掌握课堂所学知识，反过来也要求教师不断提升自身的信息技术教学能力，实现专业成长。

### 1. 提高数据分析能力，实现专业发展

高效的课堂教学，有赖于老师对学生学情的充分了解。换而言之，老师把学生带向哪里，首先得知道学生在哪里。因此，掌握学生的学情至关重要。借助北京四中网校教学平台，可以充分了解学生学情，并对其学习数据进行统计分析。例如课前，宁夏平罗中学郭伟东老师通过教学平台给学生发布学习任务，要求学生完成学习任务并反馈学习过程中存在的问题。之后，郭老师通过教学平台分析每位同学的学习情况，全面了解每位同学对相关知识点的掌握情况，以及预习任务的完成情况。在充分了解学情的基础上，郭老师进行二次备课，以便在课堂上实施精准教学，从而提高教学效果。

在上“正余弦定理的应用”前，郭老师预估学生对三角形多解问题掌握得不好，于是设计了一道测试题。

已知△ABC的三个内角 $A$，$B$，$C$ 所对的边分别为 $a$，$b$，$c$，向量 $\vec{m}=(-\sin B,\cos B)$，$\vec{n}=(\sin C,\cos C)$，若 $\vec{m}\cdot\vec{n}=-\frac{\sqrt{3}}{2}$，$a=1$，$b=\sqrt{3}$，则 $B=$（　　）

A. $\frac{\pi}{3}$或$\frac{2\pi}{3}$　　B. $\frac{\pi}{4}$　　C. $\frac{\pi}{3}$　　D. $\frac{3\pi}{4}$或$\frac{\pi}{4}$

测试之前，郭老师预估有不少同学会漏解错选成 C，但测试结果出乎意料，正确率达到 80%，选 C 的仅有 10%。可以看出，学生对三角形多解的问题掌握得不错，能够达到教学的要求。但即便如此，还是有不少学生在教学平台上留言反馈说，虽然按照解题的步骤可以解决多解的问题，但还是不理解产生多解的原因是什么。甚至还有同学问，有没有什么好的办法，可以不用判断解的个数就能直接得到正确结果。郭老师通过对学情的分析和反馈情况，决定不再讲解此题的具体解题方法和步骤，而是重点让学生理解产生多解的原因，引导学生从余弦定理的角度来解决问题，避免对解的个数的判断和讨论。“网络教学平台的数据统计和分析功能真是‘神器’，有了它，不仅课堂教学更有针对性了，老师自身的数据分析能力也在这个过程中得到了提高。”郭老师感慨。

### 2. 提高信息化教学能力，实现专业发展

传统的教学模式对教师信息技术能力的要求更多在于使用投影、电子白板，熟悉计算机的基本操作技能，熟练制作 PPT 等，然后要求教师通过教学课件、文稿、动画、视频、音频等方式将教学内容呈现给学生，但这并没有真正改变传统的知识教学导向。

智慧课堂则充分体现了信息技术与教育教学的深度融合。教师在智慧课堂实

践过程中，要不断提升自己的信息技术能力，使课堂教学变得更高效。智慧课堂教学对教师的网络资源搜集、微课制作、信息技术交流等信息技术素养提出了更高要求。完成网络资源搜集后，教师要对搜集到的软件进行安装、对搜集到的课程资料进行整理、筛查，并将适合教学的优质资源整理成学生喜闻乐见的教学素材。

海口市五源河学校数学组莫秀华老师，此前从未学习过微课视频制作，为了制作出符合本班学生学情的微课视频，她主动上网学习视频制作方法，然后在科组青年教师的协助下，反复实践，最终成功录制出深受学生喜爱的微课——“矩形的性质与判定的实际运用”。

智慧课堂的课前、课后教学都是在北京四中网校教学平台上完成的。为了实现与学生的交流，莫秀华老师学会了如何创建讨论题、发布学习要求、上传课件、引导监督学生学习等，还学会了分析学生的浏览、点赞次数进行课堂课后的交流。一个个“第一次”成就了如今的莫秀华老师，智慧课堂教学使她成为一名毫不逊色于青年教师的老教师。不得不说，智慧课堂可以让教师不断提升自身的信息技术教学能力，实现自身成长。

### 3. 提高教师课堂管理能力，实现专业成长

在智慧课堂中，教师要利用情境、协作、会话等要素，以学生为中心，引导学生思考并解决问题。针对学生的个性化特点，教师要激发学生的信任感，引导学生将心中的疑惑表达出来，促进良性的循环和互动；要充分激发学生的学习积极性和热情，打开学生的思维，培养学生自己思考问题的习惯和学习方法。

为了帮助学生熟练掌握和运用数学相关概念及公式，海口市五源河学校在课堂中适当地增加了对学生数学技能培训的力度和时间，在讲解基本知识内容后，鼓励学生相互交流，并上台分享。在学习“一元一次方程的实际探索”时，李名婕老师要求张丽同学和蒋红同学运用生活常识模拟超市购物对话。王小明同学说买纸和笔，赵晨同学说买篮球和书包，在意见不统一的情况下，李名婕老师组织同学们在教学平台进行投票，然后统一了意见。随后，每组都进行了课堂展示。这种方法不仅使该章节的数学知识更贴近生活，也使课堂更加有序。

### 4. 角色互换，塑造新型师生关系

在传统教学模式中，课堂的主体是老师，而在智慧课堂中，主体变成了学生。师生角色互换后，教师的首要任务就是对学生进行指导，成为引路人。海口市五源河学校政治组杨晓燕老师说，以前的政治课都是她一个人讲，智慧课堂则把更多时间留给学生进行展示、交流、点评、质疑。借助北京四中网校教学平台

的点名、抢答、拍题等功能，课堂活跃起来了，个别内向的孩子也开始积极回答问题。更让她欣喜的是，课后有很多同学来问政治问题，甚至把自己学习和生活中的趣事分享给她，这是以前非常少见的。

在智慧课堂的熏陶下，宁夏平罗中学的情况也大有改善。同学们从不知道怎么学到现在有条不紊地安排自己的学习计划，从以前不知道怎么提问到现在学会在学习的过程中发现问题，从以前被动地完成课后作业到现在主动完成学习任务。与此同时，师生的关系也得到了很大的改善。以前是老师监督学生学习，双方关系紧张，现在是学生主动学习，老师帮助学生解决学习过程中的困难。

在北京四中网校教学平台的助力下，宁夏平罗中学郭伟东老师可以随时随地了解每位学生的任务完成进度，并进一步分析出每个学生的学习状况，及时和学生交流沟通。有一次，郭老师在平台上发现小部分学生只用一两分钟就完成了作业测试，有的同学则用一两个小时才完成。于是，郭老师及时和学生沟通交流，给予合理干预。郭老师通过教学平台及时了解学生的学习状况，不仅提高了课堂教学的把控能力，还为关爱每一位学生的成长奠定基础。

总之，教学模式的创新和改革给课堂带来了更多的活力和生机，激发了学生学习的兴趣和主动性。同时，让教师对智慧课堂有了全新的认识，教师的信息技术能力、课堂教育能力和课堂管控能力都有了很大的提升，特别是能让青年教师迅速成长，教学能力和影响力得到快速提升。

★ ★ ★

## 溯源·延展

国家教育咨询委员会委员陶西平教授说过："教师是教育事业的第一志愿和核心要素，没有高水平的教师队伍，就没有高质量的教育。必须加强队伍建设，推动科学发展。""互联网＋"时代教育面临的经济、社会环境发生了深刻的变化，教学改革给广大青年教师带来了前所未有的机遇与挑战。"智慧的教育需要教育的智慧，我们的干部和教师必须以高智慧应对时代对教育的挑战，才能完成当代教育改革与发展的历史使命。"正如陶西平教授所说，青年教师是未来发展的希望，当不辱使命、更新观念、转变教学方法，在课堂改革的沃土中实现跨越式成长。

宁夏平罗中学在智慧课堂模式中，让青年教师迅速成长，教学能力和影响力得到快速提升。海口市五源河学校老师录制出深受学生喜爱的微课，其专业能力也得以大幅提升。

## 第五节 | 充分发挥集体备课在新课改中的作用

"尺有所短，寸有所长。"每个人都有自身的长处和短处，教学工作也是如此。不同的老师在同一课型上会有不同的方法，所以需要相互学习、相互借鉴，扬长避短，从而达到事半功倍的效果。除此之外，每一届集体备课的成果都能形成教学资源库，有利于资源共享和传承，从而促进学校的发展。因此，集体备课尤为重要。

### 1. 三个层面制定集体备课制度

集体备课是烟台港城中学英语教研组教学环节中的重中之重。利用集体的力量打磨课前、课中、课后三个环节，真正做到有准备、有落实、有反思，是烟台港城中学英语教研组工作的目标。

烟台港城中学英语教研组的备课制度分为三个层面，即以教研定方向、以集体促备课、以环节带备课。

**以教研定方向。**英语教研组聚焦英语教学的关键环节或关键问题，设计特定主题的教研活动，如"阅读教学中问题设计的探讨""谈课堂导入技巧""口语教学活动趣谈""校本课程如何开发"等。主题活动由教研组中心发言人主持，组内相关老师辅助完成。

**以集体促备课。**年级备课组实行集体备课，采取定课题、定主讲人、全体参加、人人参与的做法，通过教研组和备课组打磨，提高集体备课的质量。在集体备课中要求做到：统一设计、统一进度、统一课型，特别是在备教学目标、备学情、备教情时突出集思广益、取长补短；通过集体备课，理解教材编写意图及特点，并针对教材的特点，不断地进行探索、研究和创新。

**以环节带备课。**成功的集体备课必须经过个人初备、集体研讨、个性修改、课后反思四个环节。个人初备：备课组每位老师都承担单元共案编写计划。开始时，教研组组长发现，个别老师并不重视，从网上下载资料作为共案应付，导致实际教学中漏洞很多，造成不少阻碍。后来，很多老师自发要求严谨求实地编写教案。结合烟台港城中学关于共案的要求，教研组制定了初备的规则——个人初备时，编写教案要认真钻研教材，把握教材知识体系和编排特点。对于单元教案，必须有重点、有难点，抓关键。对于课时教案，必须环节齐全，活动到位。同时还要提出自己感到棘手的问题，以供集体研讨。

集体研讨：教研活动时，集体备课的环节通常讨论热烈，大家会对共案进行深入的集体探讨。按照“提问题—再分析—提建议—找方法”的要求，相互交流，把对教材的处理、目标的制定、教法的选用、学法的指导、过程的设计调整到最佳程度。教研组集中讨论课堂教学方法与过程，对教案的设计进行研讨、补充和完善，力求集体备课最优化。

个性修改：共案形成并不意味着可以进行工业化复制。教师个体不同，班级特点不同，在教学过程中难免会有个体化差异和突发情况。教研组认为，共案只是最优化的体现，在实际教学中，必须具备灵活性和具体性。所以，在集体讨论的基础上，个体教师需对预案内容做深入的推敲、斟酌，进行必要的增删，甚至再创造。教研组因此要求老师们至少要对共案进行 30%以上的修改，以体现自己的个性与特长，达到个性与共性的完美结合。

课后反思：每一次的反思都是下一次进步的起点。课后，教师需对教学实践过程中的启发、灵感、收获与不足以及课堂教学突发情况进行反思及交流，总结经验教训，扬长避短。

### 2. 多措并举，为集体备课奠定基础

东莞市沙田镇实验中学，采取多种措施为有效的集体备课做好准备。

一是引导科组全体老师研读课标，深刻理解初中英语课程对七年级至九年级的学生在语言技能、语言知识、情感态度、学习策略、文化意识五方面应达到的目标，以此来进行教学设计。

二是以备课组为单位，研究中考题和东莞市的期末质量自测试题。每学期开学初，每个备课组集中做一两次试题，分析考点的分布和知识点的考查方式，实现精准备课。

三是推行命题编制原则，对年轻教师开展中考评分标准的培训，让年轻教师，尤其是新教师尽快具备选题、编题和编制试卷的能力，促其快速成长。

四是推进信息技术与教育教学融合创新发展，充分利用网络资源和在线开放课程，推进线上线下结合的课程共享与应用。

五是开展邀请听课、随堂听课、备课组内交流课、科组公开课、教改实验课等教研活动，所有的公开课和交流课都围绕导学案和课件的编写与小组合作学习开展，同时，覆盖听说课、阅读课、语法课、写作课、练习评讲课等课型，不断改进和完善集体备课内容。

六是聘请广东省名师工作室主持人、省特级教师石红梅老师和市教研员张小燕老师定期来学校进行指导。组织、鼓励老师认真阅读学校为英语老师订购的 4 种教研期刊，及时了解教学最新动态，提升理论素养；利用一切可能的机会，组

织老师外出学习，同时要求部分外出学习的老师回校后对其他老师进行培训，达到科组所有老师共同提升；与兄弟学校开展校际教研；积极参加教研室举办的各项比赛，切实提升综合能力和素养。

七是对导学案提出明确的编写要求。对教材进行整合，每个单元的导学案和课件分成语法课、听说课、阅读课和写作课，每个课时的导学案包括：课前预习（主要解决生词和短语问题）、课堂导学（主要体现任务的设计思路，引导学生独立思考或合作探究来完成听、说、读、写任务）和课堂检测三个部分；针对每种导学案的短语、句子、范文，提出明确要求。

### 3. 主备与辅备同步并行优化教学过程

东莞市沙田镇实验中学利用东莞市教育局教学资源应用平台中的“共享课程”功能，进行集体备课分工和资源共享。

开学初，三个年级的备课组长制订详细的备课计划，把每个单元、每次测试、期末考试前的分类复习等任务，落实到每个老师，同时明确主备老师和辅备老师的职责。

集体讨论前，主备老师提前两周备好主备单元的基础知识归纳卷、导学案和课件，将其上传到教学资源应用平台中的“共享课程”，应用范围设置为“校内”。集体讨论时，听取辅备老师意见，及时修改所备资料，确保发给学生的资料精简、准确、零错误。教学过程结束后，及时记录教学反思，修改导学案和课件使用过程中发现的问题，再次将其上传到教学资源应用平台，留给下一届备课组使用，同时将第一稿删除。

辅备老师的职责则侧重辅助。集体讨论前，辅备老师浏览单元教学内容，确定本单元的教学重难点；下载主备人上传的备课资料，记录需要修改、删除或添加的内容。集体讨论过程中，各辅备老师提出建议，共同商讨，协助主备老师确定基础知识归纳卷、导学案和课件。集体讨论结束后，各位老师可在集体备课的导学案和课件之上，根据本班学情适当调整。教学过程结束后，辅备老师需要记录自己的上课心得、反思以及认为要调整的内容，反馈给主备老师，以便主备老师修改、存档。

烟台港城中学在备课方面，同样借助信息技术的便利。集体备课结束后，主备人通过北京四中网校教学平台后台的“校内共享课”直接将备课内容共享给本学科所有教师，其他老师只需用鼠标点击校内共享课，就可以直接使用主备人选定的内容。上传的内容逐渐形成校本资源库，下一届老师需要时，仍然可以调用。与此同时，烟台地区还实现了“区域共享”，联盟学校之间可以共享资源、共同学习、共同提升，实现教育均衡。

近五年来，在精准教研和精细化集体备课的助力下，东莞市沙田镇实验中学英语中考成绩连年攀升，学校英语平均分从低于东莞市平均分 3.85 分，到 2018 年超出市平均分 2.3 分，2019 年超出平均分 4.7 分。

### 4. 聚焦不同年级教学重点，开展特色集体备课

除常规流程备课外，烟台港城中学还在 4 个备课组内展开了不同主题的集体备课研究。针对中考英语人机对话要求，初一、初二年级分别开展了口语和听力集体备课，并在北京四中网校教学平台上开设听说训练课，每周统一进行一次口语考试，每学期举办一次大型口语竞赛，与中考接轨。

作为准中考年级，积极迎战是初三英语教学的重中之重，因此，烟台港城中学开展了阅读集体备课教研。阅读教学的基本原则为：合理安排时间、选用适当方法、有效检查督促。具体方法分为五个结合：导读与自读相结合、诵读与默读相结合、猜词与查词相结合、讨论与质疑相结合、笔记与摘抄相结合。初四则与中考接轨，着重点为写作集体备课。

### 5. 集体备课促进教师专业发展

在集体备课的道路上，烟台港城中学做了很多，先进的科技、团队的力量为老师们插上了腾飞的翅膀。烟台港城中学的老师们深知他们肯定不是最快的，也不是成绩最多的，但英语组始终坚信“独行快，众行远，心在一起就是团队”，相信在这种力量的驱动下，他们的教研教学会飞得更高、走得更远。

集体备课制度也让东莞市沙田镇实验中学的老师们受益匪浅。东莞市沙田镇实验中学李文翠老师说，12 年来，集体备课渐渐成了一种习惯，每次她都获益良多。每次考试结束，他们都会坐在一起分析成绩数据，除了对其中题目做出精准的分析之外，他们更多的是对如何提高学生学习英语的积极性进行反思。李文翠老师担任两个班级的教学工作和班主任工作，备课需要时间，班级管理更需要时间，集体备课帮助她解决了很多问题。在整个备课过程中，他们细细分析教材和学情，互相分享各自在教学中的心得，这对她的教学有非常大的帮助，也节约了很多备课的时间。

东莞市沙田镇实验中学初三毕业年级的备课组长王迎春老师也有颇多感触。他说：精细化的集体备课是学校中考备考成功的关键。学校初三英语老师大部分担任班主任工作，杂事多、任务重，常常忙得无暇顾及备课，集体备课则很好地帮助他们解决了这个后顾之忧。

★ ★ ★

**溯源·延展**

国家教育咨询委员会委员陶西平教授在《把教师集体建设成为和谐的团队》一文中指出，教师队伍建设中应当提倡“双赢共好”精神和“相互借助”的精神，“每个教师都在进行教育创新的探索，都积累了不少经验和教训，但是常常忽视互相的学习与借鉴，以至造成有些学校和教师经常进行重复研究，有些成果和心得甚至相互保密，有些教育资源不愿共享，这实际上迟滞了改革的脚步，延缓了发展的进程。”因此，通过团队协作、集思广益的集体备课，可以有效凝聚集体智慧，有效落实课改理念，有效促进教师专业发展。

烟台港城中学英语教研组在备课过程中，始终坚持以教研定方向、以集体促备课、以环节带备课，真正做到有准备、有落实、有反思，实现共同进步。东莞市沙田镇实验中学多措并举，为有效的集体备课做好准备。这两所学校在集体备课过程中都充分利用了信息技术，同时，集体备课也促进了教师的专业发展。

## 第六节　多样展示交流　触发群体转变

在“互联网＋教育”的课堂改革浪潮中，全国各地的学校都在积极地探索和实践，可谓是“百花齐放、百家争鸣”！如何“博采众长，开拓创新”，是大家共同的愿望。于是，“走出去、请进来、相互学习、共同研讨”的校际交流活动便成了各地学校经验共享的主要形式。走出去，可以拓展自身的视野；请进来，可以引进他人的经验。“走出去、请进来”可以开阔教师的视野，了解先进的教育理念，借鉴先进的教学模式，持续不懈地提升本校教师的专业素养。

### 1. 迎接课改，积极投入

2016 年 7 月 2 日，民盟中央远程教育“烛光行动千校计划”启动。陕西省渭南市临渭区教育局依托“千校计划”成立了中学“互联网＋课改”联盟，目的是通过利用北京四中网校优质的数字化教学资源，深入研究互联网与教育教学的深度融合，实现“教与学”的变革，提高办学质量。

渭南市杜桥中学作为联盟成员校之一，暑假就开始筹备，虽然进行了大量的宣传，但直到新学期的期中考试前，课改实验班才招收到第一批学生，且与预期不同，原本是要招收中上成绩的学生，最后却只招收到 26 名中下成绩的学生。作为班主任的刘沛老师自然有些失落，但深感肩负学校课改实验的重任，与同样对课改实验有所期待的各科教师一起开始按照课改的模式组织教学。

问题随之而来：课前学习任务发布下去，完成率不高，预习作业的收缴情况也比较差。作为第一责任人的刘沛老师开始了以校为家的一个月生活，每天午饭时间，刘老师都会到教室查看中午不回家的学生是不是在用平板电脑玩游戏，结果几乎每次都有“收获”。于是，刘老师和网校老师沟通，寻找解决方案。因此，教室安装了行为管控路由器，可以屏蔽掉不想让学生访问的网站。

学生回家后怎么办呢？管控人当然是家长。于是，刘老师与其他科任老师沟通后，当天下午就利用两节自习时间召开家长会，老师、家长与学生一起进行了一次富有成效的交流。虽然时间仓促没有做充足的准备，可是刘老师的热忱打动了家长。家长们清楚了自己要承担的责任，和老师建立起信任与合作的关系，承担起家庭管控工作。

### 2. 外出取经，学习方法寻找信心

起初，考虑到要循序渐进，渭南市杜桥中学的老师们只是用平板电脑发预习任务，并未完全翻转。渐渐地，有些老师开始尝试完全翻转，不过在督查学生课前自学、基于学习数据分析学情，以及课堂设计等诸多方面做得不到位，导致效果不理想。

为了解决老师们教学上的这些困惑，2016 年 12 月，学校安排他们去大连市红旗高级中学进行了为期一周的学习。这所省级示范高中的智慧课堂实验开展得比渭南市杜桥中学稍早，但智慧课堂教学模式已经在整个高一年级推广。

渭南市杜桥中学的老师们到多个班级去听课，看完不同学科的智慧课堂教学后，他们坚定了开展新课改教学模式的信心。

### 3. 建言献策，力求做到每一节智慧课都是一次教研课

从大连市红旗高级中学学习回来后，总结会上，渭南市杜桥中学的老师们纷纷表态：不再畏惧，不再拖延，学中做，做中学，勇往直前。学校决定循序渐进地推进，从每个学科两周开展一次智慧课堂，逐渐增加频次。

说干就干。老师们还逐渐形成了一种默契：有老师要开展智慧课堂教学，就会提前在年级群里知会大家。前一天的晚自习，其中一节就会自动留给该学科，

作为学生的课前自学时间，学科老师亲自跟踪指导学生课前自学，保证自学效果。第二天上课，其他没课的老师都去听课，课后大家交流讨论，为智慧课堂的开展建言献策。任课教师会根据大家的意见结合自己的思考进行改进，力求做到每一节智慧课堂教学都是一次教研课。

老师们有觉得辛苦的，也有为智慧课堂而烦恼的，不过大家都相信，与其成天站在讲台上抱怨学生，不如放下身段寻找方法积极应对。万事开头难，只要认真热情地对待，学生掌握了自学的方法，形成了氛围和习惯，学习就会真正改观。

当你心无旁骛埋头苦干时，惊喜或许会不期而至。学期期末考试，刘沛老师班级有三名学生进入年级前三百名，而建班时只有一名。这个成绩足以让刘沛老师感到欣慰。

新学期，学生的学习状态和团体凝聚力更是有了明显的改善。以语文课学习为例，“以前背诵课文，老师会不停地督促，但依然会有完成不了的同学。本学期，需要背诵的文章还未学到，学生已争先恐后地来找老师背诵了。课堂回答问题、讨论交流，也比上学期活跃很多。”并非只有作为班主任的刘沛老师有这样的感受，其他学科教师的反映也不错。冰河解冻，春天终于来了。

### 4.“请进来、走出去”，实现教师成长与蜕变

刘媛老师是天津市大毕庄中学的一级教师。学校从 2017 年 10 月开始实施智慧课堂。尽管有北京四中网校驻校教研员的悉心帮助，经常磨课与教研，但对如何让冰冷的工具插上智慧的翅膀、平板在课上到底应该起什么作用、如何真正激发出政治课堂的活跃气氛等问题，刘老师还是很疑惑。

2018 年 4 月开始，刘老师先后参加了由中国教育学会高中教育委员会指导、东丽区教育局主办的“构建智慧课堂，提升核心素养”研修活动、东丽区区域共同体政治学科“我的模式我的课”活动，并认真聆听了北京大学教授的讲座，在一系列“请进来走出去”校际、区域的交流研修活动中，她观摩智慧课堂展示课，与同样实施课改的老师深入交流，听取专家报告。例如，唐山一中王书记发言中谈道：“对智慧课堂的理解和认识，Pad 课堂扑面而来，是社会发展的趋势。我们要探索如何让这一工具使课堂更高效，要思考不同的课型如何有效使用 Pad 教学，以及在拓展课堂知识容量的同时，如何拓展学生思维的容量。”天津市中小学教育教学综合办公室赵诗辉提出：“数字化教学的课堂，学情是关键。”国家道德与法治研究基地负责人、原人民教育出版社总编辑郭戈表示：“道德与法治的数字化教学需要青年教师的努力和积极探索……”对一些专家和同行的观点，刘老师印象颇深，并引发了她的思考。思路逐渐被打开，困惑逐渐被解决。

通过一次次教学实践，刘老师越来越游刃有余，对平板课堂也有了自己的理解：平板课堂是将科技与教育深度融合的课堂，最重要的是教学模式的调整。技术辅助可以实现教学过程数据化，帮助教师精准地掌握学情，制定精准的教学目标，设计精准的教学内容，选取精准的教学资源。平板课堂提供了先进的手段，真正把学生向往的课堂还给学生，让课堂更加高效，让学生的学习更加个性化。

两年的实践，刘媛老师课堂上生出越来越多思想的碰撞、情感的共鸣，老师与学生共情、学生与学生共情、师生与课程内容共情，课堂气氛活跃。

而刘老师本人也收获颇丰：2019 年 10 月，在中国教育学会初中教育专业委员会会员校“津渝鄂”三地课改联盟第八届学术年会中，她讲授的“生命可以永恒吗”Pad 课被评为优秀展示课。2019 年市级公开课“自由平等的真谛”获“东丽区教育教学信息化大赛”课件类二等奖，8 月被人民教育出版社收录，并获得了“一师一优课，一课一名师”活动奖等各种奖项。

公开课是教研活动的主要形式和重要载体。通过课堂教学观摩与交流，客观反映师生的真实状态和课改理念的落实情况，不仅能让参与者现场感受，还能提高教师积极性、增强教师的职业幸福感。一所学校要进行课堂改革，除改善学校的工作条件、提供丰富的教育资源之外，还要给教师提供一个学习的机会和展示的舞台，其效果要比其他方法更好，因为同行之间的交流与沟通，会碰撞出思想的火花。

### 5. 精心策划观摩交流活动，为教师提供展示舞台

都匀市毛尖镇江洲中学的生源主要来自都匀市毛尖镇江洲和摆忙两个地区，大部分是布依族，且多为留守儿童，每年的入学成绩都居当地末位。老师三年辛苦耕耘，往往收获甚微。2018 年 11 月，江洲中学决定开启课改之路，并于 2019 年 3 月引进北京四中网校智慧课堂。近一年来，江洲中学课改小组多次开展教学交流活动。

2019 年 11 月 19 日，都匀市毛尖镇江洲中学与北京四中网校都匀分校联合举办“智慧课堂教育教学交流”公开课活动。都匀市教育科学研究中心副主任秦鹰，北京四中网校教育首席信息官薛丽霞博士，新教育理事会理事、全国民办教育专家陈亮，福泉市实验学校领导，都匀市第三中学、都匀市第四中学、都匀市第五中学、都匀市匀东中学等十余所学校的校长、主任、部分教师代表及江洲中学全体教师，出席此次活动。

活动当天上午，与会嘉宾共同观摩了江洲中学八（2）班语文老师杨立秋执教的“中国石拱桥”和数学老师胡伟执教的“完全平方公式”。课前，杨立秋老师通过发布的微课及检测试题，让同学们对课文有了一定的认识与了解。课上，

杨老师先通过问题答疑检测学生的实际掌握情况，然后引导学生了解课文的写作方式并及时推送问题让学生在课上内化，最后引申出课外知识，帮助学生认识身边的桥，并让同学们以合作讨论的方式介绍身边的桥。杨老师这堂课充分体现了以学生为主体的教学思想，做到了有知识、有方法、有生活、有境界的“四有课堂”。

胡伟老师的数学课同样通过微课及试题检测让同学们在课前学习。课上，胡老师通过代数推导和几何推导完全平方公式，并平板推送小组合作让同学们生生互动，全员参与，向同学们传递数形结合的思想。

通过北京四中网校教学平台在课前推送微课、检测等学习任务及课堂上利用教学平台与学生高效交互，两位老师的教学充分体现了先学后教、以学定教的教学理念。学生们参与度很高，积极性很强，获得了听课领导和老师的高度认可。

下午，与会嘉宾集中听取了两位智慧课堂执教老师的说课。两位老师详细阐释了课程设计理念和设计思想以及智慧课堂建设的过程、感悟和师生变化，让参会领导和老师切身感受到智慧课堂的可行性、高效性。随后，薛丽霞博士热情洋溢地作了《教育信息化 2.0 背景下课堂教学的创新与重构》的主题报告，阐释了信息技术在教学过程发挥的重要支撑作用，介绍了“三翻两段十环节”的教学模式；江洲中学谭风全校长分享了“江洲中学课改二三事”，介绍了学校课改的初衷、课改的准备、课改中遇到的困难与问题，以及课改取得的成绩；都匀市教育科学研究中心副主任秦鹰在总结发言时，对江洲中学的智慧课堂建设给予了充分的肯定，为学校发展指出了方向，并期望各位参会老师放下负担，开拓创新，实现跨越，真正享受职业幸福。

### 6. 发挥示范作用，引领地区智慧课堂发展

“智慧课堂教育教学交流”公开课活动为江洲中学智慧班级老师提供了一个展示的舞台，为与会嘉宾创造了学习的机会，老师们深有感触。

福泉市实验学校副校长王国安说：“两位老师的课让我非常震撼，课上老师有条不紊地引导全班同学讨论、合作、回答问题，学生全员参与，体现了‘以学生为主体’。薛博士详细的讲解，让我对智慧课堂有了更加清晰的认识。借鉴江洲中学的经验，我校也将尽最大努力把学校的课改推上一个新台阶。”

都匀市第三中学吴雪云老师和黎云娟老师说：“我们学校现在也开设了两个平板教学班，通过今天的公开课，我们发现我校目前的平台资源比较少，没有北京四中网校的丰富，这导致备课过程中需要花很多精力去查找资料。我们计划回去和校领导反映一下，看怎样整合一下资源。”都匀市匀东中学韦华黔

老师说："我校开设平板班已有两年，可到现在为止老师们最头疼的依然是不知道如何设计课程，觉得平板在教学中没有起到什么作用。与非平板班比较，平板班的成绩也没有明显的变化。参加今天的活动深受启发，原来智慧课堂应该这样上。"

此次公开课活动的成功举办，更加坚定了江洲中学课改的决心。同时，通过这样的示范，教育局领导更加重视江洲中学的课改，这对江洲中学乃至都匀地区的课堂改革起到了一定的推动作用。

★ ★ ★

**溯源·延展**

新教育实验发起人，全国政协常委、秘书长朱永新提出："多年来，新教育实验就一直积极探索建立各种基于同一教研组、教学组的，或者是本校的、校际的，以及利用网络的各种专业发展共同体。"教师只要在职业认同与专业发展方面同时下功夫，积极参与教师课改共同体实践，既脚踏实地，又仰望星空，并定期了解最新的教学实践，积极面对职业生涯中的各种挑战，就一定能够成为好教师，乃至名师。

渭南市杜桥中学为了解决老师们智慧课堂教学上的困惑，安排他们去大连市红旗高级中学进行了为期一周的学习。天津市大毕庄中学组织老师们多次参加各类研修活动。都匀市毛尖镇江洲中学举办公开课交流活动，为老师们提供展示的舞台。持续的"走出去，请进来"等各类活动，让课堂改革迈入了良性发展道路。

## 第七节 | 提升理论水平　从教书匠到教育家

科研能力是21世纪教师必备的重要素质。面向未来，广大教师应该向科研型、学者型、特长型方向发展，而撰写教育论文恰恰能助力这一发展进程。教师撰写并发表论文能实现感性认识向理性认识的升华，从经验型"教书匠"向研究型"教育家"转变。在"互联网＋教育"浪潮中，以及践行信息技术与教育教学融合创新发展的同时，教师们努力将自己的教学实践与思考总结发表，可以提升自身的专业素养。

### 1. 寻找理论支撑，探索特色智慧课堂教学模式

太原市第十五中学自2014年起，开始探索互联网与教学的融合。虽然初期老师们积极性很高，但进展缓慢，甚至一段时间后又退回到“一支粉笔、一本教材、一张嘴”的传统教学模式。造成这一现象的一个重要原因，是因为缺少理论支撑和符合太原十五中“校情”的方案。

为解决这一窘境，2016年，太原市第十五中学成立“互联网＋”教学改革小组，由校长林玮担任组长。该小组的主要任务就是解决“互联网＋教学”实践中面临的问题，探索太原市第十五中学的“互联网＋教学”模式。小组成立后不久，学校引进了北京四中网校教学平台。

如何结合校情形成一套符合十五中老师和学生特点的“互联网＋教学”模式呢？首先，“互联网＋”教学改革小组决定分学科进行研究，并要求最终形成教学论文。研究主题为“依托云平台打造智慧课堂”，并确定了每个学科第一阶段具体的研究内容：首先是存在于某一学科教学中的实际问题分析。比如“灌输式”教学方法影响学生学习的有效性，课堂教学的趣味性不强在引导学生有效思考方面做得不足等以及课前、课上、课后如何解决这些问题，本学科智慧课堂的实用性和智慧性如何体现等。

其次，制定本学科的智慧课堂教学范式。教学校长贾晓琴亲自抓此项工作，她深入课堂听课并和老师们一起磨课。老师们不断修改自己的教学设计，初步形成了各个学科的教学范式。

再次，寻找本学科智慧课堂教学模式的理论支撑。老师们通过翻阅大量有关教育学和本学科的专业著作，从中印证该学科教学设计和模式的合理性和科学性。

最后，经过不断实践和改进，最终形成科研成果。目前，孟贵娥老师的《“智慧课堂”在高中英语语法教学中的应用探索》已经发表在《双语学习·教师报》，刘志青老师的《依托云平台打造高效课堂——高中化学案例探析》也已在《中学化学教学参考》发表，填补了太原市第十五中学在“互联网＋教育”方面论文发表的空白。

刘志青老师详细介绍了化学组撰写《依托云平台打造高效课堂——高中化学案例探析》的过程：老师们首先从高中化学核心素养要求入手，倡导学生在学习高中化学的过程中，不仅要熟练掌握学科的基本知识和基本技能，而且要逐渐养成化学学习的素养，建立起化学思维模式，注重情感的交流和传递，提高综合素质，最终实现自我发展。然后从“灌输式”教学方法影响学生知识点吸收内化的有效性、课堂教学趣味性弱、引导学生有效思考等方面找到本学科教学中面临的

问题。文章从四个方面阐述智慧课堂如何解决这些问题及优势，即突破常规化学实验条件的局限，发挥直播演示实验的作用，课前预习优化教学方法，提高教育教学的质量和效率；平板电脑“白板上传，高效互批”让“学以致用”有效发生；时效性让教学效果反馈更“有效”；最后以布鲁姆教学目标分类理论说明智慧课堂的理论依据。

### 2. 撰写论文，点燃教师的教研热情

在此过程中，太原市第十五中学发现，这些成果的形成不仅快速提升了老师们驾驭“互联网+”的教学能力，更重要的是提升了老师们教学研究的能力，点燃了他们的教研热情。通过课题研究，老师们学习教育学、心理学和各种新的教育科学理论，联系工作中的问题，寻找解决的办法和良策。对他们来说，撰写教学论文的过程实际上也是一种有效的进修方式。刘志青老师说：“为了把头脑中无形的思维活动变成有形的文字表述，老师们需要反复推敲，通过写作论证使自己对教育现象和问题的看法更加深入、更加系统。要形成本学科互联网与教学融合的教研成果，单凭一两位老师的力量难以完成，需要教研组甚至跨学科教师协同工作。因此，这一过程也提升了老师的团队协作能力和非智慧班教师的信息化水平。”

东莞塘厦初级中学廖平平老师，实施智慧课堂两年后，在石嘴山市教育体育局与中国教育技术协会联合主办的“‘互联网+教育’暨人工智能助推教师队伍建设高级研修会”上展示“河中石兽”公开课。这次公开课，廖老师感触很深，随后撰写了《互联网+平板教学助力高效课堂——以“河中石兽”为例》。

“很庆幸自己担任了平板实验班班主任，通过学科与信息化技术融合的学习、摸索与探究，对学生学习主动性、教学方式和教学质量等问题的发现、思考与解决，让我认识到，借助新技术，可以完成许多传统语文教学想做、应该做却做不了的事。”廖老师说。教师利用平台发布讨论等任务，可以让学生打破传统教学的时空界限，实现“时时可学、人人可学、处处可学”；发送课前微课可以让学生自学，以题检测学情，为老师调整授课重难点提供了依据，也让教师有意识地在课上提问检测时错得较多的学生，帮助其掌握知识；教师多设趣味学习环节，可以让学习变得快乐、有趣，让平板教学成为教师最爱的教学工具，让平板课堂成为学生最喜爱的学习平台。

“尤其是通过此次全国公开课献课活动，在来自全国同科教师高手及教育信息化专家面前真实呈现，加上后续的反思研讨、文章的总结撰写，让我对平板教学有了新的认识和理解，促进了我对于新时代教学信息化理念的思考，为我的教

学探索开辟了新的道路。”廖老师相信，互联网＋平板教学会让学科教学如虎添翼，随着学科教学与信息技术的高度融合、完美融合，高效课堂将继续得到纵深发展，学生将能更快乐地学习！

扫一扫看视频

★ ★ ★

**溯源·延展**

苏霍姆林斯基对校长们说：“如果想让教师的劳动能够给教师带来一些乐趣，使天天上课不致变成一种单调乏味的义务，就应当引导每一位教师走上从事一些研究这条幸福的道路上来。凡是感到自己是一个研究者的教师，更有可能变成教育工作上的能手。”对教师们来说，“只有善于分析自己工作的教师，才能成为得力的、有经验的教师。教师的劳动是一种真正的创造性劳动”。实践证明，教学名家都是善思考、喜研究的老师，他们或琢磨课堂，或研究学生。总之，他们每天都处于思考和研究中，善于总结和梳理的老师会把自己的思考整理成文字。

太原市第十五中学的校领导非常重视教师的研究工作。由校领导和骨干教师牵头，带领教师们研究课改和教学过程中普遍存在的问题，并总结发表文章。东莞市塘厦初级中学通过回顾分析一节公开课的执教过程，以文字方式对这节课进行总结梳理，帮助教师快速成长。两所学校的实践证明，深入研究教育教学中的实际问题，并梳理总结为文章发表，不仅可以促进学校的快速发展，也可以大大提高教师的专业素养。

## 顶层设计视角

海口市美兰区教育局

### 智慧课堂助力教师专业发展

将信息技术与教育深度融合，优化教育模式，已经成为一种必然趋势。海口市美兰区教育局积极贯彻国家、省、市教育信息化精神，加快学校信息化建设步伐，于2016年率先启动智慧课堂试点工作，海口市第九中学、第十中学、第七中学等学校与北京四中网校合作利用信息技术推动课堂改革，迈出海南省信息技术与课堂教学深度融合的重要一步。建设过程中，美兰区教育局把师资力量建设放在首要位置，投入大，措施多，推进快，果实丰。

专题培训为智慧课堂提供源头活水。美兰区教育局邀请“智慧课堂”应用专家到实验校进行技术辅导和交流，发现问题，实时解决。2016—2018 年，美兰区教育局多次组织美兰区智慧课堂实验校学校领导与教师外出观摩研修，达 200 余人次；由各校组织、北京四中网校承办的“信息技术与教育教学深度融合之翻转课堂教学模式”主题培训 300 余人次。通过“智慧课堂”专题的培训，提升教师的“智慧教育”实践技能，一批智慧课堂教学“种子教师”活跃在教改第一线，成为“互联网＋教育”建设生力军。截止到目前，美兰区有智慧课堂实验学校 4 所，北京四中数字校园教学平台覆盖 8 400 多名学生、670 多名教师。2018 年，海口市第九中学成功举办了全国“‘互联网＋’新课标背景下翻转课堂教学模式的开发和研究”研讨活动，全国各地约 280 人参会，活动反响热烈，受到各界瞩目。《中国教育报》《海口日报》先后报道了海口市第九中学智慧课堂实施情况。

多样活动赋予智慧课堂丰富样态。围绕智慧课堂建设，美兰区在城乡学校之间、市片区学校之间开展智慧课堂同步活动。近年来，各智慧课堂实验学校开展不同级别公开课 80 余节、全国公开课 30 节。2018 年，美兰区举办了美兰乐东同步课堂实验项目交流会，全省实验教师利用手机 App 收看海口市第九中学对接三江中学初三语文复习课的教学实况，实现了“全省共上一堂课”。同时，实验学校以课题牵引，有序推进。海口市第九中学的国家级课题“‘互联网＋’新课标背景下翻转课堂教学模式的开发和研究”、海口市第七中学的省级课题“初中诗词古诗词情境教学研究”、海口市第九中学海甸分校市级课题“薄弱学校翻转课堂中前置教学阶段的模式探究”等都在研究中。智慧课堂带来的信息时代教学教研，启发了教师队伍对新教育潮流的思考。

实验学校智慧班教师在各级各类评比中屡获佳绩，智慧班学生成绩凸显，优秀率过半，中考成绩皆为海口市公办学校中的佼佼者。这些可喜的成绩都证明了在智慧校园和教育信息化的发展上，美兰区无疑是海口市“互联网＋教育”的一面旗帜。

每一场教育变革都源自教师专业发展的质变，美兰的教师队伍也通过智慧课堂开启了专业发展的新征程。目前，海南省教育厅已把美兰区作为海南省首个向教育部推荐“基于教学改革、融合信息技术的新型教与学模式”实验区。未来，美兰区教育局会在“互联网＋教育”的大背景下顺势而为，以“建设智慧教室，研究智慧课堂，培养智慧师生，打造智慧校园”为目标，推动教与学的变革，为提高学生学习能力与学习兴趣、促进教师专业发展而不懈努力。

石嘴山市师资培训中心

## 人工智能助推教师队伍建设

石嘴山市于2019年1月被宁夏回族自治区确定为首批人工智能助推教师队伍建设试点城市。作为教师培养的主要负责单位，石嘴山市师资培训中心挑选石嘴山市部分意识超前的学校，充分利用智能教学助手和精准教学系统备课、授课，课后巩固拓展，开展以合作学习、探究式学习和个性化学习为主的新型教学模式探索。通过线上线下多种方式培训转变教师观念，开展区域内线上互动教研、北京四中网校互动教研，促进教学模式的落地生根；建立新的教师职称评定及岗位晋级考核评价、骨干教师智能教育培养提升和信息化应用名师培养制度、人工智能助推教师队伍专业发展激励机制等创新的制度，为课改保驾护航。

截至目前，石嘴山市85%以上的教师备课、学情分析、作业批改和问题反馈等工作依托智能化、信息化工具实现，教师队伍信息素养、信息技术应用能力得到较大程度的提高，人工智能切实推动了教师队伍的专业发展。

# 第六章

## 数据驱动下的学生综合素养提升

◎ 如何提升学生的综合能力？

◎ 如何培养学生良好的思维品质？

◎ 如何通过课堂教学活动塑造学生品格？

◎ 如何借助信息技术激发学生学习兴趣？

◎ 如何在日常教学活动中培养学生的良好习惯？

## 第一节 | 学生综合能力持续提升

古有“学而不思则罔，思而不学则殆”，学思兼备是对学生最基本的要求。智慧课堂“先学后教，以学定教，学生主体，老师主导”的教学理念，不仅使被动的课堂变得主动，把课堂还给学生，还更加注重激发学生潜能，培养学生表达、演讲、合作、创新、思考、批判等综合能力。智慧课堂旨在让学生爱上课堂、爱上班级、爱上学校、爱上学习，把学生培养成一个全面发展的人。

### 1. 打开学生心门，提高表达能力

“教育的艺术不在于传授本领，而在于激励、唤醒和鼓舞。”智慧课堂给学生提供了舞台，增强了自信，带动学生主动学习，愿学、乐学、善学。郑州市第五十一中学第一届智慧班的刘畅同学听力严重损失，需助听器辅助听力。小学时因为听力不好，说话也不清楚，内心很自卑，很少和同学交流，也不会交流。但他爱学习，爱钻研，喜欢上网学习，智慧课堂正好适合他。在传统课堂听老师上课，他需要看老师口型，很多时候都跟不上。智慧课堂模式下，他不仅可以暂停，还可以重放微课，直至弄懂相关知识点为止。刘畅同学每次自学都非常认真，总会超额完成任务，他在讨论区的展示经常被选为范本，后来老师鼓励他上台展示，第一次展示时虽然有些拘谨，但知识储备充足的他讲起题来侃侃而谈，同学们都向他投来仰慕的目光。

之后，刘畅同学变得越来越自信，表达越来越精准而顺畅，课堂上积极踊跃抢答、展示，在小组中充当小老师，给其他同学答疑解惑。就这样，他变得越来越自信，越来越阳光，周围也多了很多朋友。他的脸上总是洋溢着灿烂的微笑，像换了一个人似的，进入高中的第一次考试，他毫无悬念地取得了年级第一名的好成绩。

“课堂上，我使用了平板上的抢答、投票等小功能，极大地调动了学生的积极性，提问再也不用像以前一样纠结了，谁的速度快就提问谁，系统会快速显示出谁用时最短，学生们也不会因为没被老师提问到就垂头丧气，他们会把精力用在下一轮抢答上，兴致高昂。”驻马店市第四中学的曾彩霞老师说起学生在平台使用前后的变化，一下就打开了话匣子。在讲《狼》这篇课文时，她根据学生课前提出的“武松和屠户谁更强”这一问题，组织了一场围绕“武松被称为打虎英雄，那屠户是不是英雄呢”的辩论赛，学生们表现出极大的兴趣。

正方一辩：屠户是英雄，因为他杀死了狼，为民除害。

反方一辩：屠户不是英雄，因为狼是国家二级保护动物，不能杀害。

正方二辩：有勇有谋是英雄必备的素质，当时屠户处于非常危险的境地，他能勇敢机智地去应对保全自己，理所应当被认作英雄。

反方二辩：屠户刚开始表现出来的是怯懦，他是被逼无奈才奋起反抗的，并不能被看作英雄。

正方三辩：在遇到危险情况的时候，害怕是人的正常反应，随后他不再有侥幸心理，果断地杀死了狼，从这一点来看，他是英雄。反方辩友认为武松是明知山有虎，偏向虎山行，没有丝毫的退缩，而屠户胆小怯懦，是在无法避免的情况下才杀死狼，所以，不可以称为英雄。但是，无论过程如何，结果是他杀死了狼，所以，他肯定是英雄。

正方、反方一辩结束、二辩结束、三辩结束后，分别由学生投票，通过大屏显示支持人数的多少，可以直观地看到每个辩论环节带来的投票结果的变化。“这样的课堂教学过程，紧张有序，更重要的是激烈的竞赛氛围，很好地锻炼了学生们的表达能力与快速反应能力。”曾彩霞老师说。

### 2. 正确鼓励引导，提升学生自主学习能力

2015 年，郑州市第五十一中学借助北京四中网校平台成立了两个智慧转班。开始时，老师们的信心并不足，家长也不配合，对孩子的监督不够，学生预习的效果差，作业应付交差，智慧课堂预期的目标不能实现，还需要再讲，往往一个课时需要两节课。作为班主任的杨嘉老师和张静老师发现问题后，通过不同的方式引导学生自主学习，鼓励学生通过自学微课，了解自身学情，并评论老师的讲课，对评论优秀的同学进行加分奖励。如此，学生的重心不再局限于微课的浅表认知层面，而是独立思考问题、提出问题的高阶思维。有时一些同学也会主动在评论区帮助同学答疑。在“线段射线直线”微课的评论区，王新航同学提问道：“延伸和延长有什么区别？没明白。”周叶霖同学评论道：“延伸是自身的，所以线段不能延伸；延长是人为的，将线段向一个方向无限延长就成了射线，线段向两个方向无限延长就形成了直线。”培养学生听微课记笔记的习惯，学生课前自学的能力逐步得到了提升。

### 3. 小组学习，团队合作促成长

刚开始，小组合作流于形式，合作效率低，目标不明确。后来，老师在小组合作环节设定了具体要求，培训小组长合理分工，归纳组内意见，协调组内评价。小组成员先独立思考，把想法记下来，再由小组长安排各成员发言，其他组

员认真倾听，认真思辨，不插话，听后思考并提出自己的见解，互相讨论，互相启发，最后形成集体意见，由指定记录员将其整理出来做展示。展示人在组内预展示，其他同学再次进行评价，综合全组意见。小组合作学习过程培养了学生善于倾听、思考、归纳的好习惯及语言表达能力。在讨论时，老师与学生平等对话，合作交流学习；鼓励基础较差、思维能力较弱、不善言谈的同学表现自我，一起克服自学过程中遇到的困难；通过和其他同学探讨，了解其他同学的思考成果，一起解决部分疑惑，使学生的问题意识得到了提升。

#### 4. 在展示与质疑中绽放自我，强化批判性思维

在教学过程中，最精彩的环节当属小组展示。刚开始时，小组展示几乎都是组长唱独角戏，组员参与度不高。后来，郑州市第五十一中学的老师们在小组展示环节设置了叫号形式，用转盘转号，这样，小组的任何一个人都有可能被抽到，小组成员就会有紧迫感，从而达到人人会展示的目的。在展示过程中，其他同学认真聆听、思考，准备纠错补充，思辨能力得以提升。杨嘉老师和张静老师常常鼓励学生大胆发言，勇敢质疑，自信展示。杨嘉老师在讲二元一次方程组的定义时设置疑问："$x=1$，$y=2$ 是不是二元一次方程组?"同学们七嘴八舌争论不休，于是杨嘉老师采用投票方式决定正方和反方，双方选代表进行辩论，最后让同学们回到定义达成共识。三年下来，同学们人人都是小老师，展示落落大方，条理清楚，质疑观点明确，思维严谨，语言表达能力也得到了提升。而且，表达能力和协调组织能力较强的同学很多都被招进了学校的爱心社团。他们在很多募捐、义卖、志愿者献爱心等活动中的表现都很突出，学校的爱心社团因此被教育局评选为五星社团。

小组展示给学生带来的转变，在郑州市管城回族区第六中学同样有极为明显的表现。第六中学张玲玲老师在讲授"陈太丘与友期行"时，设置了小组成员分工"角色扮演"环节，要求其语言、动作、表情要符合人物心理特点，表演结束后，小组成员分别分析了文中人物的形象以及对课文的理解。同学们的表演天赋令张老师甚为惊叹。有的同学用文言文对话，有的用大白话对话，有的用方言改编对话，把这则关于"诚信"的寓言小故事演绎得淋漓尽致。

在长期合作探究、展示质疑的过程中，同学们的信心被激发。每当张老师提问时，很多同学都会举手抢答。显然，这种勇气和自信源自课前的知识储备。课堂上，只要张老师稍微引导一下，同学们就能跟上老师的思路。他们敢于表达自己的见解，他们喜欢绽放自己的感觉，在一次次的展示与 PK 中，同学们的信心变得越来越强，表达越来越准确，谈吐越来越大方。相信他们将来走向社会时，这种综合素养会有极大的帮助，也会让他们从人群中脱颖而出。

★ ★ ★

扫一扫看视频

## 溯源·延展

爱因斯坦说:“学会独立思考和独立判断比获得知识更重要，不下决心培养思考习惯的人，将失去生活的最大乐趣。”“美国人力资源管理学会”和“21世纪联盟组织”联合调查了美国400多名雇主，调查结论显示:雇主们认为21世纪人才需要四种关键技能，即创造能力、沟通能力、协作能力、思辨及问题解决能力。哈佛大学的研究表明:“自信心、领导力、沟通能力和团队合作能力这四类能力是未来国际精英人才的必备素质。”

郑州第五十一中学与驻马店第四中学通过推行智慧课堂教学模式，打开了学生的心扉，提高了学生的表达能力和自主学习能力。与此同时，通过小组合作学习，学生的倾听、团队合作能力得到明显提升。郑州市管城第六中学通过组织展示与质疑活动，激发了同学们的信心和勇气，培养了他们的批判思维。智慧课堂使学生的综合能力得以持续提升。

# 第二节　塑造学生品格　为其终身发展奠定基础

教育不但要启智，更要铸魂，即通过对学生的习惯培养和品格塑造，夯实人生的根基，获取人生的智慧。信息化时代的智慧课堂教学更加强调学生品格和品行的滋养。在教学过程中，教师是主导，学生是主体，通过合作探究展示等课堂活动，打造民主、和谐、开放的教学氛围，更有利于陶冶学生情操，净化学生感情，塑造学生的健康品格。

### 1. 把主体地位还给学生，成就其乐观自信

兴趣是构成学生学习动机最活泼、最现实的成分。教师要引导学生对所学知识产生兴趣，参与探究，使其自主发现知识并掌握知识。以信息技术为基础的网络教学平台，让学生有针对性地设计问题、追问问题、解决问题成为可能。山东省烟台第十三中学充分利用“师友互助”学习方式创建和谐愉快的学习氛围，学生沐浴其中，碰撞出思想的火花。

魏萍老师班的宋春辉同学，刚入学时是一个腼腆的大男孩，说话会脸红。经过三年的合作互助学习，他一步步跨越思想障碍，从不敢说到和师父说，再到和师父有不同意见，经历着成长的快乐，并越来越自信。现在的宋春辉已经从学友成为师父，经常给全班同学当小老师，且是一个颇受欢迎的小老师。他还宣称："要把师父的优点传承下去，发扬光大。"

把课堂真正还给学生，课堂是学生展示的舞台。魏萍老师班级课前的 3 分钟激情演讲，课上的习题讲评，小组间的质疑、解惑，无不激励着学生主动思考。张祖恺曾经是一位不起眼的小男生，在经过一次次的展示和历练后，现在的他阳光自信。尤其是在数学课堂上，他认真思考，积极要求上讲台展示他的做题思路。从最开始的只会对题讲题，到现在的讲完题后和同学互动质疑，甚至讲完后归纳出题目考查的知识点是什么以及解题的关键在哪，总结得头头是道，俨然一位小老师！就是在这样的舞台上，学生之间彼此聆听、彼此认同、彼此尊重，每个人都有归属感。

魏萍老师说："老师要改变传统的教学观念，创建和谐愉快的课堂气氛，把主体地位还给学生，使学生会学，让课堂变成学生乐于学习的场所，把课堂变成学生展示自我的舞台，成就他们乐观、自信的优秀品质。"

### 2. 师父勇担大任，包容同学

在山东省烟台第十三中学的"师友互助"教学模式中，一方面，师父承担了越来越多的责任；另一方面，帮助学友的同时，自己也获得了快速的成长。

作为师父，陈原骏同学对自己的责任有非常明确的想法：认真听讲，独立钻研，督促学友认真听讲，耐心指导学友，积极配合学友回答问题。课间，督促学友完成课堂未完成的任务，做好下节课的课前准备。候课时间检查学友课前任务。作为师父的他深知，要对同学负责、对老师负责，他要包容同组组员的缺点，帮助他们共同进步，他们是一个团队，"一枝独放不是春，百花齐放春满园"。

在师友互助、合作学习中，他收获了一颗包容心，真正做到了有担当，是一名学习优秀生。他在小组合作、学友互助的课堂氛围中，做好自己，成就他人。作为师父，他"心有多大，舞台就有多大"。纵观古今中外，凡是成大事的人，必定有宏大的志向、宽广的心胸和包容心。包容就像一缕阳光，给人带来快乐、温暖和积极向上的人生态度。人一旦拥有了包容心，就掌握了人际交往的大智慧，自然会赢得他人的喜欢和尊重，人生也会变得更精彩、更有意义。

### 3. 从"学会知识"到"会学知识"，提升学生的独立思考能力

智慧课堂既要把课堂的讲授翻转到课前，学生和老师角色也要翻转。学生在

课后自主学习新知识，掌握学习主动权；老师则在课堂上扮演组织学生巩固和利用知识、解答学生在学习中遇到的问题的角色。学习过程前置，学生被动听课的局面被彻底改变。

郑州市第五十三中学教务主任刘莹曾说："如果我们的学生能成功应对智慧课堂提出的挑战，就意味着他们的适应能力和学习能力又上升到了一个新的高度，因此，我们必须着意培养学生独立学习的能力，养成自主思考的习惯。"在她看来，没有什么比独立思考更重要。事实的确如此，智慧课堂在提高学生学习能力方面，发挥了重要的作用，通过智慧课堂，学生从单纯的"学会知识"走向"会学知识"。

刘浩楠同学是郑州市第五十三中学的一名学生，因为学习能力比较强，平板的引入对于他而言简直是如虎添翼。除积极完成老师布置的课前任务之外，他还坚持听资源库里北京四中优秀教师的微课，并认真做笔记，经过 4 个多学期的用心和努力，仅英语单科的微课听课量就高达 1 698 节。与入班时 72 分的英语成绩相比，现在他的英语测试成绩基本稳定在 115 分左右，取得了突破性进展。他不仅对英语学习产生了浓厚的兴趣，其他学科的成绩也稳步提升，并经常提出让老师、同学们诧异的问题。刘浩楠说："我特别喜欢用平板进行学习，它的多样性、灵活性以及知识的系统性，不仅让我对学习爱不释手，还让我看问题的角度不一样了，不管学习多难的知识我都不怕，无论多么复杂的事情我都力争有自己的看法。"

### 4. 有效的小组合作，培养学生的团队意识

四川省达川中学在课堂教学和班级活动中，注重激发和引导学生提出问题，达到"三个一"的目标，即每位同学一周至少要解决一个新问题；每天每个学习小组至少提出一个问题；每周班上要发现一个有价值的问题，并充分搭建起学生交流的平台，明确规定对每个有价值的问题落实"三个二"，即先让学生独立思考 2 分钟，再让小组讨论 2 分钟，然后各组交流 2 分钟，逐步培养学生的团队意识、责任与担当。

四川省达川中学李艳林老师的班级在学习"绿叶在光下制造淀粉"这节课时，李老师布置了这样的课前任务：选择盆栽植物，黑暗中放置 24 小时后放在阳光下照射。

在选择做实验的盆栽植物时，各个小组的成员争得面红耳赤。李老师认为，出现歧义是好事，但如何统一呢？这时就需要发挥小组长的作用了。小组长要求组员们独立思考 2 分钟，从植物是否易得、叶片大小的影响、能否达到实验效果等方面自主思考。2 分钟后，组织小组内讨论，部分小组还借助网络查询了资

料，部分小组找老师咨询意见。经过小组内激烈的碰撞、每个小组成员的献计献策，最终大部分小组达成一致，选择了蚕豆这种植物。李艳林老师说："在长期的小组合作活动中，学生们学会了包容、接纳，也学会了创新。"

不得不说，智慧课堂培养了学生"会观察、善思考、能合作、爱探究、乐表达"的优良品格和学习习惯，同时还将触角延伸到课堂之外，让学生带着问题走出课堂，在生活中用心发现问题、研究和解决问题。

### 5. 学生自主学习，感受学习乐趣

自利用北京四中网校教学平台开展智慧课堂、个性化学习以来，山东省烟台第九中学学生的学习方式和课堂生态发生了翻天覆地的变化，学校更加关注学生能力和个性品质的培养，尤其是学生的自主学习能力及创新能力。学校强调的"让每一个学生都主动参与到学习中来""让每一个学生都能尝到学习的乐趣"，是活力课堂建设一直努力的方向。

郑凯容同学是烟台第九中学的一名学生，学校实施的"智慧课堂"给她提供了更广泛涉猎知识的途径。她积极完成老师布置的课前任务，坚持听资源库里北京四中优秀教师的微课，完成老师下发的网上跟踪练习，并及时通过北京四中网校教学平台的"错题本"将已学过的知识点进行查缺补漏。在课堂上她积极抢答老师推送的问题，快速参与"同学互批"，积极与小组内同学沟通，带动班级其他同学积极加入学习活动中。"我在使用平板和同学们互相批改、交流的过程中，越来越自信，组织能力也越来越强，这些将使我受益终生！"经过初中 4 年的努力，2019 年 9 月，郑凯容以优异的成绩考入烟台第一中学进行高中阶段的学习。

重回母校看望初中的老师们时她说："初中 4 年的平板教学培养了我的自主学习能力和学科思维能力，使我在高中学习过程中如鱼得水，请期待我更大的进步！"

★ ★ ★

**溯源·延展**

孔子曰："德若水之源，才若水之波；德若木之根，才若木之枝。"《周易》中提道："天行健，君子以自强不息；地势坤，君子以厚德载物。"《左传》中记载："太上有立德，其次有立功，其次有立言，虽久不废，此之谓三不朽。"自古以来，历代先贤、典籍都将修心立德放在首位，从而建构了中华传统美德体系。党的十八大报告指出，"把立德树人作为教育的根本任

务，培养德智体美全面发展的社会主义建设者和接班人”。北京四中原校长刘长铭校长也表示：“教育不仅是让学生获得知识和能力，还要培育情感、心灵和灵魂。”

山东省烟台第十三中学充分利用“师友互助”学习方式创建和谐愉快的学习氛围，培养学生乐观、自信、包容、担当的品格。郑州市第五十三中学着意培养学生独立学习的能力，使其养成自主思考的习惯。四川省达川中学在课堂教学和班级活动中，通过“三个一”“三个二”培养学生团队合作能力。山东省烟台第九中学的活力课堂注重培养学生的自主学习能力和创新能力。

## 第三节 ｜ 从自主学习走向自主管理

联合国教科文组织出版的《学会生存》一书中，有这样一句话，“未来的文盲不是不识字的人，而是没有学会学习的人。”苏霍姆林斯基说：“真正的教育是自我教育。”随着课堂教学改革的不断深入，学生自主学习能力的培养已经成为教学的重要组成部分。如何发挥学生的主体作用、实现学生的自我管理，成为当下各学校探讨和研究的重要话题之一。

### 1. 小组评价激发学生自主管理

教学中，老师对小组整体和学生个体表现的评价会直接影响学生的学习动力和兴趣，积极、恰当的评价会促进小组间的竞争，满足学生被认可的心理需求。因此，肇庆市第二中学周文杰老师根据学生实际情况制订了量化评价表，利用“3＋5＋1 评价模式”对学生进行评价。小组合作的表现分数由小组长对组内个人的评价汇总而成。

周老师每节课都会对学生进行量化评价，主要考虑三方面要素：课上回答问题的次数、课上参与讨论的积极性、课前完成任务的情况。每 5 天由学习委员对各小组分数进行汇总，学习委员和科代表从五个方面进行总评：课前准备、课堂合作、课堂展示、课堂纪律、作业情况。

**小组合作学习评价积分表**

<table>
<tr><td colspan="32">组名：　　　　　　　　　　　　　　组长：　　　　　　　　　　　　　　第　　周</td></tr>
<tr><td colspan="32">口号：</td></tr>
<tr><td>星期</td><td colspan="6">星期一</td><td colspan="6">星期二</td><td colspan="6">星期三</td><td colspan="6">星期四</td><td colspan="6">星期五</td><td rowspan="2">本周总评成绩</td></tr>
<tr><td>项目<br>姓名</td><td>课前准备</td><td>课堂合作</td><td>课堂展示</td><td>课堂纪律</td><td>作业情况</td><td>合计</td><td>课前准备</td><td>课堂合作</td><td>课堂展示</td><td>课堂纪律</td><td>作业情况</td><td>合计</td><td>课前准备</td><td>课堂合作</td><td>课堂展示</td><td>课堂纪律</td><td>作业情况</td><td>合计</td><td>课前准备</td><td>课堂合作</td><td>课堂展示</td><td>课堂纪律</td><td>作业情况</td><td>合计</td><td>课前准备</td><td>课堂合作</td><td>课堂展示</td><td>课堂纪律</td><td>作业情况</td><td>合计</td></tr>
<tr><td></td><td></td><td></td><td></td><td></td><td></td><td></td><td></td><td></td><td></td><td></td><td></td><td></td><td></td><td></td><td></td><td></td><td></td><td></td><td></td><td></td><td></td><td></td><td></td><td></td><td></td><td></td><td></td><td></td><td></td><td></td><td></td></tr>
<tr><td></td><td></td><td></td><td></td><td></td><td></td><td></td><td></td><td></td><td></td><td></td><td></td><td></td><td></td><td></td><td></td><td></td><td></td><td></td><td></td><td></td><td></td><td></td><td></td><td></td><td></td><td></td><td></td><td></td><td></td><td></td><td></td></tr>
<tr><td></td><td></td><td></td><td></td><td></td><td></td><td></td><td></td><td></td><td></td><td></td><td></td><td></td><td></td><td></td><td></td><td></td><td></td><td></td><td></td><td></td><td></td><td></td><td></td><td></td><td></td><td></td><td></td><td></td><td></td><td></td><td></td></tr>
<tr><td></td><td></td><td></td><td></td><td></td><td></td><td></td><td></td><td></td><td></td><td></td><td></td><td></td><td></td><td></td><td></td><td></td><td></td><td></td><td></td><td></td><td></td><td></td><td></td><td></td><td></td><td></td><td></td><td></td><td></td><td></td><td></td></tr>
<tr><td>评分</td><td colspan="31">（1）课前准备：A. 课前准备充分，桌面物品摆放整齐，安静等待上课。（加 1 分）B. 不能做到规定的。（扣 1 分）<br>（2）课堂作业：A. 课堂活动中积极参与，与小组成员团结协作，效果好。（加 3 分）B. 能较好参与课堂活动，团结合作，效果较好。（加 1 分）<br>（3）课堂展示：A. 语言规范礼貌，表述问题清楚流利，思路清晰，解决问题到位。（加 3 分）B. 补充恰当，反驳有理。（加 2 分）C. 评价（互评）到位。（加 1 分）</td></tr>
</table>

除课堂小组合作学习的评价外，周老师还鼓励和督促学生课下及周末的小组学习，倡导“周末 1 合作”的学习方法，即周末或假期由组长组织，安排学习时间、学习地点，记录组员周末学习状态，对组员打分。

与肇庆市第二中学的小组评价体系略有不同，福州第十一中学一方面结合智慧课堂的教学模式，从教学的各环节建立评价体系，实行量化考核，将考核结果作为评选优秀小组、优秀组员、优秀班委、优秀值日班长、进步之星的重要依据；另一方面结合学校教务处、德育处对班级考核的具体办法，将班级考核与小组建设有机结合，考核结果作为评选优秀班集体德育效果的主要依据。

在创建学习小组过程中，福州第十一中学的班主任会精心挑选组员进行搭配互补。每组 6～7 人，按学习能力、学习成绩及综合素质划分为 A、B、C 三个层次。每组按照 AA、BB、CC 三层科学划分，学习成绩均衡，便于各小组公平竞争，让每个小组成为班级学习的缩影。每小组设小组长、副组长各 1 名，每学科设学科组长 1 名。在学习小组的建立过程中，参考学生近期测试成绩，分析其成绩变化，并进一步分析和了解学生的性格和行为方式。在此基础上，班主任对学生进行分组，以优带次、性格互补，让组织能力强的同学负责小组分工和推进学习进度，充分发挥学生的特长和能力。

福州第十一中学七年级（12）班的谢彤同学，既是班长，又是数学小组组长。她的数学成绩一直稳居班级前三，在小组答疑过程中，她会主动给组内的同学进行讲解和指正。在“轴对称与坐标变化”一课的教学过程中，学生进行小组间互评和自评，因为有了之前合作学习的基础，大家对彼此都比较了解，所以评价和建议更加切合学生实际。谢彤同学指出同组赵同学的草稿写得太乱，解题步骤不够完整，很容易出错。赵同学听后表示会认真改正，因为他自己也意识到了这一问题。在互评中，同学们能够获得更好的自我认知和提升，从而达到“1＋1＞2”的效果。

通过一段时间的小组合作学习，肇庆市第二中学智慧班的同学发生了巨大的转变。首先表现为合作意识和团队精神变强了。在合作中，组员因为共同的目标，从一开始的害羞、胆怯、不敢提问，到现在的能主动表达对问题的不同看法，分享彼此的观点。其次表现为逐步养成了良好的学习习惯。自周文杰老师在班级内开展小组合作学习以来，同学们每次合作前都认真学习，积极思考，合作中敢于提问，善于反思。通过周老师一次次的精心培训和认真指导，如今，学生们已经形成了主动预习、自主思考、敢于提问、善于总结、乐于反思的习惯。所以，在小组合作学习中，正确的指导和引导必不可少。

除小组合作学习外，行政小组的建立，同样能改善学生的精神面貌。通过建立行政小组，成绩不是特别突出的学生，会积极参与到班级的建设与小组的管理中来。福州第十一中学信息化智慧班七年级（11）班的王宁同学，虽然成绩在班上处于中下游，但他乐观开朗、积极主动，参与了班级的卫生委员竞聘。王宁同学带领小组打扫班级卫生，每天都是最后一个离开教室。在编制值日排班表过程中，他的统筹安排、组织管理能力得到老师和同学的认可，与此同时，王宁在学习上也更加认真了。

### 2. 小组合作从教学走向班级管理

肇庆市第二中学智慧班教师在教学上的转变引发了他们对班级管理的思考，把小组合作模式渗透在班级管理中。周文杰老师主要从两个方面来实施：一是重视班级小组评价。每个小组的组长是该组的核心，由组长负责小组的常规考核，记录员负责记录课上的基本情况。组长做到一节一总结、一日一汇总、一周一评比，评选出每周学习之星、榜样之星等。对学生各方面行为及学习的评价激发了组长的主观能动性和责任心，促使学生规范自身行为，形成良好的学习、行为习惯，为学生自主管理打下坚实基础。

二是两套班干成员齐抓共管。根据学生意愿和能力分别选出男女班干各一名，均设为正班长。由正班长挑选自己的班子成员：副班长（四名，卫生委员、文艺委员、体育委员、宣传委员)、各科科代表各一名。两位正班长根据单双周轮流值日，并安排每天的值日班干（周一为正班长，周二至周五为副班长），每天班级所有的事务由值日班干全权负责安排等。非值日的班干承担班主任的角色，对每天的班级情况进行检查、评价。两套班干体系共同管理，互相监督，达到了自主管理的目的，减轻了班主任的负担，锻炼了学生的能力。

福州第十一中学同样将小组合作学习模式应用到班级管理中，以提高班级管理质量。该校信息化智慧班七年（11）班班规的制定主要经历了以下过程：一是集思广益。班主任李日丽老师根据《中学生在校一日常规》和《中小学生守则》为学生提供了九个方面的选题，即上课、课间、自习、早操、体育课、作业、卫生、仪表、公物，让每位学生写出自己的意见。二是小组讨论。小组内融合，达成一致后整理出一份小组稿件。三是班主任、班委会、小组长共同讨论。集中班内多数人的智慧，统一全班意见，最终形成《七（11）班班规》。

### 3. 自主管理助力学生养成自律品格

肇庆市第二中学通过班级小组评价、两套班干成员齐抓共管模式的实施，使班级常规管理既有实施者，又有监督者，班级事务人人参与，基本达到了自主管理。周文杰老师发现，自从学生的自主管理形成后，同学们学习的时间更多了，主动学习的意识明显增强，课上课下都能看到同学们自主学习和交流讨论的身影；心思放在学习上，同学们交流更多了，关系更加融洽了，从而促进了班级更好的自主管理；整个班级的学习氛围较之前好了很多，班级每位同学逐渐形成了自律和主动学习的好习惯，班级同学之间更加团结，成绩也有了显著提升。在各科检测中，七年级（9）班成绩优异人数是全年级最多的。

福州第十一中学通过学习小组、行政小组的建设、管理和评价，让学生从自主学习走向自主管理，学生成绩也有了明显的提高。2018—2019 学年度七年级下学期期末考试平均分比年级平均分高出 103.47 分。在历次考试中，年级前 100 名智慧班平均占 67%；年级前 50 名，智慧班平均占 87%；年级前 20 名，智慧班平均占 85%。

小组合作模式是一个真正以学生为主体、教师为主导的学习和管理模式，这种模式使得学生在独立思考、主动探索后真正学会了合作、交流，增加了学生间的互动，也促进了学生间的互助。在教学和管理中利用小组合作模式激励学生，不仅帮助其从自主学习迈向自主管理，还培养与提升了综合素养。

★ ★ ★

扫一扫看视频

**溯源·延展**

《基础教育课程改革纲要》提出：要“改变课程实施过于强调接受、死记硬背、机械训练的现状，倡导学生主动参与、乐于探究、勤于动手，培养学生搜集、处理信息的能力，获取新知识的能力，分析解决问题的能力，以及交流与合作的能力。”著名数学家华罗庚曾说：“一切创造发明，都不是靠别人教会的，而是靠自己想，自己做，不断取得进步。”陶行知先生也曾指出：“我认为好的先生不是教书，不是教学生，而是教学生学。”

肇庆市第二中学利用“3＋5＋1评价模式”促进小组合作学习，带动并激发学生自主学习。福州第十一中学把小组合作模式应用到班级管理中。智者所见略同，两所学校都充分利用小组合作模式实现班级自主管理，助力学生综合能力提升。

## 第四节 训练学生思维品质 发展学生智力与能力

进入21世纪以来，每个教育工作者都在思考到底要培养什么样的人才的问题。系统性、深刻性、敏捷性、创造性、批判性等思维品质和相关核心素养的培养成为教学的重中之重，这给课堂教学带来了新的挑战。上述思维品质和相关核心素养的培养要求广大教师进一步调整教学策略，改进教学方法，为开发学生智力、能力和思维在教学过程中进行大胆的探索和尝试。

### 1. 智慧课堂，为学生思维品质的培养找到栖息地

2015年，为全面提升教学效果，适应新时代信息化教育改革浪潮的需求，大连市红旗高级中学进行了智慧课堂教学模式的大胆尝试，旨在突出学生的主体地位，尤其是把对学生思维品质的培养渗透在教与学的各个环节。借助北京四中网校教学平台及数据分析等信息化支撑，大连市红旗高级中学曹新安校长主持梳理了“六学六导”教学体系下的“1264”智慧课堂教学模式。

“这种教学模式以一节课为思维单元，学生的思维品质的培养体现在不同的环节。”曹新安校长解释说：课前教师“发布任务”，让学生以任务驱动的形式启动思维，而学生的“自主学习”本身就是思维的练习场，再加上平台上师生间、

生生间的反馈交流，无不闪现出思维的亮光。学生带着一定的思维认知基础，按照教师“二次备课”后的教学设计，投入到课堂思维场中去，一步步完成课上“四步骤”，从而减少了思维启动和缓冲等环节，大大提高了课堂效率，扩大了课堂思维容量。经过几年的尝试、实践和改进，大连市红旗高级中学“1264”智慧课堂教学已经初具规模，教学效果显著提高，学生思维品质的提升自然也带来了高考成绩的连年攀升。如今，大连市红旗高级中学的智慧课堂实践的重点是建设学生独立思维和批判性思维培养的“训练场”“成长池”“自研地”。

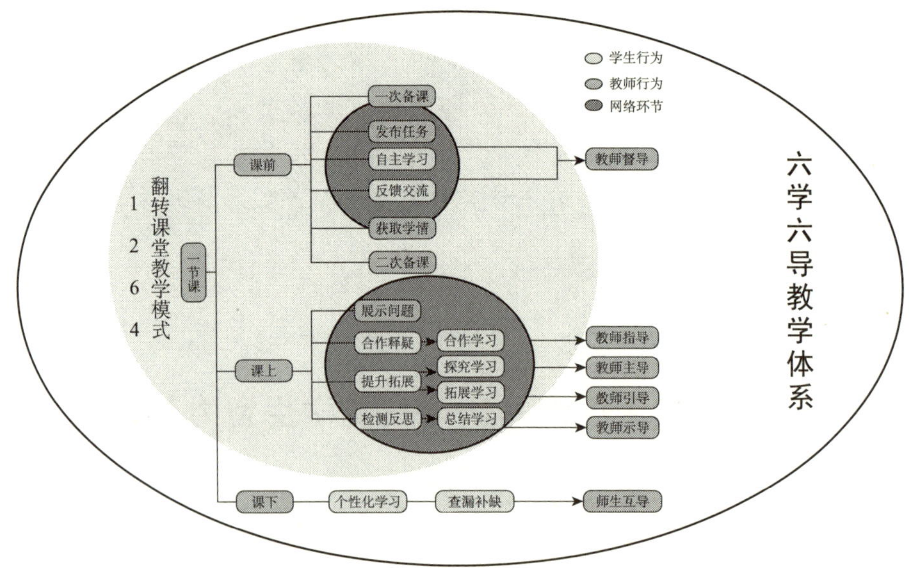


大连市红旗高级中学“1264”智慧课堂教学模式

## 2. 语文教学中培养学生的独立思维和批判性思维

语文常被称为学好其他学科的基础，是智力的核心。语言建构与运用、思维发展与提升、审美鉴赏与创造、文化传承与理解是语文的四大核心素养。其中语言的建构与运用是智力发展的基础，而思维的发展与提升是智力发展的支柱。在语文教学备课中，通常把思维品质分为共性思维和个性思维，共性思维通过论证达到思维认同，个性思维通过质疑和批判达到对学生探索精神的培养。

（1）让课前学习成为培养学生独立思维的训练场。

从智慧课堂“先学后教，以学定教”的教学理念出发，大连市红旗高级中学盛江伟老师一直摸索以“生本问题”作为教学设计的切入点。在上“故都的秋”一课时，王老师首先让学生充分阅读文本，对文本进行比较原始的思考质疑，并在平台上提交他们的困惑。然后结合学生问题二次备课，确定授课重点。王老师发现，在学生的反馈中，不少同学都对“故都的秋”中的“故都”产生了疑问：

姜霖：作者是南方人，故都在南国，但他描绘北国的秋，并称之为故都的秋，这是为什么呢？

王昌智：为什么作者称北平是自己的故乡？

王烨锴：为什么作者称北平为故都？

“学生理解的‘故’是故乡之意，而基于这种认知，学生很容易把作者对故都的秋的情感理解为思乡之情。事实上，在历来的文本解读中，‘故’更多情况下是‘旧时的国都’。这样解释之后，同学们恍然大悟。”盛江伟老师说，正是经历了这样一个自我理解和修正的过程，学生对这个知识点印象深刻，课前任务与讨论区交流的结合，让课前学习成为培养学生思维独立的训练场。

（2）让课堂学习成为引导学生自变更新的成长池。

在传统教学中，教授的侧重点是什么、落脚点在哪，是教师根据教学经验和对各种参考书、各类文本的解读得来的。关于“故都的秋”的授课重点，一种比较受认可的说法是要教出“这一篇，这个人”，即对郁达夫对故都的秋的情感把握以及作者自身的颓废，因此教学重点往往放在关于故都秋的特点的认知分析上。

通过观察学生提交的课前学习反馈，盛江伟老师对这篇文章的授课重点有了新认识。学生发现了文本表述中的悲凉意味和欣赏态度之间存在矛盾，提出“作者是要写悲秋还是要颂秋？”的疑问。

罗歆笛：作者在写文章时是什么心境，悲伤还是欢喜？

曲丹：为什么北国的秋充斥着一种悲凉，作者是要写悲秋还是要颂秋？

王雪：作者在文中多处表达了对北国秋天的喜爱，但为什么在文章一开始就给秋天涂上了一层悲凉的色彩？

姜家豪：最后一段作者为什么要折去寿命的三分之二来换取一个三分之一的零头？

“通过平台反馈，看到同学们从对故都秋的特点的关注转移到作者个人的审美趣味上。这个问题是学生思考认知上亟待解决的大问题，同时也是语文文本解读的真问题，又是语文教学中的主问题，收集到的学情与预设的课上重点问题是一致的，那么在提前思考的前提下，在课上把它作为难点突破，相信同学们会更感兴趣，专注度会更高，学习效果也就会更好。”

确定授课重点后，盛江伟老师在课堂上做了这样的解释：这样的疑问是大家对景物描写固有的刻板反应造成的，因为一般认为哀景衬托的是哀情。这篇文章恰恰是用悲凉的景象表达作者对秋近乎痴迷的喜爱。

听了老师的解答，又有同学产生了疑问：是不是通过哀景来反衬乐情呢？王老师借着同学的疑问，引导学生开展合作释疑的探究性学习。经过几个回合的讨论、质疑、批判、辨别，最后基本形成了“欣赏秋的悲凉”这一认知，也恰恰呼应了文章第12段中固有的关于文人悲秋传统的表述。整个过程，基于课前学习反馈，通过问题设置和一步步的解释，盛老师引导学生自变更新。

（3）让课后自主探究形成批判性思维的自研地。

盛江伟老师在“故都的秋”教学中，还针对学生认知问题的细节，引导学生自主解决，培养其高阶思维。比如有同学在课前提出这样的问题：

魏壮：文章第8、9、10自然段写了北方人在秋天天气转冷时互相问候的语言和语气。作者为什么要写这三段，这三段有什么意义？

沈斌：文中两人的对话起到什么作用？

课堂上，盛老师设置专门的环节，让学生对“两个北京人在斜阳桥边讨论秋雨的凉”这个片段做分析，张岿誉同学认为两个闲人的谈话透露出悲哀的心境。对于学生不恰当的回答，盛江伟老师不是直接否定，而是问道：“从哪里得出的依据呢？是自己的凭空臆想，还是有一定的资料支撑？”

张同学回答说：“查了一些这篇文章的写作背景，应该是表达了作者对故都当时处于战乱的国家命运的担忧。”曲丹同学说：“应该是想多了，此处表现的只是一种闲适的情感。”盛老师询问更多同学的意见，很多同学未置可否，可能有点糊涂。此时，盛江伟老师同样没有直接揭开谜底。

在课前朗诵时，他留意到一个男同学读这一段时声情并茂，于是邀请他再次朗读。男同学以悠闲的语调非常深情地读出了“一层秋雨一层凉了”。“通过朗读再次感受，这样的情景透露出来的是一种什么样的姿态，什么样的心境？”盛老师问。大家不约而同地回答：“是优美的，闲适的，惬意的，舒适的。”

盛老师说，这样的方式，让大家自然而然地理解了这段文本本身所蕴含的情感特质，认识到不要强行结合时代背景、牵强附会去过度解读文本。“整个过程培养了学生自主探究、教师辅助引导的高阶思维能力，即批判性思维训练。”

### 3. 生物教学中培养学生的理性思维

理性思维是学生核心素养的重要内涵，是学生能够适应社会发展需要的关键能力。在智慧课堂中，文昌市联东中学陈静老师发现学生的课堂表现与以往不同。在教授七年级下册“拟定保护生态环境的计划”一节内容时，陈静老师制定了这样的教学过程：

课前任务“请以小组为单位，分别调查同学们每天在学校食堂倒掉的剩饭剩菜、教室中扔掉的废纸，以及清理校园清洁区时的落叶等垃圾处理”，并在任务中填写小组调查到的情况。在学生课前任务完成的调查报告中，每个小组调查到的情况各不相同：第一小组调查初中部24个班级，发现每班教室里都只有一个大垃圾桶，同学们把不用的废纸、饮料瓶、没吃完的零食统统放在这个大垃圾桶里。第二小组通过调查初中部、小学部的食堂，发现同学们每天吃饭时，剩饭剩菜大部分都是由食堂阿姨帮忙倒掉，很多同学不了解剩饭剩菜的处理情况。第三小组调查发现各班打扫清洁区的落叶，发现落叶直接倒在了学校垃圾池里的几个大垃圾桶中，没有和生活垃圾分开。

课上，各小组对教学平台上全班的调查情况进行汇总，利用平台实现资源共享，并根据自身的情况，针对校园垃圾处理拟出一份保护生态环境的计划；然后通过课堂互动平台拍照提交作业、学生互相批改的方式，小组讨论交流不同的思路，并在讨论中留言，评论其他同学的方案。针对调查到的情况，同学们提出了不同的想法。

第一小组施彤：垃圾分类应从班级开始，班级里不应为了方便，只放一个大垃圾桶处理所有垃圾，应把同学们的生活小垃圾和学习上不用的废纸等分开。

第二小组芳芳：对于剩饭剩菜，个人觉得应在同学们吃完后自己动手倒掉，食堂阿姨负责在一旁引导。

第三小组晶晶：每天清洁区的落叶，不应和生活垃圾倒在一起，应分开。

通过学生提出的这些想法，可知学生在调查时确实发现了学校垃圾处理存在的问题。对于第一小组施彤提出的想法，很多同学都认为可以实施。接下来，陈静老师引导学生设计教室垃圾分类方案，并通过用自己的行动，影响和指导其他班级进行垃圾分类。针对第二小组提出的剩菜剩饭处理想法，老师引导学生设计该方案时，加入“通过本班同学在食堂中亲自处理剩饭剩菜的行为示范，想方设法地带动学校其他同学”。对于第三小组的想法，老师则从废物循环利用的角度，引导学生联系所学过的知识——“落叶中存在的有机物，怎么变成无机物归还土壤重新利用”，让学生学会把所学知识运用于解决生活实际问题。

最后，三个小组学生基于各自不同的方案，进一步分析学校整体的垃圾处理情况。比如给学校垃圾池里的几个垃圾桶贴上标签，垃圾分类后再处理。通过对比分析每个小组的方案后，全班再集体完善形成一份完整的保护计划，然后在课上展示，陈老师进行答疑。

课后，陈老师利用教学平台引导学生阅读垃圾分类知识，合作完成垃圾的投放。学生对于一部分垃圾的界限不是很清晰，如喝不完的奶茶怎么办，口香糖扔在餐厨垃圾里可以吗，对于这些容易混淆的垃圾，陈老师借助平台上垃圾分类知识，正确引导学生，让学生知道“奶茶没喝干净，倒进下水道中，再把盛奶茶的纸杯单独扔进其他垃圾收集容器”“口香糖不属于餐厨垃圾，它里面虽然有橡胶成分，橡胶属于可回收物一类，但嚼过的口香糖属于不可回收垃圾，很难进行再生循环利用，应扔到其他垃圾收集容器”。

“自从学生以这种方式完成垃圾分类的活动后，学生们经常把生活中的一些垃圾以猜谜抢答方式进行分类，一段时间后，他们自觉地将垃圾投放在不同的垃圾箱中，给学校垃圾处理带来了很大的便利。”通过教学实践，陈老师发现，利用智慧课堂中开放性的互相学习评价方式，学生的思维全面性、创新性得到一定的提高。同时，采取资源共享和小组合作的方式，体验式完成垃圾分类，既聚众人智慧，拓宽思路，提高创新能力，又增强了学生爱护环境的社会责任感。

### 4. 探究性学习培养学生的实践能力

新课程标准提出教学要面向全体学生，提高学生生物科学素养，倡导探究性学习。沈阳市杏坛中学顾秋月老师在智慧课堂教学中发现，探究式实验的开设能更好地培养学生的探究、学习、创新、合作等能力，学生可以通过探究过程体会合作的好处，体验探究的乐趣，从而培养其创新精神和实践能力。如在“观察花的结构”探究实验课中，顾秋月老师结合对教材和学情的分析，转变教学思维，精心设计实验教学。采用信息化手段，力求发挥学生的主动性，培养学生的科学探究和实践能力。

在实验活动中，顾老师首先利用多媒体播放《解剖百合花实验操作》视频，明确实验目的、方法和步骤，强调易出现问题的环节，并根据实验内容给出实验报告单。她要求学生根据实验报告小组分工合作解剖百合花，做好花结构拼接和标记名称等。

在实验过程中，顾老师走近学生巡视、指导，利用平板直播部分小组的解剖过程。针对学生提出的疑问，比如花瓣内侧有一些小的凸起是什么结构，教师给予及时解答：这是花的蜜腺。解剖过后，学生利用课堂互动平台拍照上传实验成果照片，小组间互相观察实验成果，并相互评价。顾老师也借助上传到平台上的实验成果图片，了解了学生们的实验达成情况。

顾老师表示：在这一环节中，学生亲身体验实验过程，对花的结构认识比较完整，从而培养了学生观察、分析的能力，团队协作的精神，体现了新课标的教学理念，落实了技能目标。同时，老师利用平板互动平台进行实验过程直播，精确掌握学生的实验情况，同时对发现的问题及时点拨和解答，实现精准教学。

在学生展示过程中，顾老师适时提出相应问题：“你观察到百合花的哪些结构？哪些结构细微，肉眼观察不到？”学生根据实际观察回答：“百合花的结构主要包括花柄、花托、花瓣、雄蕊和雌蕊”，“由于胚珠结构较小，肉眼难以看见”。顾老师适时利用多媒体展示子房中胚珠的位置，引导学生了解花的完整结构。老师继续提问：“通过观察，对比百合花的结构和桃花结构有什么异同点？”随后小组合作交流讨论并派出代表回答问题。学生通过观察，清楚知道百合花和桃花基本结构相同，但百合花没有发育出花萼这一结构。

在问题引导下，学生小组合作释疑，在加深了对花基本结构理解的同时，还了解到不同的花也可能有特殊结构。对比观察培养了学生实事求是的科学态度和严谨的科学精神。

顾老师深刻体会到，以探究活动为主线，以积极参与教学活动为核心，引导学生自主学习、合作学习、探究学习，充分发挥学生的主动性，能更好地帮助学生突破教学过程的重难点。

课堂是落实核心素养的主阵地，要实现核心素养的教学转化，课堂必须从“学科教学”转向“学科育人”。课堂教学改革要超越知识教育，从知识走向智慧，要将核心素养和智慧课堂的深度融合作为课堂教学改革的突破口，以训练学生的思维品质、发展学生的智力与能力为目标，提升学生的核心素养。

扫一扫看视频

★　★　★

**溯源・延展**

爱因斯坦曾说：“教育无非是将一切已学过的东西都遗忘后所剩下来的东西。”遗忘掉的东西就是所学的具体知识和内容，而剩下来的就是能力与思维品格。2012 年经济合作与发展组织提出 21 世纪要培养学生四方面的基本技能，第一就是思维方式，即培养学生批判性思维、创造性思维、不定式思维。教育学家顾明远说：“培养学生的思维能力，最根本是从教到学的转变。”

大连市红旗高级中学借助网校教学平台及数据分析等信息化支撑，整理形成了“六学六导”教学体系下的“1264”翻转课堂教学模式，并在语文教学中培养学生的独立思考能力。文昌市联东中学发现，利用智慧课堂中开放性的互相学习，学生的理性思维得到了全面培养、社会责任感得到了一定提高。沈阳市杏坛中学认为，探究式实验结合小组合作，可以更好地培养学生严谨的科学精神。

## 第五节　激发学习兴趣　挖掘学生潜力

古人云：教人未见其趣，必不乐学也。教育改革家魏书生说：“兴趣像柴，既可点燃，也可捣毁。”俄罗斯教育家乌申斯基曾指出：“注意力是我们心灵的唯一门户，意识中的一切，必然都要经过它才能进来。”从古至今，教育者对培养学生的学习兴趣非常重视。心理学研究表明，学生对某一活动不感兴趣时，只能发挥全部脑力的 20%，而感兴趣时，大脑皮层就能把观察、记忆、思维、想象等各种心理活动调动起来，充分发挥全部的脑力活动。在新课程背景下，如何有效激发学生学习兴趣，引爆其学习各学科知识强大的爆发力，成了提高教育质量的关键，以及教师研究的焦点。

### 1. 通过“入门课”，让学生入境

四川省成都市新都区第二中学赖兴武老师从 2016 年开始使用北京四中网校的智慧课堂，经过三年一届的教学探索，今年又迎来了新一届的学生。赖兴武老师高度重视激发学生学习数学的兴趣。在智慧课堂的驱动下，他对激发学生的学习兴趣有了进一步的感悟。

在学生进入高中的第一堂课，赖老师设置了“怎样学好高中数学”入门课，给学生介绍高中数学的特点，高中数学在生活中的作用和高考中的地位，怎样做好初高中的衔接，让学生对高中数学学习做到心中有数的同时，又对高中数学产生浓厚的兴趣并产生学好高中数学的愿望。此外，赖老师还设计了《高中数学学习方法调查问卷》，以了解学生对数学学科的理解、学习习惯、预习习惯、作业习惯、听课习惯等，并利用平台进行统计，特别是第 15 题“你心目中的数学老师”，同学们非常积极、踊跃地参与，对数学学科和数学老师都有了浓厚的兴趣和热切的盼望。

高一（3）班的张伽澍同学总结道：“数学是理科的起点，逻辑则是数学的灵魂。”曾李华同学说：“数学是有用的，面对实际问题时，我们可以熟练地使用数学一一解决。通过这本书，我们可以利用数学知识之间的内在关系，特别是蕴藏在数学知识中的数学思想、方法，学会数学思考与推理，不断提高数学思维能力，所以数学是有用的。”

### 2. 从已有知识出发，让学生对新知产生兴趣

好的开端是成功的一半。在学习“一元二次不等式解法”时，四川省成都市新都区第二中学赖兴武老师先让学生回顾初中学过的二次方程、二次函数，让学生从已有知识出发，对新知产生兴趣。在上“指数的运算”时，赖老师带领学生回顾经典的故事“棋盘上的粮食”（第一个格里放一颗麦粒，第二个格里放两颗，第三个格里放四颗，以后每一个格里都比前一个格里的麦粒增加一倍。宰相要求国王以这样的方式把棋盘上六十四格的麦粒摆满都赏给自己，结果国王发现即使把自己国内的全部粮食都拿来，也兑现不了他的诺言），并让学生计算 $2^0+2^1+2^2+\cdots 2^{63}$，感受这个庞大的数据，以激发学生的学习兴趣。这样的教学方式得到

了学生们的认同，正如刘家林同学所说：“生动有趣，喜欢这样的数学！”

在学习“对数的概念”时，赖老师先布置微课预习，让学生了解对数的创始人纳皮尔（J. Napier），使其体会从思想萌芽到新知识诞生的探索过程，激发学习的兴趣以及对科学的探索精神。此外，赖老师还让学生通过了解地震与对数的联系，认识“用数学方式描述大自然的现象是人类的需要——人们需要从中发现一些方法以便能够认识自然，也许只是通过预报。”

### 3. 拓宽学习通道，激发学习兴趣

广州市荔湾区金道中学肖颖华老师十几年使用信息技术与语文学科教学相结合的实践经验表明——计算机的应用有助于提高学生的参与度。上八年级语文上册“中国石拱桥”时，肖老师首先引导学生依次观看微课视频，第一课时观看“学习中国石拱桥的结构层次（新授）”，第二课时观看“学习中国石拱桥的语言（新授）”，第三课时观看“跟中国石拱桥学写清晰的段落（新授）”。课程内容的呈现不单是文字，还有动态的图像、悦耳的声音、丰富的画面，通过多种形式传递信息，可以有效提升学生的注意力。

学生在观看完微课视频后，只要打开关联试卷，便能看到切合视频重要信息点的简答题。大多数人在普通课堂学习中很少能够自觉专心地学习，而在智慧课堂中，学生既可以自我检测对微课内容的掌握程度，也能从中得知自己学习微课的目标，用批判的眼光看待自己的学习过程，产生提升答题命中率的动机，提高专注力，发展新的认知策略。

北京四中网校教学平台“中国石拱桥”课程，还包括两套在线随堂练习，教师可根据学生的实际水平增删，每道题都有难度标识，学生进行在线练习时，题目的难度保持适当的挑战性。学生如果想有好的表现水平，必然要全神贯注，努力参与到训练中，在此情况下，有意练习和专心能够形成最佳效果。

青海师范大学附属第三中学语文封娟老师在讲艾青的诗歌《假如我是一只鸟》前，在网上找到一个情感把握比较到位的朗诵音频，并找到了相应的配乐，封老师把它们发布成任务，让学生先听范读，然后配乐朗诵，上传自己的朗诵视频。封娟老师当天晚上，一条条点开学生的视频静静倾听……原本要求孩子们带着感情朗读，但上传的朗读视频却没有一个学生露脸。不过从孩子们的朗诵中，老师听到了努力！大部分孩子在录视频时把镜头对准了教材上的课文，从课文上各种标注的痕迹可以看出他们提前做了工作，有对字音的标注，有对重音节奏的标注，还有对本诗情感的标注。有的学生甚至做了 PPT 作为朗诵背景，还有的学生在朗诵诗歌前加入了画外音，有的学生除了朗诵，还讲解了创作背景……听着听着，封老师不禁泪眼蒙胧，多么可爱的孩子们，老师又是多么低估了他们的

能力啊！

### 4. 课上掌握动态学情，适时激发学生兴趣

传统的教学活动一般由教师主讲，学生只是听讲、模仿和记忆，没有充分的时间和空间去探索、发现、推理、论证。《数学课程标准》指出：数学教学是数学活动的教学，是师生之间交往互动与共同发展的过程。随着互联网的普及和信息技术在教育领域的应用，利用网络教学平台，学生可以获得优质的教育资源，而不再是单纯地依赖授课老师去获得知识。老师的角色也发生了变化，老师更多的责任是理解学生的问题和引导学生去运用知识。

四川省成都市新都区第二中学赖兴武老师认为，利用平台，课堂上老师可以非常快捷地了解学生的学习动态和掌握效果，准确掌握学生的学情，进行点名抽查，也可以让学生抢答，并对答对的同学及时给予表扬、鼓励、小组加分，学生正确的解答还可以及时推送给其他同学学习观摩。评讲作业时，老师可以根据学生的答题情况进行有针对性地评讲；对于一些探索性问题，可以让学生充分讨论，积极思考，然后提交、互评，充分调动学生的积极性，让学生在实践和交流中享受到学习的快乐。在学习较难的函数图像时，赖兴武老师借助几何画板在自己的平板上演示函数图像，并通过教学平台助手全程投屏到学生平板，让学生能真切地感受到画函数图像的全过程。

直观形象的图像能引导学生观察、研究图像，分析函数的性质，从而培养学生的数形结合思想。让学生尝试作图可以使其感受数学图像的美妙，感受探索的乐趣。

### 5. 利用数据评价，增加学生成就感

学习动力来源于学习的成就感不断得到满足。教师的一个任务是要坚持不懈地辅助学生找到学习的真正满足感。

广州市荔湾区金道中学肖颖华老师通过系统汇总的答题情况，及时了解学生的学习效果，并对学生做出积极正向的评价。学生也可以通过系统给出的成绩和错题解析，及时了解盲点，从而及时与教师互动，得到解答，快速提升学习能力，并争取在下一次测试中有更好的表现，获得更多的成就感。

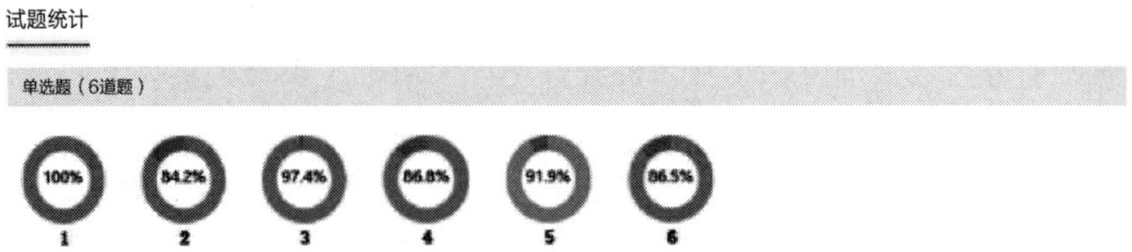

系统汇总的答题情况

在课堂上，教师教没教是一目了然的事，但要了解学生学没学就比较困难，这需要教师随时向学生提问，以评估学生的学习情况，倘若教师的评估对象仅限于那些提问时举手的学生，就无法顾及班上的所有成员，而且还会高估班级的学情。因此，肖老师很喜欢用智慧课堂的“随机点名”功能，在平板上点击“随机点名”按钮，系统随机挑选出一位学生，被选中的学生平板上会出现“你被点中了”。随机提问是确保课堂高参与率的绝佳工具，它让全体学生投入其中，做好回答问题的准备。同时，它有利于提高参与思考的学生的比率。而由计算机来进行随机点名，能让学生觉得更客观公平。

教师：中国石拱桥的特点有哪些？找个同学说说（开始随机点名）。

学生1：结构坚固，形式优美。

教师：再找个同学补充一下。

学生2：历史悠久。

教师：好的，你们是怎么知道的呢？（继续随机点名）

学生3：从第2、3段找到的，关键句是……

教师：那么作者是怎样具体介绍中国石拱桥的主要特征的？（继续随机点名）

学生4：作者举了赵州桥和卢沟桥两个例子。

教师：所以，为了说明事物的特征，我们可以采用什么方法？（继续随机点名）

学生5：可以选取有代表性的例子来具体介绍。

教师：啊，对了。谢谢你们，回答得很好。

通过将单一问题拆分成若干个随机提问的问题，能让全体学生处于警醒状态，促使他们积极思考，提高参与度，同时有利于形成正面和有凝聚力的课堂文化。

### 6. 通过小组活动，激发学生学习兴趣

四川省成都市新都区第二中学董维琼老师利用北京四中网校教学平台课前引导学生查阅相关资料，并利用所学知识思考并设计实验验证两个问题：第一，同一物质在不同溶剂中的溶解性不同，请以食盐以及常见无机、有机试剂来证明，能不能找到合适的常见溶剂制成胶体，并设计实验方案。第二，三种分散系是不是完全独立的？请以氯化银的生成为例来设计方案来验证你的观点。

董老师分析学情后发现：大多数同学想到用无机溶剂水和有机溶剂苯、四氯化碳，一部分同学还想到了有机溶剂乙醇。第二个问题很多学生都认为三种分散系是独立的，只形成一种分散系——浊液，有少数同学认为三种分散系有关联。

上课时，董维琼老师先让学生在小组内交流讨论，每个组最终确定一个方

案，如何选用桌上的药品和仪器开始实验，讨论时间 2 分钟。其后分组实验，观察现象，拍照上传，限时 15 分钟。在此时间内，董老师巡堂、纠正学生错误操作，并拍摄学生实验照片通过投屏传到平台。（注：董维琼老师认为，与其他同学分享此刻投屏会打断学生做实验的过程，而且很多学生也不会关注，因此录制了实验过程，留待学生展示或者老师总结时再展示视频。）

之后，董老师用抢答功能请各小组汇报实验成果。

高一（1）班第三小组同学为了证明同一溶质在不同溶剂中溶解度不同，做了一个对比实验，将适量的氯化钠分别加入乙醇和水中，在乙醇中不溶解，在水中溶解。他们向盛有饱和氯化钠溶液的试管中加了无水乙醇后发现溶液变浑浊了，试管底部已经能观察到氯化钠的白色晶体，但他们不知道是什么原因。

董老师提醒大家可以从初中学习的有关“结晶”的原因去分析。之后，同学们发现由于氯化钠在乙醇中的溶解度较小，所以析出了氯化钠晶体。董老师肯定了大家的发现，继续问同学们：加了多少毫升的饱和氯化钠溶液？向里面加了多少毫升的乙醇才看到有氯化钠晶体析出？在加的过程中有没有用激光笔照射试管中的液体？

同学们似乎悟出了一些道理。董老师提醒大家，科学探究不但要及时记录实验现象，还要注意控制变量、记录数据，这样更容易让我们从中找到规律，得出合理的结论。

继续抢答中，第一小组通过实验观察发现：先向试管中加入一小药匙的氯化钠，然后向其中逐滴加入苯并振荡，刚开始氯化钠没什么变化，随着苯的不断加入，氯化钠的量在缓慢减少。最后同学们试着用激光笔去照射，发现有微弱的光的通路，最终得出了苯可以和氯化钠形成胶体的结论，并通过教学平台的奖励功能获得了董老师的奖励，课堂上的气氛因此活跃了起来。

第六小组的同学们在做氯化钠溶液和硝酸银溶液制取氯化银的实验时，感觉出现了异常现象。他们先往小烧杯中加入 20mL 的饱和氯化钠溶液，然后用胶头滴管逐滴滴加硝酸银溶液，整个过程没有振荡。在滴加过程中他们发现有少量的氯化银浮在水面上，而其他氯化银则逐渐聚集起来慢慢沉到烧杯底部，还有些分散的氯化银则悬浮在液面下，形成了浊液，不知道为什么会这样。

面对这样的疑问，董老师打开同学上传的液面上有氯化银漂浮的照片，然后引导全班同学去观察，解释在实验中导致异常现象的原因可能有很多，让同学们利用已经掌握的知识、技能去分析和检验，因为所有的未知发现都是成长和进步。董老师告诉大家有兴趣的同学还可以写成论文寄给《中学生数理化》杂志，说不定还可以发表。与此同时，董老师还告诫同学们写实验报告时千万不要作假，观察到什么就写什么。

除了小组讨论和展示，董老师接下来让同学们提出自己的看法甚至质疑。针对第六小组做的氯化银沉淀实验，董老师让同学们结合教学平台上的教学资源，去观察烧杯中的分散系分成了三层：上面一薄层较清晰，中间有点浑浊，最下面更浑浊一些，烧杯底部看到的白色沉淀应该是氯化银沉淀。

当董老师提出怎样判断它们是否为不同的分散系时，一位同学抢答道：从烧杯液面上用电筒光照射，从垂直光线的方向去观察，发现从上到下的现象分别为：无光发散、有光亮的通路，因此氯化银和水在同一个烧杯中形成了三个分散系：溶液、胶体、浊液，而且分界线都不是非常明显，这说明三种分散系是有关联的。

至此，高一（1）班同学都很兴奋，他们学在其中，乐在其中。同学们通过小组讨论、设计实验方案、从理论上预测实验现象、动手做实验、观察现象并与预测的现象对比，初步体验了一次科学探究的过程，同时也通过科学探究理解了同一物质在不同的溶剂中溶解度确实不同。物质的性质不仅与物质结构有关，还与物质的存在状态有关，胶体就是物质存在的一种形式，并且溶液、胶体、浊液之间有关联。

当堂课利用了所学知识、原理并借助智慧课堂的教学平台进行深度学习，大大激发了同学们学习化学的兴趣，课后找董老师讨论化学问题的学生越来越多，此后课堂上认真听讲、积极参与课堂讨论的学生也增加了。正如开学时董老师在第一堂化学课上所讲：“相信当学生爱上学习化学时，一切问题都不再是困难！”

扫一扫看视频

★ ★ ★

## 溯源·延展

《国家中长期教育改革和发展规划纲要（2010—2020年）》指出：激发学生的好奇心，培养学生的兴趣爱好，营造独立思考、自由探索、勇于创新的良好环境。教育家苏霍姆林斯基曾经说过：一个孩子到十二三岁还没有自己的兴趣和爱好，做老师的要为他担忧，担心他长大以后对什么都漠不关心，成为一个平平庸庸的人。“没有爱就没有教育，没有兴趣就没有学习；教书育人在细微处，学生成长在活动中。”中国教育学会名誉会长顾明远教授也将兴趣放在自己教育信条的重要位置。相比传统课堂，智慧课堂能更好地挖掘学生潜力，使学生成为教育的主体。

四川省成都市新都区第二中学通过学科的“入门课”让学生入门后，通过三大举措激发学生学习兴趣：第一，从学生的已有知识储备出发，让学生对新知产生兴趣；第二，课上掌握动态学情，适时激发学生兴趣；第三，通过小组活动，激发学生学习兴趣。广州市荔湾区金道中学和青海师范大学附属第三中学充分利用平台挖掘学生潜力，即借助微课、音频、学案、试卷等不同资源，适时引领拓宽学生的学习通道。此外，它们还通过随机提问、及时奖励、利用数据实时进行评价，增加学生的成就感。以各种形式激发学生学习兴趣，挖掘学生潜力，引领学生享受学习探究的美妙是几所学校共同努力的目标。

## 第六节 | 养成良好习惯　成就未来人生

著名教育家叶圣陶先生曾说："什么是教育？一句话，就是要养成良好的学习习惯。"习惯的力量是巨大的，人一旦养成一个习惯，就会不自觉地在这个轨道上运行，好习惯会使人终身受益。著名教育家曼恩也曾说过：习惯仿佛一根缆绳，我们每天给它缠上一股新索，要不了多久，它就会变得结实无比。良好的学习习惯可以激发学生学习的积极性和主动性。

海口市第十中学吴永妃老师借助北京四中网校教学平台，探索如何在教学实践中培养学生良好的学习习惯，研究学生在学习习惯方面的成长和变化。

### 1."习惯养成表"是良好习惯养成的有效手段

从初一第一学期开始，海口市第十中学吴永妃老师就担任智慧班道德与法治教学工作。开学不久，她发现班里有很多学生在学习习惯方面存在诸多问题。其中，班里的小成同学存在的问题最为明显：第一，常常不完成课前任务，即使偶尔按时完成一两次，提交上来的任务质量也很差，答题敷衍，做题错误率高。第二，没有主动记笔记的意识和习惯。第三，没有先梳理知识再写作业的习惯。第一次月考，小成同学的道德与法治考了 50 多分。

吴永妃老师认为，诸多问题的根源是没有良好的学习习惯。结合学科特点和小成同学的实际情况，吴老师为小成制定了一张"习惯养成表"。习惯养成表针对读、查、画、记、问、听、做题/写作业七个方面的习惯做了明确的方法指导，并以图片展示的方式做示范。例如，针对读，要求小成同学通过不同形式认真阅读教材，如大声读、轻声读、默读等，每种形式至少读一遍。针对查，在阅读课本的过程中，总会遇到一些不理解的学术名词，要上网查找相关资料，理解它的含义，并在课本上标注（自行补充的资料一律用蓝色签字笔书写）。针对记，要求用色笔记笔记：红笔勾画关键句，画横线，记老师要求预习的问题；蓝笔圈关键词/核心词，写自己查阅补充的其他资料；黑笔记问题答案的页码，写教材主观题的答案……

吴永妃老师要求小成将这张习惯养成表打印出来，张贴在道德与法治课本前。前两个星期，每天放学后，吴老师都会留下小成，单独辅导他按照表格的规定完成课前任务和课后总结反思任务。当小成初步掌握了习惯养成表规定的任务之后，吴老师与小成的爸爸妈妈进行了一次面谈，要求他们每天在家中引导、监督小成按时完成课前任务和课后任务。

### 2. 内在动机与外部激励双管齐下是关键

首先，发挥学生的主体作用，激发学生的内部驱动力。学生是养成良好学习习惯的主体，只有当学生内心肯定了良好学习习惯的价值，并对其充满渴望，才能充分激发自身的主动性和能动性。“因此，要通过多种方法激发学生的学习兴趣，使学生充分认识到良好学习习惯的重要性，切身体会到好习惯带来的喜悦和成就感，从而提高学生的求知欲，提升其自信心。”吴老师说。

对小成同学，在与他谈话的过程中，吴永妃老师了解到他的志向是将来当一名军人，于是就引导他，使他意识到军人要具备很强的政治素养，学好“道德与法治”这门课程对他将来考上理想的军校、当一名出色的军人非常重要，由此激发他对这门课程的兴趣，提高他的学习积极性。

其次，注重外部激励。一要适当激励。“教学的艺术不在于传授本领，而在于激励、唤醒和鼓舞”，适当的激励能够及时引导良好习惯的养成。教师可以综合采用精神激励、物质激励、目标激励、竞争激励、榜样激励等多种方式激励学生。二要及时评价。教师要关注并记录每一位学生养成良好习惯的历程，及时反馈、引导和评价。及时表扬做得好和有进步的学生，发挥好习惯学生的榜样示范作用；对做得不好的同学，要多加提醒和鼓励。

吴永妃老师和小成的家长一起根据小成的特点制定了激励方案，目标激励与物质激励、精神激励相结合：一个月内按时完成每一节课的课前任务，七年级期中考试政治要及格，期末考试要比期中考试高 10 分。达到目标可以要求家长买一样喜欢的东西，老师在班里点名表扬作为精神奖励。

### 3. 在日常教学中巩固落实是保证

抓好课前与课后。吴老师将需要培养的学习习惯转化为平台任务要求，定期发布任务，提醒学生按时完成，并对学生的完成情况及时监督评价。例如，读、查、画、问的习惯通过每一节课的课前预习任务培养，要求学生在规定时间内发送音频、文字、图片到平台上；课后发布检查任务，要求学生将自己的课本、思维导图本、聆听本、总结本的内容拍照上传，培养学生用色笔记笔记、专心聆听、及时反思写总结的习惯。

“每节课课前、课后都有固定任务，时间长了，学生慢慢就形成了在相应时间段按要求完成相应任务的习惯，在这一过程中慢慢养成良好的学习习惯。”吴老师说。

立足课堂主阵地。吴老师认为要抓住课堂这块主阵地，就要在教学过程中尊重学生的主体地位，设计的每一个教学环节都要能巩固学生良好的学习习惯。例如展示交流环节，既要整体点评学生课前预习的情况，又要充分鼓励学生积极主动展示自己的自主预习成果，同时引导其他学生为发言的同学点评。只有这样，才能在这一环节很好地促进学生养成读、查、画、问、听等习惯。

### 4. 家校携手共促良好习惯的养成

日本教育家福泽谕吉曾说过：“家庭是习惯的学校，父母是习惯的老师。”这道出了家庭在学生学习习惯培养中的重要作用。“因此，教师要与家长就学生的习惯培养问题时常沟通，密切联系，共同关注学生的成长。”针对小成的情况，吴永妃老师通过家访、与学生谈话等方式了解到他的家庭氛围特点、在家的学习习惯情况，然后根据这些实际情况制定了一份个性化的“家校合作清单”，标明老师需要家长配合的地方，真诚地争取家长的支持。

### 5. 良好的学习习惯让学习事半功倍

经过两年的培养，小成同学已经成功地改掉了原先的坏习惯，全班同学基本上也养成了师生共同制定的“良好习惯养成表”中的习惯。有了良好学习习惯的助力，学生在学习上收到了事半功倍的效果。

第一，学生写作业的时间变少了，速度变快了，同时作业的质量也提高了。主要表现在三个方面：一是平台上同样的课前任务量，学生的答题时间缩短了很多，同时答题的正确率也显著提高。初一刚开始完成 6 道选择题，班里多数学生需要花 4 分钟；虽然部分同学答题极快，只花 1 分钟时间，但错误率很高，6 道题一般只对 2 道题；还有少数同学答题极慢，甚至用时 15 分钟以上。总体而言，6 道题中常常有一两道题的正确率低于 60%。随着良好习惯的养成，学生完成自主学习检测卷的速度没有了过快和过慢的情况，总体上答题时间由原来的 4 分钟缩短到 2 分 40 秒至 3 分钟，而且答题的正确率也明显提高。二是在平时的单元测试中，全班学生能够在 45 分钟内保质保量地完成原本需要花 60 分钟才能完成的试卷。三是课堂上，师生之间、生生之间共同交流探讨的材料分析题由原来的两道题都觉得很赶时间，到现在能够轻松完成三道题。

第二，考试成绩显著提高。从班级整体情况来看，智慧班在历次考试中及格率较为稳定，基本保持在 95%～100%。两年来，随着良好学习习惯的不断形成，班级优秀率不断提高，七年级第二学期期末考试优秀率为 71.2%，八年级第一学期期末优秀率为 92.3%。从学生个人情况来看，每一位学生的政治成绩都有进步。班里的小祥同学养成了课前认真读书，认真背关键词、关键句的习惯，做选择题的正确率非常高，基本上在每一单元的单元测试中 16 道题最多只错一道，多次选择题满分。班里的小语同学养成了表格中的所有好习惯，在每一次的测试中成绩稳定在 88 分以上，其中在一本通九年级上册期终检测中考了 100 分。

总而言之，养成良好的学习习惯后，政治学习对学生而言不再是繁杂无趣，而是变得简单高效、轻松有趣。“无目标的努力，犹如在黑暗中远征。要培养学生的良好学习习惯首先需要师生共同明确需要培养的良好学习习惯有哪些。”吴老师认为，习惯养成表的内容不仅要明确习惯，还要明确每一项习惯养成的指导方法；要专门用一节课的时间来做养成每一个习惯的指导方法并按要求做示范引领，同时将该堂课录成视频，制作成“养成良好习惯的方法指导课”发布到平台上，供学生随时观看学习。

★ ★ ★

## 溯源·延展

法国学者培根说：“习惯是人生的主宰，人们应该努力追求好习惯。”巴金先生说：“成功的教育从好习惯培养开始。”孩子的成绩好坏不仅取决于智力的高低，还与他们的学习习惯息息相关。培养良好的学习习惯是素质教育的归宿。良好的习惯对学生现在的学习大有帮助，更会影响学生的一生。

海口市第十中学借助网校教学平台，积极探索如何在教学实践中培养学生良好的学习习惯，包括制定有明确指导的“习惯养成表”；发挥学生主体作用，激发学生内部驱动力；制定个性化的“家校合作清单”，真诚地争取家长的支持，以及日常教学中持续地巩固落实；等等。

## 顶层设计视角

广州市荔湾区教育局

### 智慧课堂时代的学生成长

广州市荔湾区地处经济发达的珠三角地区，区内高新技术产业蓬勃发展，以移动互联、社交网络、云计算、大数据为特征的新一代信息技术产业相对发达。新业态、新模式的发展带来了对新人才的迫切需求，也对荔湾教育发展提出了更高的要求。荔湾区长期坚持大教育观，把教育置于经济社会发展大局中来谋划，致力于构建“互联网＋”环境下的人才培养新模式，强化实践动手能力、合作能力、创新能力的培养。

自2016年以来，在民盟广东省委的大力支持下，荔湾区教育局以民盟“烛光行动”千校计划捐赠的北京四中网校教学平台为抓手，启动智慧课堂建设，强调以学习者为中心，推行启发式、探究式、参与式、合作式的翻转课堂教学方式，在提升教学质量的同时，培养学生创新思维与实践能力，促进学生全面发展。

为加强智慧课堂的组织协调，提升智慧课堂建设成效，在荔湾区教育局的总体部署下，荔湾区教育发展研究院牵头成立了包括教研院、课改学校、北京四中网校的智慧课堂项目指导小组，并依托北京四中网校驻点支持优势，加强区级智慧课堂教师、学生、家长培训，开展智慧课堂优秀课例征集评选活动，组织联合教研、校际交流、同课异构、课例研讨等研训活动。

终身之计，莫如树人；育人之本，莫如铸魂。广州市荔湾区教研院相关负责人表示，落实立德树人根本任务是智慧课堂建设的核心，荔湾区在推动信息技术与教育教学深度融合的创新探索过程中，将品格教育和能力培养目标贯穿于信息化课改全过程。

泛在、灵活、智能的教学环境建设，课前充分的在线自主学习，课上采用的小组合作学习方式，使学生在参与合作与竞争的过程中，强化了集体观念、大局意识，形成了崇尚荣誉、敢于担当、团结互助、追求上进的学习氛围，学会了欣赏他人的优点和闪亮点，正确处理与他人的关系，为学生日后融入社会锻造了优秀的精神品格。课堂上，更多学习时间还给了学生，组内讨论探究、合作释疑，小组代表上台展示，组内和组间互批质疑，角色扮演，使学生的沟通表达能力、团队合作能力、独立思考能力得到提升。

荔湾区多年的智慧课堂实践表明，发挥技术优势，变革教学模式，创新区域教学生态，在促进学生健康成长与全面发展方面具有传统课堂难以比拟的优势。

信息技术支撑下的课堂改革，让每个学生都得到适合自己的教育，让每个学生具备新时代发展所需要的综合能力，让每个学生都能成就自己的精彩。

**天津市宁河区教育局**

## 翻转课堂促进学生综合素养提升

“不能简单地把教育信息化理解为教育手段的革新，它是新时代需要教育提供具有信息素养人才的必然结果。聚焦新时代对人才培养的新要求，要加强学生信息技术知识技能、应用能力、信息意识、信息伦理等方面的培养，提升学生信息素养。”正是基于对教育信息化这样的理解，天津市宁河区教育局在深化应用、促进区域教学改革进程中，突出利用信息技术平台开展多种教学活动，突出深化网络空间应用，开展智慧课堂实践研究。

结合区域整体规划与学校布局，天津市宁河区制定出台《宁河区教育信息化建设发展规划》，筹建36间智慧教室，每间教室装备平板55台，充分利用宁河区教育资源云平台，掀起一股“课堂巧翻转，智慧促提升”的创新教学实践热潮。在信息技术与学科课堂教学进一步融合中，宁河区整体教学质量显著提高。近年来，学生的优秀率、合格率明显提升，中、高考质量逐年攀高，芦台一小和芦台四小被教育部认定为“2018年度网络学习空间应用普及活动优秀学校”。

宁河区教育局相关负责人表示，信息技术支撑的翻转课堂，是人们认知规律的正确回归。有效的课前网络学习，为课堂上腾出更多的时间去运用知识实践，从而生成记忆，掌握方法，辩证思维，逐渐提高学生们解决问题、分析问题的能力，使综合素养的提升融入教学的每一个环节。

# 附　录

## 附录 1　四川省成都市龙泉中学校《智慧课堂教学管理制度》(参考)

为加快推进龙泉中学信息技术与学科教学的深度融合，进一步提高教育信息化环境下的教学质量，根据我校实际情况制定智慧课堂教学管理制度。

力求创新教学模式，以管理机制深化集体教研和智慧课堂，以教学平台师生数据为评价依据进行教学管理和激励，践行基于大数据的课堂精准教学。

### 一、教学管理组织

由校长办公室牵头，教务处组织，年级组和学科教师参与，成立以校长为组长的信息化教学工作领导小组，以分管副校长、教务处负责人、年级负责人牵头负责的信息化管理团队。各学科教研组长协助落实教研管理，全体教师参与，应用信息技术开展教学创新。

组　长：徐本淳（校长、首席信息官 CIO）

副组长：陈泽刚（教学副校长）

成　员：石小强（教务处主任兼年级主任）、薛飞（教务处副主任兼年级主任）、王永利（年级主任）、陈元彬（年级主任）、各学科教研组长

### 二、教学实践安排

掌握信息化教学技能，优化课堂教学结构，改善教学模式，是一个循序渐进的过程。根据我校具体情况，把整个教学信息化推进分成三个阶段，以更有利于教师实践操作。

第一阶段：信息化工具使用推进平板教学。

第二阶段：教学大数据反馈指导精准教学。

第三阶段：基于工具和数据的个性化教学的教学模式。

## 三、确定教学管理内容

1. 教学应用管理

（1）工具类：从多媒体教学升级到平板交互式教学，根据教学内容在课堂上合理使用投屏、互动、推送、直播、录制等平板技术功能辅助教学。

（2）教学数据：充分利用大数据统计的便利性，课上使用试题检测实时了解学情，课后发布答题卡、电子试题试卷等学习任务，收集了解学情，提高教学针对性。

（3）教学资源：充分利用北京四中网校教学资源与校本资源，通过任务引领方式发布学习资源任务，把学生课前课后自主学习与课堂教学内容及教学目标结合起来，更有效完成教学目标。

2. 教研备课管理

在学科组带领下，相关教师按阶段分主题推动集体备课，实现信息技术支撑的新型教学模式和共享教学资源的教研。

（1）建立课程资源：课件、习题、教学资源（微课、学习资料等）上传教学平台并共享，作为云端校本资源。

（2）教学设计教研：按课程提交教学详案上传教学平台，需包括教学环节、教学应用、分层课堂检测习题、教学资源使用等可操作的教学设计详细内容。

（3）课时作业：要求布置一定比例的电子作业，包括答题卡、电子试卷等形式。既便于教师实时查看学情数据，也便于教学管理团队查看分析作业布置时间、完成率等数据，方便教学研讨与考核评价。

3. 学习行为指导和管理

（1）学习时间安排：根据阶段性学习特点，固定时间安排学生集体使用平板自主学习和完成学习任务。

（2）学习行为管理：学生使用平板自主学习时，教师应有相应的现场指导和管控，培养学生正确使用信息化工具学习的行为习惯。

## 四、强化教学管理机制

1. 落实工作负责人

管理小组成员分工，针对教学管理的三大方面，分别由专人负责管理推动、数据统计、分析评价。

**高 2019 级教学管理责任落实名单**

| 工作内容 | 主要负责人 | 主要评价人 | 主要推进事项 |
| --- | --- | --- | --- |
| 教学应用管理 | 年级组领导 | 王永利 | 每周常态化教学应用<br>阶段年级主题教研 |
| 教研备课管理 | 各科学科组长 | 石小强 | 每周学科信息化教学教研<br>学科公开课<br>校本资源 |
| 学习行为管理 | 各班班主任 | 陈元彬 | 学生自学时间安排和管理<br>班级平板管控和硬件管理 |

2. 定期召开工作组会议

每月管理小组召开一次工作组例行会议，主要内容：

（1）上月各项工作数据分析汇报；

（2）评价考核落实情况；

（3）下阶段目标与评价标准。

3. 综合确定评价标准和办法

根据教学推进的实际情况和教学管理小组核定的推进目标确定下一阶段的评价标准和具体考评方案并公示。

4. 每周定时收集数据

由北京四中网校协助各工作负责人、主要评价人定时收集统计相关数据作为管理评价和实施考评的依据。教师自行查看个人和学生生成的教学数据进行自我评教和教研。

5. 落实日常考评管理执行

各工作负责人、主要评价人依据相关数据，按照工作组确定的阶段性评价实施具体方案进行考评。考评结果上报组长确认后落实对应的评价激励。阶段性日常评价方案详见各阶段《信息化教学开展及评价方案》。

6. 及时进行阶段总结

在管理小组核定的主要推进阶段截止日，以及每个学期期末，组织阶段总结会议。对阶段目标的达成情况和下阶段教学管理工作进行分析和讨论，主要议程：

（1）各负责人提交阶段总结汇报，要求有较详尽的数据分析；

（2）组长查看期末报告并做工作指示要求；

（3）副组长组织讨论下阶段工作开展计划。

# 附录2　山东省烟台第十四中学《课改教师绩效评价制度》（参考）

为了更好地发挥教学平台在教学过程中的作用，进一步转变教学理念，改进教学方法，最大化地提高教学质量，充分发挥教师创造能力和软件平台优势，现制定课改班教师在课堂改革方面的绩效评价制度。

## 一、月评价项目

1. 教学平台任务推送数量

根据学期最低标准，各学科每月最低标准如下：

| 各学科月最低标准 | | | |
|---|---|---|---|
| 科目 | 语数英 | 物化 | 政史地生 |
| 个数 | M1 | M2 | M3 |

2. 学生平台任务完成率

学生月平均完成率低于75%为不合格。

3. 课堂互动平台应用统计

课堂互动平台每月每班每科目平均应用次数为K1次。

说明：

（1）月统计仅为各位老师提供参考，不计算分数；

（2）每月初网校教研员公示上个月的以上三方面数据。

## 二、学期评价项目

1. 平台任务推送及完成情况

（1）教学平台任务推送数量。

| 各学科学期最低标准 | | | |
|---|---|---|---|
| 科目 | 语数英 | 物化 | 政史地生 |
| 个数 | N1 | N2 | N3 |

任务推送分数A=0.5分*（实际个数－各学科学期最低标准），最高50分，

如果推送任务数量没有达到最低标准，A 为负值。

（2）学生平台任务完成率。

学生平台任务完成率 F，以平台统计平均完成率为准。

| 学生任务完成率 | F≥95% | 90≤F<95% | 85≤F<90% | 80≤F<85% | 75≤F<80% | F<75% |
|---|---|---|---|---|---|---|
| 分数（B） | 30 | 25 | 20 | 15 | 10 | 0 |

（3）课堂互动平台应用情况。

1）最低标准每学期 K2 次；

2）如果课堂互动平台应用次数达到最低标准，分数 C＝2 分 *（实际次数－K2），最高 40 分；

3）如果课堂互动平台应用次数没有达到最低标准，分数 C 为负值，C＝0.5 分 *（实际次数－K2）。

2. 教师教绩

参照学校教师本学期的教绩。

3. 附加分，教师参加教科研情况

（1）参加联盟校之间的听课活动（ 0.5 分 /次，最高 3 分）。

（2）参加联盟校之间的公开课经验交流（2 分/次）。

（3）承接联盟校对外展示活动。

| 校际公开课 | 市内公开课 | 省公开课 | 全国公开课 |
|---|---|---|---|
| 2 分/次 | 4 分/次 | 6 分/次 | 10 分/次 |

4. 计算方法

课改绩效＝A＋B＋C＋教绩＋附加分。

## 附录 3　北京四中网校智慧课堂评价表

学科：　　　　　　　　课题：　　　　　　　　授课教师：

<table>
<tr><th colspan="2">评价内容</th><th>评价指标</th><th>分值</th><th>得分</th></tr>
<tr><td rowspan="6">课前</td><td rowspan="4">一次备课发布任务</td><td>课前任务目标明确、任务合理，针对性强，能够实现课前知识传递，并为课上教学做好铺垫，有效支撑课堂教学活动</td><td rowspan="4">15</td><td rowspan="4"></td></tr>
<tr><td>课前任务形式丰富，包括微课、讨论、测试等</td></tr>
<tr><td>能通过学案（课前任务单）引导学生由浅入深地开展课前学习</td></tr>
<tr><td>能充分利用信息化手段，收集到学生真实学情</td></tr>
<tr><td rowspan="2">二次备课</td><td>准确获取到学情，充分地分析归纳总结学情</td><td rowspan="2">5</td><td rowspan="2"></td></tr>
<tr><td>针对课前学情，调整教学目标，设计课上教学内容与教学活动</td></tr>
<tr><td rowspan="15">课上</td><td rowspan="6">活动设计</td><td>根据教学内容，设计丰富、合适的教学活动，满足不同层次学生学习的需要，调动学生积极性</td><td rowspan="6">20</td><td rowspan="6"></td></tr>
<tr><td>小组合作解决共性问题，合作探究的内容有深度，注重全员参与</td></tr>
<tr><td>小组合作的要求与规则提得明确、完整，有恰当的教师干预</td></tr>
<tr><td>学生有充分的独立思考与小组讨论时间，给予学生充分的展示与质疑机会</td></tr>
<tr><td>学生积极参与，主动与老师、同伴交流，发表自己观点</td></tr>
<tr><td>学生清晰表达，主动、积极展示和交流学习成果；善于发现和勇于提出问题</td></tr>
<tr><td rowspan="5">过程组织</td><td>对课前学习情况适当展示，激励学生重视自学，恰当引出课堂教学目标</td><td rowspan="5">10</td><td rowspan="5"></td></tr>
<tr><td>课堂协调组织到位，充分调动学生参与性</td></tr>
<tr><td>依据学生课上学情变化，及时调整教学内容和教学活动</td></tr>
<tr><td>关注学生表现，及时引导，恰当反馈与评价</td></tr>
<tr><td>关注学生学习兴趣和习惯方法的养成，及时鼓励引导</td></tr>
<tr><td rowspan="2">学生状态</td><td>学习兴趣浓厚，课堂活动参与度高，思维品质发展良好</td><td rowspan="2">10</td><td rowspan="2"></td></tr>
<tr><td>小组合作能力强，展示质疑水平高</td></tr>
<tr><td rowspan="2">技术应用</td><td>熟练掌握平板应用技术</td><td rowspan="2">10</td><td rowspan="2"></td></tr>
<tr><td>技术应用合理，充分利用技术手段提高教与学效率</td></tr>
</table>

续表

<table>
<tr><th colspan="2">评价内容</th><th>评价指标</th><th>分值</th><th>得分</th></tr>
<tr><td rowspan="7">课上</td><td rowspan="4">课堂效果</td><td>达成教学目标，高效辅助学生掌握重点，突破难点</td><td rowspan="4">15</td><td rowspan="4"></td></tr>
<tr><td>有助于提高学生探究能力、问题解决能力、合作交流能力、批判性思维能力、表达能力等综合能力</td></tr>
<tr><td>注重引导学生自己悟出思想与方法，注重知识的延伸拓展</td></tr>
<tr><td>注重建构知识体系，体现学科核心素养，善于联系实际生活</td></tr>
<tr><td rowspan="3">课堂文化</td><td>教态亲切、自然、大方，能用普通话教学</td><td rowspan="3">5</td><td rowspan="3"></td></tr>
<tr><td>师生关系民主和谐，学生敢于提出问题、发表见解</td></tr>
<tr><td>教师注重培养学生自信心，善于捕捉合适时机激励学生</td></tr>
<tr><td rowspan="3">教学理念</td><td>理念</td><td>体现出：先学后教、以学定教、以学生为中心</td><td rowspan="3">10</td><td rowspan="3"></td></tr>
<tr><td>结构</td><td>课前知识传递，课上吸收内化，课前学习与课上教学有效衔接</td></tr>
<tr><td>角色</td><td>体现出：教师为主导、学生为主体</td></tr>
</table>

评价人：　　　　　　　　　　　　　　评价时间：

评价及建议：________________________________________

____________________________________________________

# 附录4　肇庆市端州中学《“智慧课堂”听评课制度》（参考）

为落实“智慧课堂”教学常规工作，鼓励教师更多参与听评课，形成互相学习、互相提高的良好研讨氛围，促进教师的专业化发展，提升教师的课堂教学水平。特制定本“倾向式”听评课制度。

## 一、听课节数

学校校长、书记每学期不少于M1节，副校长、中层干部每学期不少于M2节。智慧课堂实验教师每学期听课不少于M3节。

## 二、听课类型

（1）自主课：同年级组或同学科组教师互相听课。

（2）推门课：学校领导、中层干部推门听课。

（3）研讨课：根据学期初科组所编排的教研活动课，统一听课。

（4）公开课：由端州区或学校组织的教学公开课、展示课等。

## 三、听课要求

（1）听课过程要有具体记录：填写听课评价表的相关内容，包括听课日期、授课人、所属学校、班级、学科、课题、评分、评价意见等。

（2）鼓励没课的教师参加跨学科听评课，博采各学科教师长处，提升教学专业能力。

（3）听课后召开研讨会，及时与执教教师交换意见。

## 四、评课要求

不同年级，重点关注不同角度，进行深度的听评课。第一年，重在“学习习惯”的培养；第二年，重在“小组合作探究”学习；第三年，重在“创新学习能力”的提升。

1. 评教学理念

教师为主导，学生为主体，给学生足够的机会参与课堂。凸显学生主体地位，以学定教。

2. 评习惯落实

课堂上注重良好学习习惯的培养，反复强调、突出落实。

3. 评课堂活动设计

（1）熟练运用信息化手段获取学情、高效互动，有效支持合作学习。

（2）教学设计思路清晰，突出重点，突破难点。

（3）能够结合课前学习情况，根据学情，围绕三维目标开展教学内容。

（4）学生积极参与小组合作探究，解决问题，参与度高。

（5）引导启发学生总结、概括学习内容或解题方法。鼓励学生创新、拓展学习。

4. 评激励机制

（1）能够对学习任务完成较好、课堂表现积极活跃的学生给予及时的评价和激励。

（2）通过激励措施，引导学生学会合作，关注小组内各成员间的合作以及小组间的竞争与合作。

## 五、检查反馈

1. 学期结束前一周，每位教师听课记录本交科组长检查，并统一提交学校教研室，由教研室安排专人复检并反馈给教师本人修改。

2. 听课评课作为教师专业发展的考核指标之一，学期末列入教师教学评价和绩效考核中。

## 附录 5　平顶山市实验高中智慧课堂教师培训日程表（参考）

| 日期 | 时间 | 时长（分钟） | 课程名称 | 课程内容 |
|---|---|---|---|---|
| 第一天上午 | 08:20—08:30 | 10 | 签到 | 所有参会人员签到 |
| | 08:30—08:40 | 10 | 校长讲话 | 致欢迎词，提出培训要求 |
| | 08:40—09:20 | 40 | 团队建设 | 启动破冰，建立小组文化 |
| | 09:20—10:20 | 60 | 信息化时代下的教与学 | 信息技术发展、信息技术对教育的影响 |
| | 10:30—12:00 | 90 | 智慧课堂 | 什么是智慧课堂，两大支撑理论，三翻两段十环节 |
| 午休 | | | | |
| 第一天下午 | 14:30—14:40 | 10 | 签到 | 开心一刻，分享教学感悟 |
| | 14:40—15:40 | 60 | 北京四中及其教育教学 | 北京四中教育教学理念、教育案例、课程设置、信息化建设情况简介 |
| | 15:50—17:10 | 80 | 教学平台演示与实操演练 | 查看资源、推送任务、学生学习、了解学情 |
| 晚上作业 | | | 参训教师课后小作业：复习智慧课堂、理论依据、三翻十环节、北京四中教育理念 | |
| 第二天上午 | 08:50—09:00 | 10 | 签到 | 复习与抽查 |
| | 09:00—10:10 | 70 | 智慧课堂教学设计 | 如何设计恰当的学案、微课、检测、讨论等课前任务；课中教学活动设计之关键点 |
| | 10:20—12:00 | 100 | 微课简介 | 如何设计与制作微课 |
| 午休 | | | | |
| 第二天下午 | 14:30—14:40 | 10 | 签到 | 开心一刻，才艺展示 |
| | 14:40—15:50 | 70 | 平板课堂演示 | 课上推送课件，客观题/主观题测试，师生互动 |
| | 16:00—17:10 | 70 | 智慧课堂教学案例 | 语文、数学学科，具体一节课的课前任务、课上教学活动 |
| | 17:10—17:20 | 10 | 布置作业 | 布置智慧课堂教学设计作业 |

续表

| 日期 | 时间 | 时长（分钟） | 课程名称 | 课程内容 |
|---|---|---|---|---|
| 晚上作业 | | | 参训教师课后大作业：智慧课堂教学设计 | |
| 第三天上午 | 08:50—09:00 | 10 | 签到 | 复习与抽查 |
| | 09:00—10:40 | 100 | 小组合作方法与激励机制的探讨 | 明确分工、小组文化、小组培训、教学活动设计、小组活动、小组评价、小组激励 |
| | 10:50—12:00 | 70 | 信息技术的常态化应用 | 预习、上课、复习、作业、暑假等阶段，如何利用信息技术提高教学效率 |
| 午休 | | | | |
| 第三天下午 | 14:30—14:40 | 10 | 签到 | 分享教学感悟 |
| | 14:40—16:40 | 120 | 说课点评，集体讨论 | 分组讨论，优秀代表说课，互相点评 |
| | 16:50—17:20 | 30 | 结训仪式 | 照片回顾，颁发奖品，结训讲话 |

# 后　记

四年前，《我们要建设怎样的课堂》一书面世后反响强烈，受到很多教育界同行的关注并希望通过这样的媒介形式，持续性地讨论和借鉴信息技术与课堂教学深度融合与创新的思考和实践。

“我们要建设怎样的课堂”这句话，萌发于五年前北京亚运村的一条林荫小道，既是在自问，也是一种感叹。作为教育教学主战场的课堂，如何蕴含更为深刻的教育意义，实现与时代共进的教育功能，使我们的学生能够更加真切地体验到，新型的课堂、新型的校园是每个人的精神生活家园和丰富人生的起点？

**四年间，因为大数据、云计算、人工智能技术的快速发展和普遍应用，面向未来的教育新生态正在发生着巨大的变化。**

2017年，李开复老师的《人工智能》出版，书中讲道：从18世纪至今的300余年间，世界通过三次工业革命，完成了自动化、电气化、信息化的改造。人工智能的社会意义将超越个人电脑、互联网、移动互联网，极有可能成为下一次工业革命的核心驱动力，更有可能成为人类社会全新的一次大发现、大变革、大融合、大发展的开端。书中还提出，在人工智能对教育的影响下，“如何发挥人类优势，而不被机器取代”这样的疑问。

这样的疑问不仅来自李开复老师，有着强烈使命感的教育界同行，近些年来也是广有思考的，甚至形成了一种“焦虑”。这种焦虑，不仅仅是对简单的生命状态的担忧，更是对职业的深度反思。的确，新技术的快速发展和普及应用改变着生活，也同样重塑着教育。信息以及智能时代到来后，学生获取知识的渠道海量增加，彻底打破了原有教师与学生之间对信息掌握的不对称，原有的师与生的关系、教与学的方式乃至教育评价的导向面临新的挑战与选择。

当遇到不再是闻道有先后而是能者为师的时代，当遇到教师不再是知识唯一来源的时代，当遇到教师不再是因三尺讲台感到局促而是面对学生内心产生惶恐不安又不甘的时代，教师即便有着与生俱来的超强大脑，也抵不过百度、谷歌的博广；即便有着专注、勤恳和资深的教学经验，也抵不过大数据算法的精准；即便深谙因材有法、施教有别，也抵不过智能科技支撑的自适应学习个性化。

作为教师，所焦虑的是在新的教育生态逐渐形成过程中，如何将简单的知识传授、重复性技艺训练，让位于能力、情感、价值观的引发和培养；如何在学校封闭的围墙日渐模糊后，去营造尊重个体、尊重差异的学习氛围，从而让学习真正有效发生甚至激发出学生的天赋；如何让学生从间接经验的“接受式”认知形式，转变为通过“体验式”认知而获得更为真切的经验，重新吸引那被丰富的网络世界所分散了的注意力；如何在“知识的化身与权威的代表”这一光环逐渐暗淡后，让教师成为学习活动的设计者以及学生成长的支持者，重新赢得学生的认同、尊重甚至崇拜。

随着时间的推移，从《我们要建设怎样的课堂》到《数据驱动下的智慧课堂精准教学》，从越来越多、越来越广的技术与教学融合创新的实践来看，我们似乎悟到了这样的答案：我们用昨天的知识传授方式教今天的学生，让他们从容应对明天的变化是不可能的；以往教师基于“经验”的课堂教学成果，将会转向靠“数据”和精准的学情分析从而更好地实现。在面对现有班级授课制走向学习共同体这一学校运行基本细胞的演变进程中，如果终有所谓“被取代”的那一天，那么简单的知识传承可能首当其冲，不懂信息技术的教师更容易被懂信息技术的教师取代。

**四年间，因为信息技术成了教育变革的支撑和内生动力，以学习者为中心的教育理念在实践中得到进一步印证和发展。**

教育是世界的，教育改革是世界性的现象。回首中外，都不乏伟大的教育家。

20 世纪 50 年代，当在苏联任教长达 32 年的苏霍姆林斯基遇到一位自称教物理的老师时，他直截了当地表示，他并不认同世界上有“教物理的”这个职业，要是有，应该是“教学生学物理的”。无独有偶，与苏霍姆林斯基大约同期的、北京四中化学特级教师刘景昆先生，在阐述师与生的关系时认为，“学习好的学生是我提高业务能力的老师，学习差的学生是我改进教学方法的老师”。虽然半个多世纪过去了，但这样的理念搁现在来看仍不陈旧，不仅不陈旧，反而散发着灿烂的光芒。

那么，问题来了。为什么如此先进的理念，提出如此长的时间，却很难在教育教学中得到有效落地？至今仍存在着大量千人一面的灌输与塑造，难道是目标不明、共识不够吗？

沉潜到学校课堂中，我们不难看出，不是教师不愿去变革，而是普遍缺乏有力的抓手。恰好，在“三通两平台”建设的基础上，教育信息化 2.0 来了。

有了教育信息技术手段的支撑，以学生为中心的理念才得以真正落地。这样的逻辑，无论是教学专家们所提倡和引领的课程改革，还是广大教师所认同和实践的课堂教学改革，都形成了越来越多的共识；“学什么”和“怎么学”，这样以学生的角度去审视教育价值的定位，得到了越来越多的认同。这种认同，是前所未有的，统率并唤醒着教师群体对学科教育价值追求的内在自觉，成为组建甚至重置教学活动和教学模式的创新起点。

时代的发展和技术的进步，必然导致课堂站在 C 位的是学生。教学是一个什么样的结构词组？并列结构吗？不是！学，可以没有教；但教，不能没有学，没有引发真正的学就没有真正的教。于是，教育界同行耳熟能详的“最近发展区”就有了进一步的发展。原来解读为“站起来够不着，跳一跳就能够着”的区间，现在被定义为“学生自主发展区”，这也是智慧课堂教学理念得以广泛实践并被实践验证的理论依据。不仅如此，它还将演变成从学生自主学习到在教师的引发下学习之间的增量区间。只有基于真实的、精准的、数据支持的学情分析，才有可能实现班级授课下的“差异化教学”“个性化学习”这些真正意义上的因材施教；只有以学习者为中心，才有可能从理念上认同越来越广泛地转向基于信息技术的教学实践。“我想把全世界最好的都给你”这句话，不再是教师的心愿和梦想，教育信息化的常态化、普及性的应用，会让每个孩子有可能得到自己需要的、适合自己的、更好的教育。

犹如顾明远先生所总结的那样：“学生愿意学，就学得好；不愿意学，就很难学好。我在学校发现，不把学生放在主要地位，很难提高教育质量。”

结果呢？从本书所展现的诸多一线教与学变革的实践来看，原本从理念到落地的诸多难点，一旦有了信息技术这一抓手，就会很容易在教、学、考、评、管等环节，找到突破口，找到结果可预期、过程可享受的美妙情境，从而使爱学、乐学、会学蔚然成风，教育质量显著提升。

**四年间，因为国家教育政策利好导向清晰，基于数据和事实的精准教学模式创新已经成为广泛的共识并取得了丰硕的实践成果。**

近 10 年前，中共中央、国务院印发的《国家中长期教育改革和发展规划纲要（2010—2020 年）》首次提出：“信息技术对教育发展具有革命性的影响，必须予以高度重视。”2012 年，教育部印发的《教育信息化十年发展规划》也明确指出："以教育信息化带动教育现代化，破解制约我国教育发展的难题，促进教育的创新和变革。"2018 年，教育部印发《教育信息化 2.0 行动计划》又提出了"三全两高一大"的具体行动目标。

《中国教育现代化 2035》中所提到的、以培养学生创新精神和实践能力为目标的创新人才培养模式，启发、探究、参与、合作的教学方式，都对我们的教师提出了新的挑战，直击教育理念的僵化落后以及教学技艺的老化陈旧这些顽疾。2019 年，中共中央、国务院印发的《关于新时代推进普通高中育人方式改革的指导意见》以及《关于深化教育教学改革全面提高义务教育质量的意见》，也再次强调了具体到课堂的基于情景和问题导向的启发式、互动式、探究式教学探索。

没有教育的信息化就谈不上教育的现代化，已然不是一种简单的逻辑，而成为活生生的现实。信息技术与教育教学深度融合，对学习型组织的搭建、课堂教学模式的变革、个性课程的供给、学科核心素养的提升、科学的教育评价，都起到了恰当的支撑甚至是引领作用。

现在，唯有从标准答案的考山题海之外，可以透过裂缝看到一线另样的色彩光亮。学习者通过自身画像、知识图谱，能找到专属的最优学习路径。人工智能之所以强大，因为其不仅能读懂我们，还能读懂我们尚未觉察的自己，甚至比我们自己还了解自己。荀子曰："登高而招，臂非加长也而见者远；顺风而呼，声非加疾也而闻者彰。"善假于物，善用技术，都是顺应时代发展、主动应对未来的智慧之举。

凡是好事，都是难事；世无艰难，何来人杰。

智慧课堂的建设，难在启动，贵在坚持。从过往 3 000 多所学校的合作实践来看，智慧课堂教学改革、在新理念新要求下的教与学方式的重置，是一个"由繁到简""由重到轻"的必经过程，作为教师谁也不例外。这种过程的有效持续，一定需要一种外力去卸下初期颇为沉重的工作量，不断支撑教师前行。北京四中网校所提供的先进的教学平台、优质的教学资源、成熟的课型模式、有温度的教研服务，就是这个外力。尤其备受瞩目、广受好评的驻校教研服务、"交付即开始"的独特运营品质，会让教师们似蛟龙出海畅游，如大鹏展翅高飞。这也是北京四中网校新时期的角色定位所在，也是业务价值所在。

克服困难、砥砺前行的结果如何呢？

北京四中数字校园合作学校湖南省安化思源学校刘巩元校长在 2019 年 12 月开幕的国际智慧教育展上，谈到了智慧课堂精准教学实践后的"三个没想到"："第一，家长的全面认可没想到；第二，学生成绩的突飞猛进没想到；第三，老师的快速成长没想到。"

**四年间，因为有了教育行政主管部门的顶层设计、统筹规划这一至关重要的支撑和推动作用，区域教育均衡得到快速实现且特色明显。**

信息技术与教育教学深度融合的发展趋势，已是不争的现实。通过教育信息化带动教育现代化，不仅显现在具体教学方式的创新上，更是一个全域性的教育系统变革。这样的变革力量，已从最基本的班级学科教学实验逐渐体现为学校的校园信息化部署，已从学校的数字校园建设逐渐上升到教育主管部门的顶层设计规划。从教育部设立意在改革课堂教学、提升学生素质、培养创新能力的“互联网+”教育示范区、“智慧教育”示范区等举措，可见一斑。

我始终认为，所有伟大的成就，皆源于顶层设计。

首先，面对各个地区在人口规模、地域环境、经济水平、公共事业、教育基础等方面存在的差异，从本书诸多成功的案例中可以看到，在先进理念的指导下，从本地亟待解决问题之特点出发，设计贴合地域特色的、可持续发展的规划方案极为重要。

作为全球最大的制造业基地之一的东莞，由于大量外来务工人员参与产业建设，导致人口数量激增数倍，随迁子女教育的安置和质量问题凸显。教育主管部门的领导没有推诿回避，反而通过加大资源配置和教育投入积极应对。这些大量的外来随迁子女，将会成为新的东莞人，他们的素质将决定着东莞未来整体的人口素质，只有借助教育信息化提供最好的教育条件，解决好孩子们的教育问题，东莞才会有更美好的明天。在这一不同寻常的思路下，独特的“东莞慧教育”模式通过教育的信息化形成了，这张标签以及内涵成果得到了广东省乃至全国的广泛关注和赞誉。

其次，除了前期基础设施的通盘建设之外，在顶层设计规划中，需要考虑优质教学资源的广泛覆盖。

西宁，地处青藏高原，面积超过东莞3倍，人口只有东莞的1/4，山高壑深，多民族人口居住分散。区域内的教育均衡是摆在教育主管部门面前的重要问题，提供公平且高质量的教育是当地教育发展的关键。以前期少数学校智慧教学实验作为零的突破试点，教育主管部门在总结得失之后最终实现全市的优质资源全覆盖，其打破陈规、大胆破局之举，取得了良好的社会效益。

本书介绍了多地教育局协调各方资源、加强宏观管理进行供给侧结构性变革的案例，它们通过优化区域内教育资源配置，逐渐缩小城乡之间、校际之间的教学质量差距，让资源供给的共享化和开放化成为实现教育均衡最为便捷也最为有效的手段，实现习总书记所说的“让每一个孩子都对自己有信心、对未来有希望”。

在充分共享的同时，利用信息技术工具以及配套的激励机制可以实现教师资源的自我生成以及校本资源的整合生成。教育主管部门的介入，有效规避了各自为战所形成的信息孤岛和数字鸿沟。统一的标准也避免了原本低效的系统排异、重复建设，从而打造出区域整体的软实力。

再次，顶层设计要着眼于教育教学变革中具体践行的教师。

模式改变的背后是人的改变，支撑人的改变，除了手段和工具，就是体制和机制。而这一切的成败，归结于教育主管部门通过教育信息化助推教师队伍的专业发展。

“如果想造一艘大船远航，先不要召集大家去收集木头，也不要急着分派任务，而是要去激发大家对大海的渴望。”激发这样的渴望何等重要！教师研训是必不可少的手段。

国家总督学顾问陶西平老先生对我讲过瑞士教育信息化投入的经验，其中1/4用于硬件装备，1/4用于资源平台，其他的一半用于教师培训。而且他最后补充了一句，“如果你不把1/2的经费用来培训教师，前面的钱等于白花。”可见，教师的培训，不仅不可或缺，而且要加强再加强。

听着陶老的教诲时我很感动，至今回想起来心中依旧不能平静。犹如刘长铭先生微博中所讲到的苏霍姆林斯基的教育职业观、邱济隆先生在《如何做一名好校长》一书中所讲到的刘景昆先生的师生观、顾明远先生所阐述的学生主要地位，使我感动于几位教育家虽早已功成名就，却依然站立在教育信息化的最前沿，前瞻性的思考、适度适宜适当的引导，都如航标与灯塔，指引着我们一路前行。

最后，有了地域特色的标签、优质资源的覆盖基础和教师的自发自觉，从本书中可以看到顶层设计的第四个重点，就是“智慧汇聚”。

人工智能在教育教学中的应用层次，从计算智能到感知智能再到认知智能的快速迭代，让我们感觉到未来技术创新和变化的速度，会超乎我们任何人的想象，没有人会成为永久的专家和领跑者。借助技术手段和工具，采用新的教育理念，在个性自学、展示交流、合作释疑、检测提升、总结评价等多样教学环节，使师生的主观能动性皆得到良好的发挥，不断释放出每个人的智慧，方可历久弥新。通过论课、赛课、晒课等多样的教师交流研修活动，搭建区域内学习型组织，打造共生共建共享的教研氛围，汇聚每一位教师的智慧，这一角色非教育主管部门莫属。只有通过区域层面的顶层设计、统筹规划，加之集群发展、分步实施，才具有非凡的叠加效应。

这样一种期待是谬误的，即期待着信息时代、互联网的到来会自然而然地消除各个地域之间的教育质量差距。实践证明，地域在教育资源、教育水平、教育发展能力方面的差异，不可能随着时代的发展而缩小，恰恰相反，反而会因为教育观念滞后、改革实践滞后，变得越来越明显。面对成千上万甚至更多的、未来可能缺乏竞争力的、当前却没有任何话语权的学生，教育信息化是做简单的面子工程，还是做着眼于孩子一辈子的里子工程，是试水做一阵子，还是蓝图一绘到底，这都在考问着各地教育管理者的教育理解力和管理决策力。

一次接受腾讯教育年度盛典活动的采访，当记者问到北京四中网校作为全国性平台的主要作用时，我谈的第一句话就是，我们要帮助每一个教师“成名成家”，这是“让更多的孩子得到更好的教育”的基础之基础。在主编《我们要建设怎样的课堂》一书时我也谈到，我们参与中国教育信息化建设，助力全国各地的教师去实现教育理念的革新、教学方法的重置、与时代共进的信息素养提升，其目的不仅仅是在教育改革的大潮中激流勇进，还有一个更为高阶的目标，就是为我们的教师，从“教书匠”到“教育家”去铺网路、搭网桥。

本书编辑出版的重要意义之一，正如乔布斯所指出的 NIKE 广告：从不谈什么鞋子，而是赞美伟大的运动员。

功不唐捐，玉汝于成。让每个教师在教育信息化道路上先知、先行！让每个孩子都得到健康的、自由的发展！让智慧课堂建设和教学模式的变革更加盛大！让中国的教育因我们而改变！我们将不辱使命！

是为后记。

**高 钧**

2020 年 4 月 11 日

**图书在版编目（CIP）数据**

数据驱动下的智慧课堂精准教学/高钧主编．-- 北京：中国人民大学出版社，2020.6
ISBN 978-7-300-28252-7

Ⅰ.①数… Ⅱ.①高… Ⅲ.①课堂教学-教学研究 Ⅳ.①G424.21

中国版本图书馆 CIP 数据核字（2020）第 104978 号

**数据驱动下的智慧课堂精准教学**
高 钧 主编
Shuju Qudong Xia de Zhihui Ketang Jingzhun Jiaoxue

| | | | |
|---|---|---|---|
| **出版发行** | 中国人民大学出版社 | | |
| **社　　址** | 北京中关村大街 31 号 | **邮政编码** | 100080 |
| **电　　话** | 010－62511242（总编室） | | 010－62511770（质管部） |
| | 010－82501766（邮购部） | | 010－62514148（门市部） |
| | 010－62515195（发行公司） | | 010－62515275（盗版举报） |
| **网　　址** | http://www.crup.com.cn | | |
| **经　　销** | 新华书店 | | |
| **印　　刷** | 北京昌联印刷有限公司 | | |
| **规　　格** | 170 mm×240 mm　16 开本 | **版　　次** | 2020 年 6 月第 1 版 |
| **印　　张** | 18.25 | **印　　次** | 2023 年 5 月第 4 次印刷 |
| **字　　数** | 345 000 | **定　　价** | 36.00 元 |